SECTION 1

SECTION 4

SECTION 5

SECTION 6

L'évolution législative et réglementaire dans le domaine des APS a été très importante ces dernières années.

- La création du code du sport (2006) regroupant l'ensemble des textes du domaine sportif fut incontestablement un outil attendu par l'ensemble des partenaires œuvrant dans l'environnement du sport.
- La finalisation de l'architecture des diplômes sportifs (du niveau V au niveau I) a redessiné le paysage des diplômes d'État d'éducateur sportif. C'est ainsi que de nouveaux diplômes sont apparus : le brevet professionnel, le diplôme d'État, le diplôme d'État supérieur sont autant de nouvelles appellations du champ professionnel sportif inscrites dans un répertoire national des certifications professionnelles (RNCP).
- L'apparition d'un nouvel outil de gestion publique des finances administratives (la loi organique relative aux lois de finances – LOLF) a remodelé le fonctionnement des subventions aux associations.
- De plus, la modernisation de l'État dans son organisation générale (appelée la révision générale des politiques publiques) va entraîner, dans les prochaines années, des changements importants dans l'organigramme des partenaires institutionnels de l'association notamment aux niveaux régional et départemental.

Ces exemples démontrent à l'évidence l'indispensable révision de ce tome 2. C'est pourquoi, sans bousculer la maquette originale de notre ouvrage, nous avons actualisé chacun des chapitres qui relève des nouvelles dispositions législatives et réglementaires.

Ainsi révisé le tome 2 présente toutes les garanties pour qui veut s'informer des derniers textes relevant du « cadre institutionnel, socioéconomique et juridique des APS » permettant aux candidats des nouveaux diplômes jeunesse et sports mais aussi aux dirigeants de clubs d'obtenir des informations claires, précises et actualisées.

Les auteurs

Jean Ferré

Bernard Philippe

RÉPERTOIRE DES SIGLES EMPLOYÉS

AG	Assemblée générale
AMA	Agence mondiale antidopage
AFLD	Agence française de lutte contre le dopage
APS	Activités physiques et sportives
APUP	Activités physiques utilitaires et professionnelles
AS	Association sportive
ASSEDIC	Association pour l'emploi dans l'industrie et le commerce
BAFA	Brevet d'aptitude aux fonctions d'animateur
BAFD	Brevet d'aptitude aux fonctions de directeur
BAPAAT	Brevet d'aptitude professionnelle d'assistant animateur technicien
BEATEP	Brevet d'État d'animateur technicien de l'éducation populaire et de jeunesse
BEES	Brevet d'État d'éducateur sportif
BO	Bulletin officiel
BPJEPS	Brevet professionnel de la jeunesse, de l'éducation populaire et du sport
BOP	Budget opérationnel de programme
CA	Conseil d'administration
CAPEPS	Certificat d'aptitude au professorat d'EPS
CD	Comité directeur ou comité départemental
CDOS	Comité départemental olympique et sportif
CEL	Contrat éducatif local
CIO	Comité international olympique
CNAPS	Conseil national des APS
CNDS	Centre national de développement du sport
CNOSF	Comité national olympique et sportif français
COSMOS	Conseil social du mouvement sportif
CQP	Certificat de qualification professionnelle
CTD	Conseiller technique départemental
CTI	Conseiller technique interrégional
CTN	Conseiller technique national
CTOS	Comité territorial olympique et sportif
CTP	Conseiller technique et pédagogique
CTPS	Conseiller technique et pédagogique supérieur
CTR	Conseiller technique régional
CTS	Conseiller technique sportif
DDASS	Direction départementale de l'action sanitaire et sociale
DDCSPP	Direction départementale de la cohésion sociale et de la protection de la population
DEFA	Diplôme d'État relatif aux fonctions d'animation
DEJEPS	Diplôme d'État de la jeunesse, de l'éducation populaire et du sport
DESJEPS	Diplôme d'État supérieur de la jeunesse, de l'éducation populaire et du sport
DGD	Dotation globale de décentralisation
DGI	Direction générale des impôts
DGS	Direction générale des sports
DDJS	Direction départementale jeunesse et sports
DRJSCS	Direction régionale jeunesse, sports et cohésion sociale
DTN	Directeur technique national

EN	Entraîneur national
ENE	École nationale d'équitation
ENSA	École nationale de ski et d'alpinisme
ENV	École nationale de voile
EPS	Éducation physique et sportive
EUSRL	Entreprise unipersonnelle sportive à responsabilité limitée
FFEPGV	Fédération française d'éducation physique et gymnastique volontaire
FFEPMM	Fédération française d'entraînement physique dans le monde moderne
FFF	Fédération française de football
FFG	Fédération française de gymnastique
FFHB	Fédération française de handball
FFSU	Fédération française du sport universitaire
FNDS	Fonds national pour le développement du sport
FNOMS	Fédération nationale des offices municipaux des sports
FSGT	Fédération sportive et gymnique du travail
INJEP	Institut national de la jeunesse et de l'éducation populaire
INSEP	Institut national du sport et de l'éducation physique
JEP	Jeunesse et éducation populaire
JO	Journal officiel
LOLF	Loi d'orientation relative aux lois de finances
MJS	Ministère chargé de la Jeunesse et des Sports
MNS	Maître-nageur sauveteur
OMS	Office municipal des sports
POP	Préparation olympique et paralympique
PV	Procès-verbal
RGPP	Révision générale des politiques publiques
RI	Règlement intérieur
RNCP	Répertoire national des certifications professionnelles
SACEM	Société des auteurs compositeurs et éditeurs de musique
SARL	Société anonyme à responsabilité limitée
SAS	Service d'animation sportive
SASP	Société anonyme sportive professionnelle
SEMS	Société d'économie mixte sportive
SOS	Société à objet sportif
SUAPS	Service universitaire des activités physiques et sportives
SUAPS- PA	Service universitaire des activités physiques et sportives de plein air
TAS	Tribunal arbitral du sport
TVA	Taxe sur la valeur ajoutée
UFR-STAPS	Unité de formation et de recherche en sciences et techniques des activités physiques et sportives
UFOLEP	Union française des œuvres laïques d'éducation physique
UNSS	Union nationale du sport scolaire
URSSAF	Union de recouvrement des cotisations de sécurité sociale et d'allocations familiales
USEP	Union sportive de l'enseignement du premier degré
USFSA	Union des sociétés françaises des sports athlétiques
VAE	Validation des acquis de l'expérience

section 1

l'organisation du sport en France

Chapitre 1

notions générales

Introduction à la réglementation du sport

La réglementation sportive française repose sur des textes législatifs et réglementaires classés par niveaux hiérarchiques dont la classification et le vocabulaire spécifique peuvent faire naître des difficultés de compréhension.

Ainsi, les lois et les règlements ne se situent pas sur le même plan.

Parmi les règlements, nous trouvons les décrets et les arrêtés.

Essayons de clarifier et d'aider à la compréhension de ces concepts.

LE LÉGISLATIF

La loi

Définition donnée par le dictionnaire Larousse :

> *« Règle obligatoire, promulguée par l'autorité souveraine qui ordonne, permet, défend ou punit. »*

Elle ne peut être modifiée que par une autre loi de même nature.

> *Exemple : la loi n° 75-988 du 29 octobre 1975 (dite loi Mazeaud) a été abrogée et remplacée par la loi n° 84610 du 16 juillet 1984 (dite loi Avice), elle-même maintenant intégrée dans le code du sport.*

Elle est promulguée par le président de la République.

Le Gouvernement propose des projets de loi au Parlement (Assemblée nationale et Sénat) ; celui-ci les examine puis les amende si nécessaire et les vote.

Elle est rendue publique par parution au Journal officiel (mais aussi dans les Bulletins officiels des ministères).

> *Exemple : la loi n° 2006-1294 du 23 octobre 2006 portant diverses dispositions relatives aux arbitres modifiant la partie législative du code du sport est parue au JO n° 247 du 24 octobre 2006 et au BO Jeunesse et Sports du 31 octobre 2006.*

Comme il est précisé dans la Constitution, tout ce qui ne relève pas du domaine législatif est traité par les textes réglementaires qui sont des moyens d'application de la loi prévus par le texte de celle-ci.

L'ordonnance

Elle est un texte ayant force de loi, prise par le Gouvernement dans le cadre d'une délégation spéciale du Parlement, et limitée dans le temps.

Exemples : l'ordonnance du 28 août 1945 organisa le sport civil français sur la base de la délégation de pouvoirs de l'État aux fédérations dirigeantes et de la liberté d'association (loi 1901).

L'ordonnance n° 2006-596 du 23 mai 2006 a créé la partie législative du code du sport.

LE RÉGLEMENTAIRE

Le décret

Définition donnée par le Petit Larousse :

« Décision du pouvoir Gouvernemental dont les effets sont semblables à ceux des lois. »

Il ne peut être modifié que par une loi ou un décret de même valeur.

Il est promulgué par le président de la République (nomination aux emplois civils et militaires de l'État) et le Premier ministre ; il est contresigné par le(s) ministre(s) intéressé(s).

Il en existe trois sortes :

- le décret portant sur le « Règlement d'administration publique » (ou décret général).

Exemple : le décret n° 85-720 du 10 juillet 1985 créant le corps des professeurs de sport ;

- le décret pris en Conseil d'État (juridiction administrative suprême et organe consultatif qui propose des avis au Gouvernement).

Exemples : la reconnaissance d'utilité publique d'une association, l'agrément des associations sportives ;

- le décret simple, plus spécifique à chaque ministère.

Exemples : le décret n° 72-490 du 15 juin 1972 relatif à la création du brevet d'État à trois degrés d'éducateur sportif, les décrets 2006-1418 et 1419 créant le diplôme d'État et le diplôme d'État supérieur de la jeunesse, de l'éducation populaire et du sport.

Il est rendu public au Journal officiel et au Bulletin officiel.

L'arrêté

Définition donnée par le Petit Larousse :

« Décision des autorités administratives. »

Il peut être modifié par une loi, un décret, un autre arrêté.

Il est promulgué par les ministres dans leur domaine de compétence et porte soit sur la nomination de fonctionnaires, soit sur le détail d'application d'une loi ou d'un décret.

Exemples : la nomination et l'affectation des professeurs d'EPS, des professeurs de sport, l'arrêté du 7 mai 1984 relatif à l'examen de formation commune du BEES à trois degrés, les arrêtés du 20 novembre 2006 créant la spécialité « perfectionnement sportif » du DEJEPS et « performance sportive » du DESJEPS.

Mais les préfets, les maires, les recteurs peuvent chacun dans leur domaine de compétence (territoire et délégations de pouvoirs) prendre des arrêtés.

Exemple : l'arrêté interdisant la baignade pris par un maire.

Il est rendu public au Journal officiel et au Bulletin officiel.

Exemples : l'arrêté du 7 mai 1984 est paru au Bulletin officiel Temps libre, Jeunesse et Sports du 11 juillet 1984 (relatif à l'examen de formation commune du 1er degré), les arrêtés du 20 novembre 2006 ci-dessus notés sont parus au Journal officiel n° 270 du 22 novembre 2006.

LES TEXTES ADMINISTRATIFS

La circulaire (ou instruction)

Définition donnée par le Petit Larousse :

« Lettre adressée à plusieurs personnes pour le même objet notamment un supérieur hiérarchique à ses subordonnés. »

Elle explicite le plus souvent un décret ou un arrêté.

Exemple : circulaire n° 84-123/B du 10 octobre 1984 relative aux sessions du brevet d'État du 3e degré.

Elle est signée par le ministre concerné ou par délégation par les directeurs et les membres du cabinet.

Elle est rendue publique uniquement dans le Bulletin officiel.

LES CODES

Définition donnée par le Petit Larousse :

> « *Ensemble des lois ou décrets qui régissent une matière déterminée.* »

Les trois principaux codes intéressant le sportif sont : le code du sport, le code de l'éducation et le code de la santé publique.

Chaque code est constitué de deux parties : une partie législative, (référence L...) suivie d'une partie réglementaire (référence R, D ou A...).

LE JOURNAL OFFICIEL ou JO

C'est le journal officiel de la République Française. Il permet de divulguer les directives Gouvernementales (loi, décret, arrêté) mais aussi de rendre publique la naissance des associations (JO spécial associations) ainsi que toutes les autres informations qu'il convient de porter à la connaissance des citoyens.

Il est disponible dans les préfectures et sous-préfectures.

Il peut être commandé à la direction des JO : 26, rue Desaix – 75727 Paris cédex 15.

Il est consultable dans toutes les administrations et sur Internet

(www.legifrance.gouv.fr).

LE BULLETIN OFFICIEL ou BO

Il est propre à chaque administration : Éducation nationale, Jeunesse et Sports...

Il regroupe, pour un même ministère ou une administration particulière, l'ensemble des textes de son champ d'intervention qui sont éventuellement parus au JO : loi, décret, arrêté ou circulaire.

Il peut être commandé à l'exemplaire ou en abonnement mais peut aussi être consulté sur place dans l'administration concernée.

MARDI 23 OCTOBRE 2007 / 139e ANNÉE / N° 246

ISSN 0373-0425 - CPPAP 0108 B 05088

RÉPUBLIQUE FRANÇAISE

JOURNAL OFFICIEL

LOIS ET DÉCRETS

SOMMAIRE GÉNÉRAL

Sommaire analytique page suivante

JO
JOURNAUX OFFICIELS

Bulletin Officiel

DU MINISTÈRE DE LA SANTE,
DE LA JEUNESSE ET DES SPORTS

N° 12

30 juin 2007

Jeunesse & Sports

SOMMAIRE

ISSN : 1767-7645

→ L'organisation de l'État

Afin de mieux comprendre les différents chapitres relatifs à l'administration du sport en France, il nous a paru nécessaire de présenter brièvement l'organisation de l'État. Ainsi, pensons-nous que s'éclaireront les notions de pouvoirs exécutif et législatif, de Parlement et autres conseils (comme le Conseil d'État).

Institutions de la Ve république

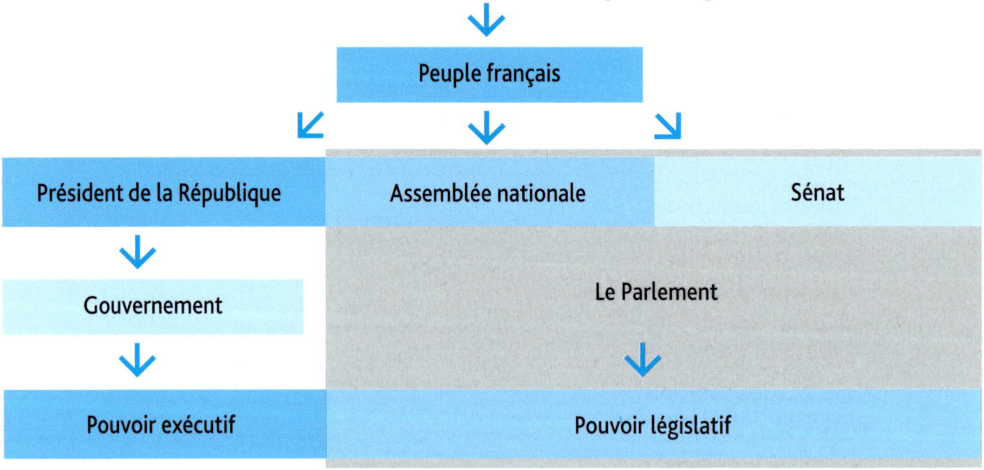

Le pouvoir exécutif

Le chef de l'État

C'est le président de la République. Il est élu pour cinq ans au suffrage universel direct. Personne ne peut le renverser légalement.

Ses pouvoirs :
- il promulgue les lois ;
- il nomme le Gouvernement ;
- il est le chef des armées ;
- il peut dissoudre l'Assemblée nationale ;
- il peut recourir au référendum ;
- il peut recourir à l'article 16 de la constitution qui lui donne des pouvoirs étendus ;
- il détient le droit de grâce.

Le Gouvernement

Dirigé par le Premier ministre, le Gouvernement détermine et conduit la politique de la nation. Il élabore les projets de lois.

Le Premier ministre est responsable de sa politique devant le Parlement.

Le Pouvoir législatif : le Parlement

Il est représenté par le Parlement qui est composé de deux assemblées : l'Assemblée nationale et le Sénat.

L'Assemblée nationale

Elle est composée de 577 députés, élus pour cinq ans, sauf s'il y a dissolution par le président de la République. Ils peuvent renverser le Gouvernement par une motion de censure.

Le scrutin est uninominal à deux tours (majorité absolue au premier tour, majorité relative au second tour).

Le Sénat

Il est composé de 319 Sénateurs élus pour neuf ans. Le Sénat est renouvelable par tiers tous les trois ans.

Mode de scrutin : les Sénateurs sont élus par un collège électoral restreint composé de conseillers municipaux, de conseillers généraux et de députés.

Les rôles du Parlement

Il se réunit en sessions ordinaires, deux fois par an. Il peut, à la demande du Premier ministre ou de la majorité des députés, se réunir en sessions extraordinaires sur un ordre du jour déterminé.

Tout projet de loi est examiné successivement par les deux assemblées en vue de l'adoption d'un texte identique : le Parlement vote les lois.

Le Parlement contrôle l'action du Gouvernement et vote le budget.

Les organismes consultatifs

Les pouvoirs exécutif et législatif peuvent recevoir des avis d'organismes spécialisés : ce sont les « conseils ». Entre autres, nous trouvons :

Le Conseil constitutionnel : il veille à la régularité des actes, conformément à la constitution (élections, lois).

Le Conseil économique et social : assemblée consultative, son avis est requis sur des projets de lois à caractère économique et social.

Le Conseil d'État : juridiction administrative suprême que le Gouvernement consulte pour avis sur des projets et sur l'exercice du pouvoir.

La Cour des comptes : elle juge les comptes des comptables publics. Elle est connue pour son rapport annuel dans lequel elle expose ses observations et ses critiques sans aucune concession (mais elle n'a aucun pouvoir de sanction).

Organisation de l'État

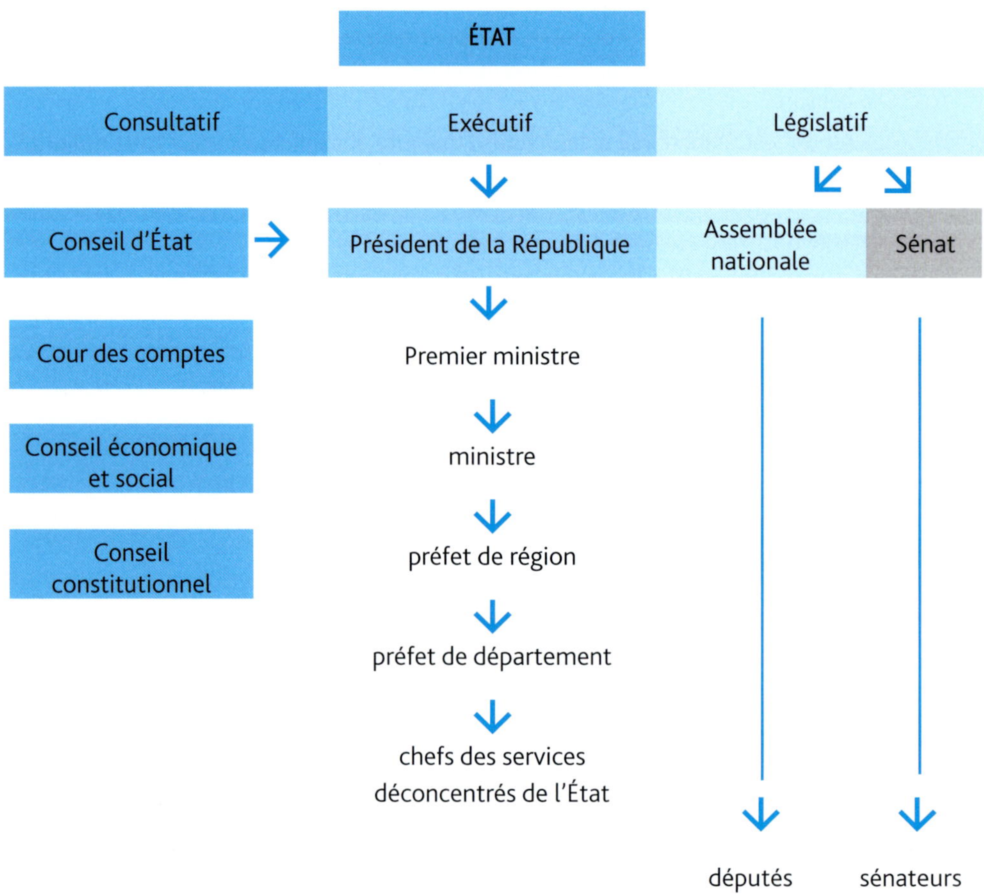

Les différentes formes de pratique sportive

Différentes enquêtes (dont « Enquête permanente sur les Conditions de Vie des ménages, Insee, 2005) assurent que 34 millions de Français âgés de 15 à 75 ans déclarent avoir des activités physiques et sportives au moins une fois par semaine, soit 47% ; 31% déclarent en faire régulièrement tout au long de l'année ; 9% de temps en temps ; 7% seulement à certaines périodes ; 53% déclarent ne pas pratiquer.

Donc, les pratiques sont plus ou moins régulières, plus ou moins intenses. Plus de la moitié des 15 millions d'adhérents aux associations sportives participe à des compétitions (8 millions) dont une majorité d'hommes.

Les activités les plus pratiquées : marche, natation, vélo puis course à pied, jeux de boules et gymnastique. Les objectifs sont multiples : loisirs, compétition, santé.

Ces nouvelles tendances trouvent des explications dans :
- le développement des infrastructures sportives ;
- la réduction du temps de travail ;
- l'abaissement de l'âge de la retraite ;
- l'élévation du niveau de vie ;
- la médiatisation et les enjeux économiques des APS.

La diffusion de la pratique sportive concerne de plus en plus les classes moyennes, les jeunes adultes et des catégories jusque-là peu sportives comme les femmes et les adultes âgés. Cette féminisation (24 % de femmes sur 8 millions de compétiteurs) n'est qu'un aspect des changements plus profonds intervenus dans la vie des femmes depuis vingt ans à savoir :
- un plus large accès au monde du travail ;
- une élévation du niveau de l'éducation ;
- une autonomie croissante au sein de la famille ;
- une attention portée à l'image du corps ;
- une prise de conscience de la valeur du sport-santé.

Malgré l'élévation des niveaux de vie et de scolarité, le développement du loisir, les disparités entre catégories socioprofessionnelles ont peu évolué depuis ces vingt dernières années. En effet, les cadres supérieurs ou les membres des professions libérales sont toujours proportionnellement les sportifs les plus nombreux, les agriculteurs et les ouvriers restant les catégories sociales à la plus faible probabilité de pratique sportive.

Notons aussi que la pratique s'élève avec le niveau de formation (sauf pour le football et le cyclisme) et que la pratique des villes est plus importante que celle des zones rurales.

En résumé, le portrait type du sportif est celui d'un étudiant de sexe masculin, de moins de vingt ans, issu d'un milieu aisé de cadres supérieurs ou de professions libérales.

Cinq grandes tendances d'évolution des courants socioculturels, vus sous l'angle des inflexions récentes des pratiques sportives et de loisirs ont été mises en évidence.

La recherche d'autonomie

Les Français d'aujourd'hui veulent pratiquer en dehors de la foule, hors des sentiers battus. Ils veulent développer leur singularité, leur style propre. Ils rejettent les formules contraignantes : moindre pratique, changement d'activités, horaires irréguliers sont en quelque sorte une recherche du « sur-mesure » sportif. La pratique en milieu naturel est recherchée.

La recherche du plaisir

Les nouvelles modalités de pratique éclipsent les valeurs traditionnelles de la compétition au bénéfice de l'aspect ludique : le jeu devient priorité → arrêt des pratiques qui font mal et moins d'ascèse pour tenter d'accomplir une performance. Il y a un effacement progressif des pratiques « dures » au profit de pratiques « douces », plus conviviales, moins stressantes. Le sport de compétition, avec entraînement méthodique et astreignant, est supplanté par le sport-loisir, le « sport-fun ».

Pour certains, il est envisageable, si la tendance se poursuit, de considérer deux pratiques sportives à l'avenir :

- le sport-loisir réalisé par plus de la moitié des Français ;
- le sport-spectacle de compétition pratiqué par une élite professionnelle.

La recherche de la vitalité

Le farniente n'est plus un modèle de vacances. Les loisirs sont des moments importants pour « bouger, faire des choses, se mettre en forme... ». Le slogan pourrait être « bien dans sa tête, bien dans sa peau ». La pression publicitaire et médiatique incite les Français à redécouvrir le sport comme facteur de santé, pour aujourd'hui et demain.

La recherche de nouveaux modes d'organisation et de participation

La tendance actuelle s'oriente vers un glissement de l'individualisme aux petits groupes, souples et mobiles : on recherche des stages de courte durée à pratique conviviale (ski, voile, golf, parapente…).

L'investissement est intense, partagé entre quelques participants avec multiples activités possibles.

Le besoin de sens authentique

L'actuel déclin des idéologies n'épargne pas celle du sport. Les Français privilégient le « faire du sport ensemble mais sans contrainte et sans exclusivité ».

Ces orientations des pratiques sportives actuelles tendent à se développer hors du cadre traditionnel, les pratiquants préférant les milieux naturels (routes, rues, domicile, campagne, mer…) aux installations traditionnelles (gymnases, stades, piscines…).

Ceci n'est pas sans conséquences pour les associations sportives qui doivent concilier divers intérêts :
- diversifier les modalités de pratique ;
- faire cohabiter le « sport-compétition » et le « sport-loisir » ;
- favoriser la vie associative en dehors de la recherche de la performance.

Quelle pratique ?

La pratique des APS

Quoi ?	Où ?
Compétition ? Hygiène-loisir régulière ? Hygiène-loisir saisonnière ?	Système fédéral ? Collectivités territoriales ? Système commercial ? Pratique libre ?

Après avoir rapidement analysé les différentes formes de pratique, il convient de situer l'association sportive au sein de l'organisation administrative française afin de repérer les principaux partenaires, étagés du niveau local au niveau national (voir tableau « Schéma d'organisation de l'État et des principaux partenaires de l'AS » p. 36).

Schéma d'organisation de l'État et des principaux partenaire de l'AS

ÉCHELONS TERRITORIAUX	PUBLIC				PRIVÉ		
					Fédérations internationales	CIO	
Nation	Législatif : députés et Sénateurs Exécutif : Président - Gouvernement MEN MJS				fédération	CNOSF	Entreprise d'APS, de loisirs sportifs
Région	préfecture de région	conseil régional	Rectorat	DRJSCS	ligue ou comité régional	CROS	
Département	préfecture	conseil général	Inspection académique	DDCSPP	comité départemental	CDOS	
Local		conseil communautaire conseil municipal					
		OMS					

Association Sportive

Chapitre 2

le mouvement sportif : le fonctionnement de l'association sportive

LA LOI 1901 – LES BASES DE L'ASSOCIATION

L'importance de la vie associative en France

Les derniers travaux (2002 à 2006) sur le « foisonnement associatif » en France, ont permis de réduire la fourchette estimée des associations encore en activité dans le cadre de la loi 1901 : par extrapolation de plusieurs indicateurs, le chiffre oscille en 900 000 et 1 100 000, estimation large due au fait que certaines associations ont cessé toutes activités ou sont classées « en sommeil » sans qu'une dissolution ou toute autre modification aient été signalées aux autorités.

Ainsi, une récente étude estime que 4 Français sur 10 sont membres d'une association et 8 sur 10 se déclarent concernés par les associations (chiffres sensiblement identiques à ceux de 1996). Les associations sportives sont les plus nombreuses : 200 000 environ (≈ 25 %)

De plus, le nombre d'associations créées chaque année, augmente :

Année	*Nombre d'associations créées chaque année*
1908	**5000**
1937	**9311**
1960	**12633**
1978	**34690**
1994	**62200**
2003	**71502**
2005	**68657**

Source : JO

L' « objet » (but) de ces différents groupements (sport, religion, politique, culture, consommateurs, anciens combattants et/ou élèves, etc.) nous montre bien l'importance prise par la loi de 1901 et son décret d'application dans la vie de la nation française.

Les bases de la vie associative

Historique

Retour aux sources

Issus d'un passé très lointain (Antiquité grecque) et même parfois mythologique, les jeux « sportifs » ont toujours existé en France (soule, jeu de paume, escrime) ; ce n'est qu'au XIXe siècle que les individus vont sentir la nécessité de se regrouper pour pouvoir jouer, « passer le temps » ensemble.

Sur le modèle anglais du cercle très fermé de gens nantis (le « club ») les premiers groupements sportifs apparaissent en France (les dénominations sont très anglophiles) :
1836 – premier club français de rowing (aviron) ;
1860 – première société de gymnastique.

Ainsi, les premiers sportifs français ressentent le besoin de « s'associer » pour pratiquer leur loisir favori. Ils font œuvre de pionniers, mais beaucoup d'autres vont devoir lutter afin de rendre normale et banale la liberté d'association.

En effet, à cette époque, ce droit n'existait pas et celui de se réunir était même réglementé de manière très restrictive. Les dispositions alors en vigueur relevaient d'un régime de police et jusqu'en 1870 (proclamation de la IIIe République), c'était le code pénal napoléonien (art. 291 et suivants) qui restreignait beaucoup les possibilités de réunion et de regroupement :

> *« Nulle association de plus de vingt personnes dont le but sera de se réunir tous les jours ou à certains jours marqués pour s'occuper d'objets religieux, littéraires, politiques ou autres ne pourra se former qu'avec l'agrément du Gouvernement et sous les conditions qu'il plaira à l'autorité publique d'imposer à la société. »*

Cet article est clair : c'est l'autorité publique qui autorise ou interdit, selon son bon vouloir. Comme ce fut une période qui connut deux révolutions (1848-1870), les groupements sportifs, comme les autres, subissaient les interdictions du pouvoir qui se protégeait des réunions d'opposants politiques.

Pourtant, le droit de réunion existait. Il suffisait d'être moins de vingt et de se réunir au domicile de l'un des membres. Mais, par cette description, on comprend que les divers groupements, outre le fait que leur existence pouvait être remise en cause à tout moment par le pouvoir, n'avaient aucune personnalité morale, aucune capacité juridique.

1871-1901 : difficile « gestation » de la loi 1901

Jusqu'à l'apparition d'une loi spécifique, la IIIe République applique avec beaucoup de libéralisme cette législation peu démocratique. C'est ainsi qu'à partir de 1870, consécutivement à la mutation de la société (ère industrielle) et à la modification de la législation du travail, les sociétés sportives se développent, avec l'accord tacite et bienveillant du Gouvernement. À cette époque, l'État républicain, menant une lutte contre l'Église catholique et certains de ses monopoles, introduisait les premières lois laïques (écoles publiques...).

1872 - premier club français de football : Le « Havre Athletic Club ».

1881 - naissance du « Racing Club de France ».

1882 - naissance du « Stade Français ».

Les clubs se regroupent ce qui donne naissance aux premières fédérations :

1873 - union des sociétés de gymnastique ;

1881 - union vélocipédique de France, ancêtres de la FFG (Fédération française de gymnastique) et de la FFC (Fédération française de cyclisme) ;

1881 – UFOLEP : union française des œuvres laïques d'éducation physique ;

1889 – USFSA : union des sociétés françaises des sports athlétiques (fédération multisports)

L'Église catholique disposait d'un certain pouvoir temporel. Les congrégations religieuses étaient propriétaires d'immeubles et se chargeaient aussi du domaine de l'éducation. Or, elles entraient dans le cadre général des groupements et les inclure dans une loi sur les associations ne faisait qu'attiser le conflit plus général des rapports de l'État avec l'Église catholique. Ce problème ne sera définitivement résolu qu'avec l'abrogation du concordat napoléonien par une loi promulguée en 1905, instituant la séparation de l'Église et de l'État.

Cette lutte d'influence ne fit donc que retarder la promulgation d'une loi spécifique au droit d'association qui connut trente-trois projets ou propositions avant son adoption.

Waldeck Rousseau, président du conseil (représentant le Premier ministre de l'époque), ministre de l'Intérieur et des cultes propose une dernière mouture le 14 novembre 1899. Après des débats houleux, parfois même violents, le texte définitif est voté à l'Assemblée nationale et devient la loi du 1er juillet 1901.

La loi du 1er juillet 1901 relative au contrat d'association

Le texte complet de la loi et ses modifications ainsi que celui du décret du 16 août 1901 figurent en annexes 2 et 3 du présent ouvrage. Les principaux articles exposés dans les prochains paragraphes sont indispensables pour comprendre, créer et faire vivre une association.

La définition juridique d'une association

Article premier

« L'association est la convention par laquelle deux ou plusieurs personnes mettent en commun, d'une façon permanente, leurs connaissances ou leurs activités dans un but autre que de partager des bénéfices. Elle est régie, quant à sa validité, par les principes généraux du droit applicables aux contrats et obligations. »

Quatre critères essentiels

1/ *Être au moins deux* pour créer une association : la convention doit être établie entre « deux ou plusieurs » personnes.

2/ *Mettre en commun des connaissances et des activités*

Tous les membres de l'association participent, chacun avec ses moyens, ses connaissances et ses disponibilités à la bonne marche de ce groupement. Ils sont tous « associés » au projet.

3/ *Avoir un but*

C'est donc avoir un but commun qui réunit tous les membres : c'est l'objet de l'association.

Enfin, il est à noter que la législation ne permet pas de s'associer dans n'importe quel but. Ce qui est précisé dans l'article 3.

Article 3

« Toute association fondée sur une cause ou en vue d'un objet illicite, contraire aux lois, aux bonnes mœurs, ou qui aurait pour but de porter atteinte à l'intégrité du territoire et à la forme républicaine du Gouvernement, est nulle et de nul effet. »

La société française se protège ainsi contre des groupements politiques abritant des visées terroristes, autonomistes ou portant atteinte aux mœurs (exemple d'une association de « mères porteuses » qui fut déclarée contraire aux bonnes mœurs).

4/ *Ne pas partager les bénéfices*

Un but explicite mais « autre que de partager des bénéfices » : un club peut (doit) faire des bénéfices mais ne peut les partager entre ses adhérents.

Ainsi, une association sportive a même intérêt à chercher des moyens de faire des bénéfices (vente de maillots, insignes, manifestations diverses) car ces profits seront réinvestis dans la poursuite de « l'objet » de l'association.

Exemple : le concours de tarot ou de poker de l'union sportive locale permet d'acheter deux nouveaux jeux de maillots, trois ballons pour les benjamins et finance une partie des déplacements annuels.

Les membres de l'association ne se partagent pas le solde, mais peuvent être dédommagés de certains frais occasionnés par les activités ou l'administration de l'association (déplacements, hébergements...).

Cette définition permet de différencier une association d'une société de type commercial car il n'y a pas d'apport financier des membres (actions, parts de capital...) et, en plus, bien sûr, elle est non lucrative.

Les sociétés commerciales sont donc parfaitement exclues du champ d'application de la loi de 1901. Mais ce n'est qu'à la lecture des statuts (et non au titre des groupements) que l'on peut clairement les classer et définir la législation qui leur est appliquée.

Société de tir	loi 1901
Société commerciale	code civil ou code de commerce
Société mutualiste	code de la mutualité
Société d'économie mixte locale	loi du 7 juillet 1983
SASP, EURLS	code du sport
Société d'économie mixte sportive	code du sport
Société à objet sportif	code du sport
Société coopérative	loi du 10 septembre 1947

5/ *La permanence dans l'activité*

On ne fonde pas une association si son activité n'est que ponctuelle et éphémère. Nul besoin d'une convention pour participer entre copains à un tournoi de sixte en football une fois par an. Si ces mêmes amis décident de créer une équipe engagée dans un championnat fédéral (activité permanente : matchs, entraînement) une association est alors nécessaire. Mais « permanence de l'activité » ne signifie pas à durée illimitée : en effet, certaines associations sont créées et leurs objets imposent obligatoirement une limite à l'action.

Exemple : création d'une association pour l'organisation d'un grand tournoi sportif international. Lorsque le tournoi est terminé, l'association n'a plus lieu d'être.

La loi 1901, relative au contrat d'Association, datant du 1/7 1901.

La plupart des groupements sont permanents dans leur activité et à durée illimitée (seule la lecture des statuts l'indique).

Les termes définissant l'association de type loi de 1901 sont donc :
- être deux ou plusieurs ;
- mettre en commun des connaissances et des activités ;
- avoir un objectif commun ;
- ne pas partager les bénéfices ;
- exister de façon permanente.

En conclusion, cette loi fut une grande victoire pour la démocratie. Chaque citoyen s'est vu attribuer le droit de s'associer avec d'autres personnes mais aussi celui de se retirer librement d'un groupement.

> *Article 4*
> *« Tout membre d'une association qui n'est pas fondée pour un temps déterminé peut s'en retirer en tout temps, après payement des cotisations échues et de l'année courante, nonobstant toute clause contraire. »*

Les différents types d'association

Les associations non déclarées

> *Article 2*
> *« Les associations de personnes pourront se former librement sans autorisation ni déclaration préalable, mais elles ne jouiront de la capacité juridique que si elles se sont conformées aux dispositions de l'article 5. »*

Il n'y a bien sûr aucune formalité car chacun est libre de s'associer avec qui il veut, mais cette société n'a pas de :
- personnalité morale ;
- capacité juridique.

Les associés ne peuvent intervenir qu'en leur nom propre et non en celui de l'association.

Les relations avec les tiers sont donc très difficiles :
- aucun droit privatif sur son nom ;
- pas de compte bancaire ;
- pas de patrimoine social ;
- aucune possibilité d'action en justice (ester = attaquer un tiers en justice par exemple) ;

- pas de signature de contrat, de convention en son nom ;
- pas de subvention possible.

Une telle association ne peut être sportive puisque les différentes législations sur le sport ne reconnaissent que celles qui sont déclarées.

Les associations déclarées

Article 5

« Toute association qui voudra obtenir la capacité juridique prévue par l'article 6 devra être rendue publique par les soins de ses fondateurs. »

Article 6

« Toute association régulièrement déclarée peut, sans aucune autorisation spéciale, ester en justice, recevoir des dons manuels ainsi que des dons des établissements d'utilité publique, acquérir à titre onéreux, posséder et administrer, en dehors des subventions de l'État, des régions, des départements, des communes et de leurs établissements publics :

1. les cotisations de ses membres ou les sommes au moyen desquelles ces cotisations ont été rédimées, ces comptes ne pouvant être supérieurs à 16 euros ;

2. le local destiné à l'administration de l'association et à la réunion de ses membres ;

3. les immeubles strictement nécessaires à l'accomplissement du but qu'elle se propose. »

Elles peuvent ainsi acquérir des immeubles s'ils sont strictement nécessaires à la réalisation de leur « objet ».

Exemples : « club-house », salle de réunion, bureaux, vestiaires, installations sportives mais cela ne peut être un immeuble de rapport (location d'un appartement à un tiers).

Les associations reconnues d'utilité publique

Article 10

« Les associations peuvent être reconnues d'utilité publique par décret en Conseil d'État à l'issue d'une période probatoire de fonctionnement d'une durée égale à trois ans. »

Article 11

« Ces associations peuvent faire tous les actes de la vie civile qui ne sont pas interdits par leurs statuts mais elles ne peuvent posséder ou

acquérir d'autres immeubles que ceux nécessaires au but qu'elles se proposent. Cependant, elles peuvent acquérir, à titre onéreux ou à titre gratuit, des bois, forêts ou terrains à boiser. »

Toutes les valeurs mobilières d'une association doivent être placées en titres nominatifs, en titre pour lesquels est établi le bordereau de références nominatives prévu à l'article 55 de la loi n° 87-416 du 17 juin 1987 sur l'épargne ou en valeurs admises par la Banque de France en garantie d'avances.

Elles peuvent recevoir des dons et des legs dans les conditions prévues à l'article 910 du code civil.

Elles ne peuvent accepter une donation mobilière avec réserve d'usufruit au profit du donateur.

Elles sont relativement peu nombreuses (2032), car elles doivent être dignes d'un intérêt général.

Exemple : « la Croix Rouge Française », « Les Restos du Cœur »...

Ce sont des « associations déclarées » qui font une demande spéciale au ministère de l'Intérieur : c'est un décret du Conseil d'État qui attribue cette qualité aux associations.

Bien souvent les sportifs sont surpris d'apprendre que leur propre fédération est déclarée d'utilité publique (28 fédérations sportives et le CNOSF).

Elles bénéficient alors de la « grande capacité juridique » qui leur confère le droit de recevoir « dons et legs » mais aussi d'acquérir des « terrains à boiser, forêts et bois ».

Les congrégations religieuses

N'étant pas l'objet de notre étude, nous nous bornons à les mentionner en précisant qu'elles représentent une partie importante de la loi de 1901 (articles 13 à 21) et que ce fut la rédaction de ces articles qui retardèrent la promulgation de la loi.

Les associations d'étrangers

Citées pour mémoire car ce titre IV fut abrogé par la loi n° 81-909 du 9 octobre 1981.

Les associations d'Alsace-Lorraine

Les associations des départements du Haut-Rhin, du Bas-Rhin et de la Moselle ne sont pas régies par la présente loi. En effet, lorsque celle-ci fut promulguée (1901), ces trois départements, formant les provinces d'Alsace-Lorraine, étaient allemands depuis 1871 (fin de la guerre franco-prussienne de 1870) et comme telles, la loi ne pouvait y être appliquée.

À l'armistice de la Première Guerre mondiale, les trois départements précités furent de nouveau rattachés à la France en 1918 mais le législateur n'y imposa pas la loi 1901 estimant que les articles 29 et suivants du code civil local, ayant fait les preuves d'une certaine cohérence et efficacité, pouvaient continuer d'être appliqués aux associations.

Questionnaire

Pouvez-vous répondre aux questions suivantes ?

1) Quelle est la définition de l'association selon la loi de 1901 ?

2) Une association peut-elle faire des bénéfices ?

3) Une association peut-elle acquérir des biens ? Si oui, lesquels ? Si non, pourquoi ?

4) Quels sont les différents types d'association ?

5) Qu'est-ce qu'une association ? Dans quel but est-elle constituée ?
Quels sont ses droits et obligations ?

6) Qu'est-ce que la reconnaissance « d'utilité publique » ?

LA CONSTITUTION D'UNE ASSOCIATION

Comme pour le chapitre précédent, nous utiliserons la même démarche : un exposé de connaissances pouvant servir à n'importe quel dirigeant (ou futur dirigeant) pour comprendre et guider ses démarches, valables aussi pour un futur éducateur sportif qui doit être particulièrement attentif aux modèles de statuts dans le cadre de son diplôme.

→ La conception d'une association

Une association, pour quoi faire ?

La motivation des membres « fondateurs » d'une association est toujours la réalisation d'un objectif commun : c'est ce que l'on appelle l'objet de l'association.

Ainsi, lors de discussions, de contacts divers, quelques personnes peuvent avoir envie de pratiquer tel ou tel sport, et pour ce faire, ils cherchent à se regrouper.

L'objet est la « pratique du football » par exemple, mais il est quelquefois utile de ne pas trop limiter le but de l'association qui pourra devenir par la suite un club omnisports avec plusieurs sections ; l'objet est alors « la pratique (et le développement) des activités physiques et sportives ».

Être au moins deux intéressés

L'idée de pratiquer un sport ayant germé dans l'esprit de quelques-uns (au moins deux par définition) il peut y avoir une association. Il est alors nécessaire de chercher d'autres personnes intéressées. Ce petit groupe est le « moteur » de la création du club, il doit se renseigner, se préparer, informer d'autres individus : ce sont ceux que l'on appelle « membres fondateurs » qui ne seront peut être pas obligatoirement les futurs administrateurs de l'association, car il y aura des élections.

→ La préparation de l'assemblée générale constitutive

La collecte de renseignements

Les quelques personnes définies au paragraphe précédent vont devoir collecter un certain nombre de renseignements et notamment préparer un modèle de statuts qui seront la « convention d'association ». Pour ce faire, les fondateurs peuvent demander conseil auprès de plusieurs partenaires.

La préfecture (ou la sous-préfecture de l'arrondissement)

Au guichet unique « vie associative », des modèles de statuts peuvent leur être fournis.

Mais comme notre objectif est la création d'une association à vocation sportive, il convient de prendre certaines précautions afin d'éviter d'avoir à modifier des statuts pour être en conformité avec la législation sur les « activités physiques et sportives ».

Les services en charge de la jeunesse et des sports (direction départementale de la cohésion sociale et de la protection de la population) sont à même de renseigner les fondateurs et de leur donner les conditions statutaires obligatoires pour obtenir, dans l'avenir, les agréments ministériels jeunesse et sports.

Le comité départemental du sport envisagé

Les futurs statuts de l'association devront être en conformité avec ceux de la fédération.

Un autre club poursuivant le même objectif

En se servant des statuts de ce club, les futurs associés pourront avoir ainsi une base saine pour élaborer leurs propres statuts (à condition toutefois que ces statuts soient conformes).

Établir un projet de statuts

Fort de tous ces renseignements, un projet de statuts est préparé tenant compte :
- de la législation générale sur les associations ;
- de la législation particulière dans le domaine du sport ;
- de la réglementation édictée par la fédération du sport envisagé.

Bien entendu, ce n'est là qu'un projet que les « fondateurs » n'imposent pas, mais proposent à l'approbation lors de l'assemblée générale constitutive. Il est préférable que, durant cette réunion, la discussion sur les statuts puisse se faire à partir d'un texte précis, qui peut être amendé, transformé, réécrit mais qui permet de travailler sur du concret. Car, il ne faut pas trop compter sur l'inspiration des personnes de bonne volonté présentes qui seront sûrement peu compétentes dans ce domaine.

Les modèles de statuts

Avant de les rédiger ou de recopier partiellement des modèles types, les membres fondateurs doivent éviter trois écueils principaux :

- trop de détails et de précisions qui entraîneront des difficultés d'application ou la nécessité de modifications futures ;
- trop d'ambiguïtés qui pourront engendrer des contestations. Une certaine souplesse des statuts proprement dits doit être conservée, car le futur règlement intérieur du club pourra venir préciser certains articles volontairement peu explicites,
- être trop général et ne pas tenir compte de la situation particulière de la future association.

Le contenu est entièrement laissé à la libre imagination des fondateurs dans la limite bien sûr de la législation (loi du 1er juillet 1901 et décret du 16 août 1901).

Nous proposons deux exemples possibles de statuts :

- un modèle très simple paru au JO n° 1068 (à gauche) ;
- un modèle plus complet établi pour une association sportive (à droite).

1 - « L'état civil » de l'association

Le titre, l'objet, le siège social et la durée éventuellement.

• Article 1

Il est fondé entre les adhérents aux présents statuts une association régie par la loi du 1er juillet 1901 et le décret du 16 août 1901, ayant pour titre :

• Article 2

Cette association a pour but…

• Article 3

Le siège social est fixé à…

Il pourra être transféré par simple décision du conseil d'administration. La ratification par l'assemblée générale sera nécessaire.

Article 1

L'association dite «… », fondée le… a pour objet la pratique de l'éducation physique et des sports.
Sa durée est illimitée.
Elle a son siège …
L'association s'engage à promouvoir l'égal accès des femmes et des hommes à ses instances dirigeantes.
Elle s'interdit toute discrimination dans l'organisation et la vie de l'association.

2 - La composition de l'association

Les différents membres. Les conditions d'admission et de radiation.

• Article 4

L'association se compose de :
a) membres d'honneur…
b) membres bienfaiteurs…
c) membres actifs ou adhérents…

• Article 5 : Admission

Pour faire partie de l'association, il faut être agréé par le bureau qui statue, lors de chacune de ses réunions, sur les demandes d'admissions présentées.

Article 2

L'association se compose de :
a) membres d'honneur,
b) membres bienfaiteurs,
c) membres actifs.

Sont membres bienfaiteurs, les personnes qui versent une cotisation annuelle minimum de X euros.

• **Article 6 : Les membres**

Sont membres d'honneur, ceux qui ont rendu des services signalés à l'association ; ils sont dispensés de cotisation.

Sont membres bienfaiteurs, les personnes qui versent un droit d'entrée de X euros et une cotisation annuelle de X euros fixée chaque année par l'assemblée générale.

Sont membres actifs, ceux qui versent annuellement une somme de X euros.

Toute cotisation pourra être rachetée moyennant le paiement d'une somme minimale égale à dix fois son montant annuel, sans que la somme globale puisse dépasser 16 euros.

Sont membres actifs, les personnes qui versent annuellement une cotisation et participent aux activités de l'association.
Le taux de la cotisation est fixé par l'assemblée générale.
Le titre de membre d'honneur peut être décerné par le comité de direction aux personnes physiques ou morales qui rendent ou qui ont rendu des services signalés à l'association. Ce titre confère aux personnes qui l'ont obtenu, le droit de faire partie de l'association sans être tenues de payer une cotisation annuelle.

• **Article 7 : Radiations**

La qualité de membre se perd par :
a) la démission ;
b) le décès ;
c) la radiation prononcée par le conseil d'administration pour non-paiement de la cotisation ou pour motif grave, l'intéressé ayant été invité par lettre recommandée à se présenter devant le bureau pour fournir des explications.

Article 3
La qualité de membre se perd par :
a) la démission ;
b) par la radiation prononcée par le comité de direction pour non-paiement de la cotisation ou pour motif grave, l'intéressé ayant été invité par lettre recommandée à se présenter devant le comité de direction pour fournir des explications.

3 - Les ressources de l'association

Et notamment qui fixe le taux de la cotisation (voir article 2).

• **Article 8**

Les ressources de l'association comprennent :
1. le montant des droits d'entrée et des cotisations ;
2. les subventions de l'État, des départements, et des communes.

4 - L'administration et le fonctionnement

Du conseil d'administration ou comité de direction, ou comité directeur.

Composition, mode d'élection, qui est éligible ?

Fonctionnement : de son bureau, ou bureau directeur c'est-à-dire des principaux responsables président, secrétaire, trésorier et, comme pour le conseil d'administration, les statuts peuvent définir : composition, mode d'élection, « qui » est éligible et le fonctionnement.

• Article 9 : Conseil d'administration

L'association est dirigée par un conseil de X membres élus pour X années par l'assemblée générale. Les membres sont rééligibles.

Le conseil d'administration choisit parmi ses membres, au scrutin secret, un bureau composé de :
1. un président ;
2. un ou plusieurs vice-présidents ;
3. un secrétaire et, s'il y a lieu, un secrétaire adjoint ;
4. un trésorier, et, si besoin est, un trésorier adjoint.

Le conseil étant renouvelé chaque année par fraction (1/2,1/3,1/4), la première année, les membres sortants sont désignés par le sort.

En cas de vacances, le conseil pourvoit provisoirement au remplacement de ses membres. Il est procédé à leur remplacement définitif par la plus prochaine assemblée générale. Les pouvoirs des membres ainsi élus prennent fin à l'époque où devrait normalement expirer le mandat des membres remplacés.

Article 4

Le comité de direction de l'association est composé de X membres élus au scrutin secret pour X années par l'assemblée générale. Sa composition doit refléter la composition de l'assemblée générale.

Le comité de direction est renouvelé par fraction (1/2, 1/3,1/4) tous les ans ; les membres sortants sont rééligibles.

Est éligible au comité de direction toute personne âgée de 16 ans au moins au jour de l'élection, membre de l'association depuis plus de six mois et à jour de ses cotisations. Les candidats n'ayant pas la majorité légale devront, pour faire acte de candidature, produire une autorisation parentale ou de leur tuteur.

Toutefois, la moitié au moins des sièges du comité de direction doit être occupée par des membres ayant atteint la majorité légale et jouissant de leurs droits civils et politiques.

Le comité de direction élit, chaque année, au scrutin secret son bureau qui comprend au minimum un président, un secrétaire et un trésorier et dont les membres devront être choisis obligatoi-

• Article 10 :
Réunion du conseil d'administration

Le conseil d'administration se réunit une fois au moins tous les X mois, sur convocation du président, ou sur la demande de X membres (choisir une fraction : 1/2, 1/3, 1/4).

Les décisions sont prises à la majorité des voix ; en cas de partage, la voix du président est prépondérante.

Tout membre du comité qui, sans excuse, n'aura pas assisté à X réunions consécutives, pourra être considéré comme démissionnaire.

Nul ne peut faire partie du conseil s'il n'est pas majeur.

rement parmi les personnes prévues à l'alinéa précédent ; les membres sortants sont rééligibles.

En cas de vacances, le comité de direction peut pourvoir provisoirement au remplacement des membres intéressés. Leur remplacement définitif devra s'effectuer par la prochaine assemblée générale. Les membres ainsi élus ne le seront que pour le temps d'exercice restant à accomplir par ceux qu'ils ont remplacés.

Article 5

Le comité de direction se réunit au moins une fois par trimestre et chaque fois qu'il est convoqué par son président ou sur la demande de X membres (choisir une fraction).

La présence de X membres du comité est nécessaire pour la validité des délibérations.

Tout membre du comité qui aura, sans excuse acceptée par celui-ci, manqué à X séances consécutives, pourra être considéré comme démissionnaire.

Le comité de direction adopte le budget annuel avant le début de l'exercice.

Il est tenu un procès-verbal des séances. Les procès-verbaux sont signés par le président et le secrétaire. Ils sont transcrits, sans blancs ni ratures, sur un registre tenu à cet effet.

Article 6

Les membres du comité de direction ne peuvent percevoir aucune rétribu-

tion pour les fonctions qui leur sont confiées. Toutefois, ils peuvent recevoir le remboursement des frais de déplacement, mission ou représentation effectuées dans l'exercice de leur activité : l'assemblée générale en fixe le taux.

Les personnes rétribuées par l'association peuvent être admises à assister, avec voix consultative, aux séances de l'assemblée générale et du comité de direction.

Tout contrat ou convention passé entre l'association d'une part, et un administrateur, son conjoint ou un proche, d'autre part, est soumis pour autorisation du conseil d'administration et présenté pour information à la plus proche assemblée générale.

5 – Les assemblées générales

Ordinaires, extraordinaires, et pour chacune, les statuts définissent :
- le rôle ;
- la composition (qui est électeur ?) ;
- la fréquence ;
- l'ordre du jour ;
- le quorum (nombre minimum de membres présents pour que l'assemblée générale puisse délibérer valablement).

• Article 11 : Assemblée générale ordinaire

L'assemblée générale ordinaire comprend tous les membres de l'association à quelque titre qu'ils soient affiliés. L'assemblée générale ordinaire se réunit chaque année au mois de…

Article 7

L'assemblée générale de l'association est formée par l'ensemble des membres remplissant les conditions fixées ci-après.

En principe, les statuts peuvent prévoir que certains membres de l'association, qui ne versent qu'une cotisation très faible, peuvent ne pas faire partie de l'assemblée générale.

Quinze jours au moins avant la date fixée, les membres de l'association sont convoqués par les soins du secrétaire. L'ordre du jour est indiqué sur les convocations.

Le président, assisté des membres du comité, préside l'assemblée et expose la situation morale de l'association.

Le trésorier rend compte de sa gestion et soumet le bilan à l'approbation de l'assemblée.

Il est procédé, après épuisement de l'ordre du jour, au remplacement, au scrutin secret, des membres du conseil sortant. Ne devront être traités, lors de l'assemblée générale, que les questions soumises à l'ordre du jour.

• **Article 12 : Assemblée générale extraordinaire**

Si besoin est, ou sur la demande de X membres inscrits (généralement la moitié plus un), le président peut convoquer une assemblée générale extraordinaire (3).

(3) Il est prudent de fixer des conditions de quorum et de majorité pour la validité des délibérations de l'assemblée ordinaire et extraordinaire.

Est électeur, tout membre pratiquant, ayant adhéré à l'association depuis plus de six mois, à jour des ses cotisations, et âgé de 16 ans au moins au jour de l'élection.

Le vote par procuration est autorisé, mais le vote par correspondance est interdit.

Article 8

L'assemblée générale se réunit en session ordinaire une fois par an. En outre, elle peut être réunie en session extraordinaire sur convocation du comité directeur ou sur la demande de X membres.

L'ordre du jour est fixé par le comité de direction. Le bureau de l'assemblée est celui du comité de direction.

L'assemblée générale délibère sur les rapports relatifs à la situation morale et financière de l'association et à la gestion du comité de direction.

Il est tenu une comptabilité complète de toutes les recettes et de toutes les dépenses.

Elle approuve les comptes de l'exercice clos, vote le budget de l'exercice suivant, délibère sur les questions mises à l'ordre du jour. Elle pourvoit au renouvellement des membres du comité de direction.

Les comptes sont soumis à l'assemblée générale dans un délai inférieur à six mois à compter de la clôture de l'exercice.

Elle nomme les représentants de l'association à l'assemblée générale des comités départementaux (ou régionaux, ou des fédérations) auxquels l'association est affiliée.

Article 9

Les délibérations sont prises à la majorité des voix des membres présents. Pour la validité des délibérations, la présence de X membres est nécessaire. Si ce quorum n'est pas atteint, il est convoqué, avec le même ordre du jour, une deuxième assemblée, au moins six jours après la date de la première assemblée. Cette deuxième assemblée délibère, quel que soit le nombre de membres présents.

6 – La dissolution

Sans que cela soit obligatoire, car la loi de 1901 a prévu ce cas (article 9) de même que les articles 14-15 du décret du 16 août 1901.

- **Article 13 : Dissolution**

En cas de dissolution prononcée par les deux tiers au moins des membres présents à l'assemblée générale, un ou plusieurs liquidateurs sont nommés par celle-ci et l'actif, s'il y a lieu, est dévolu conformément à l'article 9 de la loi du 1er juillet 1901 et au décret du 16 août 1901.

Article 10

La dissolution de l'association ne peut être prononcée que par l'assemblée générale, réunie en session extraordinaire, convoquée spécialement à cet effet. Cette assemblée ne peut délibérer valablement que si elle est composée de plus de la moitié des membres.

Si cette proportion n'est pas atteinte l'assemblée est convoquée à nouveau à quinze jours au moins d'intervalle ; elle peut alors délibérer, quel que soit le nombre des membres présents.

Dans tous les cas, la dissolution de l'association ne peut être prononcée qu'à la majorité des deux tiers des voix des membres présents.

Article 11

En cas de dissolution, par quelque mode que ce soit, l'assemblée générale désigne un ou plusieurs commissaires chargés de la liquidation des biens de l'association. Elle attribue l'actif net, conformément à la loi, à une ou plusieurs associations. En aucun cas, les membres de l'association ne peuvent se voir attribuer, en dehors de la reprise de leurs apports, une part quelconque des biens de l'association.

7 – Autres précisions éventuelles (facultatif)

Définition du règlement intérieur.

- **Article 14 : Règlement intérieur**

Un règlement intérieur peut être établi par le conseil d'administration qui le fait alors approuver par l'assemblée générale. Ce règlement éventuel est destiné à fixer les divers points non prévus par les statuts, notamment ceux qui ont trait à l'administration interne de l'association.

Article 12

Le règlement intérieur, destiné à fixer les divers points ayant trait à l'administration interne de l'association est établi par le comité de direction et approuvé par l'assemblée générale.

Afin de préciser le fonctionnement de l'association, un règlement intérieur est établi ainsi que l'indique les statuts. Il est rédigé par le conseil d'administration qui le fait approuver par l'assemblée générale. Son but peut être, par exemple :

- compléter les divers points non explicités dans les statuts ;
- donner la composition des différentes commissions formant le conseil d'administration, leurs rôles, leurs liaisons ;
- indiquer la fréquence des réunions :
  - les heures d'ouverture et les conditions d'utilisation des installations ou du matériel, prêtés ou propriétés de l'association,
  - éventuellement les sanctions disciplinaires pour les adhérents qui ne se plient pas aux règles de vie commune,
- les moyens d'action ;

(Un modèle de « règlement intérieur » est placé en annexe 3 du présent ouvrage)

Article 13

Les moyens d'action de l'association sont la tenue d'assemblées périodiques, la publication d'un bulletin, les séances d'entraînement et les rencontres sportives, les conférences et cours sur les questions sportives et, en général, tous exercices et toutes initiatives propres à la formation physique et morale de la jeunesse.

L'association s'interdit toute discussion ou manifestation présentant un caractère politique ou confessionnel.

- un engagement vis-à-vis :
  • de la législation sur le sport,
  • du monde fédéral.

Article 14

L'association est affiliée aux fédérations sportives nationales régissant les sports qu'elle pratique.

Elle s'engage :

1) à se conformer entièrement aux règlements établis par les fédérations dont elle relève et par ses comités régionaux.

2) à se soumettre aux sanctions disciplinaires qui lui seraient infligées par application desdits règlements.

- le rôle des responsables ;

Article 15

Les dépenses de l'association sont ordonnancées par le président.

L'association est représentée en justice et dans tous les actes de la vie civile par son président ou, à défaut, par tout autre membre du comité de direction spécialement habilité à cet effet par le comité.

- rôle plus précis des assemblées générales.

Article 16

Les statuts ne peuvent être modifiés que par l'assemblée générale, réunie en session extraordinaire, sur la proposition du comité de direction ou sur la demande de X membres au moins de l'association (généralement la moitié plus un).

Pour délibérer valablement, l'assemblée générale extraordinaire doit être composée au moins de X membres. Si cette proportion n'est pas atteinte, l'assemblée est convoquée à nouveau mais à quinze jours au moins d'intervalle. Elle peut alors, délibérer valablement quel que soit le nombre de membres présents.

Dans tous les cas, les modifications aux statuts ne peuvent être votées qu'à la majorité des deux tiers des voix des membres présents.

Fixer une assemblée générale constitutive

Il est nécessaire de choisir un lieu, une date et un horaire pour cette réunion, en pensant aux disponibilités du public intéressé par l'invitation qui sera faite. Trouver des « bonnes volontés » n'est pas chose facile et il est important de limiter au maximum des raisons de non-participation.

Envoyer des invitations

L'ordre du jour ayant été fixé, des invitations doivent être envoyées ou distribuées à toutes les personnes susceptibles d'être intéressées par l'objet de l'association.

Exemple : la future association veut promouvoir le football ; il convient d'inviter ceux qui joueraient éventuellement, les parents d'enfants qui aimeraient pratiquer mais aussi des passionnés qui, bien que ne remplissant pas les conditions ci-dessus pourraient prendre des responsabilités. À ce sujet, notons qu'en plus de l'invitation écrite anonyme, les « fondateurs » ont intérêt à se déplacer pour contacter et susciter d'éventuelles candidatures d'administrateurs.

Enfin, comme pour les autres AG, il peut être utile d'inviter à cette première réunion des personnes qui, par leurs fonctions, peuvent aider à la naissance et au fonctionnement de la future association : maire de la commune, représentants du mouvement sportif (CDOS, comité départemental de la discipline envisagée) et représentant de l'État en charge de la jeunesse et des sports (direction départementale de la cohésion sociale et de la protection de la population).

Questionnaire

Pouvez-vous répondre aux questions suivantes ?

1 - En vue de constituer une association, quelles démarches effectuez-vous ? Où ?

2 - Que représentent les statuts de l'association ?

3 - À qui envoie-t-on des invitations à une assemblée générale constitutive ?

4 - Les associations sportives : création.

5 - Dans votre village ou votre quartier, il n'existe aucune association sportive et pourtant de nombreux jeunes pratiquent spontanément ; quelles dispositions allez-vous prendre pour regrouper, améliorer, structurer ces jeunes et leur donner les moyens de faire de la compétition ?

6 - Que doivent comporter les statuts d'une association ?

7 - Que contient le règlement intérieur d'une association ? Quelle est son utilité ?

8 - Schéma de création d'une association.

9 - Les fondateurs d'une association préparant l'AG constitutive vous demandent conseil pour établir des statuts et un règlement intérieur.

Après avoir comparé ces deux types de convention, que leur conseillez-vous ?

L'ASSEMBLÉE GÉNÉRALE CONSTITUTIVE

Bien que les modalités d'organisation d'une assemblée générale et notamment d'une assemblée générale constitutive ne soient pas définies par la législation sur les associations, la tenue d'une telle assemblée est nécessaire à la création du club puisqu'elle marque sa naissance officielle.

→ L'ordre du jour

Il figure nécessairement dans le libellé des invitations décrites au chapitre précédent et contient généralement :
- lecture et approbation des statuts ;
- élections des membres du premier conseil d'administration ;
- élections ou nomination des vérificateurs aux comptes ;
- élaboration du programme d'activité ;
- élaboration du budget et fixation du taux de la cotisation ;
- questions diverses.

Le déroulement

Outre l'accueil des personnes invitées, les « membres fondateurs » devront penser, dès l'ouverture de la séance par l'un d'entre eux, à lancer un appel à candidatures pour :

- un président de séance se chargeant de suivre l'ordre du jour, de donner la parole aux différents intervenants ;
- un secrétaire de séance chargé de prendre des notes afin d'établir un procès-verbal (compte rendu) de la séance qui sera conservé dans les archives de l'association et approuvé lors de l'assemblée générale suivante. Ce procès-verbal est très important puisque ce sera la référence pour les déclarations administratives futures.

L'assemblée générale constitutive peut alors débuter et suivre le cours normal de l'ordre du jour.

La lecture et l'approbation des statuts

Le président de séance lit chaque proposition d'article et fait noter au secrétaire les éventuelles modifications décidées par l'assemblée. À la fin de la lecture et des amendements retenus, il organise un vote pour approbation définitive. Les présents peuvent alors voter à main levée et le résultat doit figurer au procès-verbal de la séance.

Les élections des membres du conseil d'administration

Les statuts ayant été approuvés, on connaît alors les modalités du vote et l'on peut faire un rappel des candidatures déjà enregistrées. Bien sûr, pour cette première assemblée, les électeurs et les élus n'ont pas encore payé leur cotisation, mais il suffira de régulariser la situation à la fin de la réunion quand le montant en sera connu.

Le déroulement du vote

Dans l'idéal, il serait judicieux de trouver des volontaires dans l'assemblée afin de constituer un bureau de vote comprenant :

- un président ;
- un secrétaire ;
- éventuellement des assesseurs ;
- et enfin d'avoir des scrutateurs, membres du bureau de vote.

Toutefois, dans les assemblées générales, ce sont souvent les responsables de l'association qui jouent ces rôles.

Dans une association, les règles de vote sont les mêmes que celles de la vie civique à savoir que les votes pour les élections sont à bulletins secrets (contrairement à un usage courant, à main levée, communément usité pour des raisons de facilité d'organisation mais toujours antistatutaire dans les associations sportives agréées).

Qui élit qui ?

Pour trancher d'éventuels litiges, il n'y a qu'un seul juge : les statuts de l'association. Mais, d'une manière générale, les groupements sportifs utilisent deux modes d'élection :

a) Le plus commun et le plus usité

L'assemblée générale (AG) élit un conseil d'administration (CA ou comité directeur ou comité de direction).

Puis, le CA se réunit et élit son bureau (bureau directeur) comprenant le président, le trésorier, le secrétaire (avec éventuellement des adjoints).

b) Une forme plus sportive

Certains clubs ont inclus dans leurs statuts un mode d'élection calqué sur celui des fédérations sportives.

L'AG élit un CA et il y a ensuite une suspension de séance. Le CA se réunit et revient en AG proposer une candidature au poste de président. C'est alors l'AG qui élit le président, le reste du bureau étant élu par le CA.

Qui élit qui ?

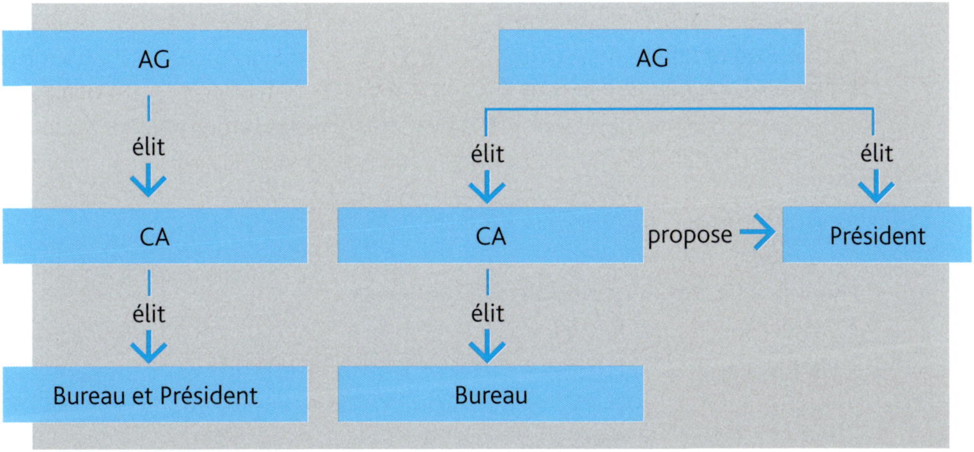

Les élection des vérificateurs aux comptes

Selon les statuts, ils sont élus ou nommés par l'AG mais en aucun cas ils ne sont des membres déjà élus au CA. Ils ont pour charge de vérifier, quelques jours avant l'AG, la sincérité des informations et la régularité des comptes de l'association établis par le trésorier durant l'année. Ils établissent un compte rendu qu'ils lisent lors de l'AG annuelle.

L'élaboration du programme d'activité

Le programme d'activités regroupe les premiers objectifs que se sont fixés les membres de la nouvelle association : nombre de joueurs, d'équipes engagées, achat d'équipement, horaires des entraînements, installations sportives, etc.

Le budget et la fixation du taux de la cotisation

L'étude des actions envisagées doit tenir compte d'un impératif : les finances du club → estimation des dépenses et des recettes.

Beaucoup de statuts stipulent que c'est l'AG qui fixe à chacune de ses réunions, le taux de la cotisation suivant le type de membres.

Les questions diverses

Cette formule figure classiquement à la fin des ordres du jour des AG, afin de pouvoir délibérer sur une question qui serait apparue en cours de réunion. Mais lorsque des questions importantes doivent être débattues, il convient de les formuler par écrit et en amont de l'AG (en tout état de cause, les statuts font référence).

Exemple :
- achat d'un terrain ;
- montée d'une équipe dans une division supérieure.

C'est pourquoi de nombreux statuts indiquent : « Seules seront valables les résolutions prises par l'AG sur les points inscrits à son ordre du jour. »

Questionnaire

Pouvez-vous répondre aux questions suivantes ?

1 - Quel est l'ordre du jour d'une AG constitutive ?

2 - Qui est le président de l'association ? Comment est-il élu ?

3 - Quelles sont les fonctions dévolues aux vérificateurs aux comptes ? Comment sont-ils désignés ?

4 - Comment sont élus les membres du conseil d'administration ?

5 - Que représentent « les questions diverses » ?

6 - Quels sont les différents types d'AG ?

LES ADMINISTRATEURS DE L'ASSOCIATION

Au fur et à mesure que naissait l'association, nous avons énuméré un certain nombre de responsabilités devant être prises pour la bonne marche du club. Ce chapitre est en partie une révision de notions déjà étudiées dans les paragraphes précédents.

Le conseil d'administration (CA)

Élection

Le conseil d'administration, encore appelé comité directeur ou comité de direction, est élu en assemblée générale et renouvelé en partie chaque année (revoir les élections lors des AG constitutive et ordinaire).

Composition

Le nombre d'administrateurs est variable suivant :
- les statuts des associations (ou le règlement intérieur, s'il existe),
- le nombre d'adhérents.

Il est formé de n'importe quel électeur, membre de l'association, candidat et élu à ce poste.

Réunion

Il se réunit :
- au moins une fois par trimestre ;
- à la demande du président ou du bureau ;
- à la demande d'une fraction (un quart par exemple) de ses membres.

Rôles

Il élit le bureau (quelquefois il ne fait que proposer un président à l'AG).

Il se répartit les tâches : il peut être ainsi formé de plusieurs commissions ayant un rôle précis dans le fonctionnement du club :

- communication/animation ;
- arbitrage ;
- technique ;
- installations/matériel ;
- vie du club (soirées à thèmes, kermesse, rallye, concours de cartes, etc.).

Chaque commission comprend un responsable (le président de commission, issu du CA) et des membres de l'association. Elle fonctionne indépendamment, mais rend compte à chaque réunion plénière du conseil.

Il décide, dans la limite de ses pouvoirs (cf. statuts, AG) lorsque le bureau le lui demande et lorsque un choix doit être fait, pour réaliser les projets dont l'a chargé l'AG.

Exemple de procès-verbal

À......... le........

Le conseil d'administration s'est réuni sur convocation de son président,

Sont présents : *Noms, prénoms* ....

Le conseil peut valablement délibérer en application de l'article.... des statuts.

Le président rappelle l'ordre du jour : ....

Après en avoir délibéré, le conseil prend les décisions suivantes : ....

L'ordre du jour étant épuisé, la séance est levée à............ heures.

Le président, le secrétaire

Le bureau

Élection

C'est le conseil d'administration qui élit, en son sein, un bureau, quelquefois appelé bureau directeur de l'association.

Composition

Elle est variable suivant les statuts et l'importance de l'association mais comprend toujours au moins trois personnes dont les rôles sont particulièrement importants : le président, le trésorier, le secrétaire.

Ils peuvent être aidés dans leurs tâches par des adjoints : vice-président, secrétaire et trésorier adjoints.

Réunion

Le rythme en est souvent fixé par le règlement intérieur, mais la vie de l'association nécessite au minimum une réunion mensuelle.

Rôles

Le président

Il représente l'association dans tous les actes de la vie civile et juridique.

Donc il est :
- responsable devant la loi ;
- garant des statuts du club et de leur application ;
- signataire de tous les actes établis au nom de l'association : banque, contrat, achat immobilier, assurance, emprunt, demandes de subvention, d'affiliation, d'agrément, déclarations aux services des impôts… ;
- chargé des relations publiques avec les différents partenaires : collectivités territoriales, milieu sportif, administration de tutelle.

Il est également l'animateur de son club :
- il organise, répartit les tâches ;
- il dirige les réunions, fait la synthèse des débats ou tranche en cas de divergence ;
- il réalise les objectifs que s'est fixés l'association en assemblée générale, ce dont il aura à rendre compte dans le rapport moral et d'activité ;
- il ordonnance les dépenses c'est-à-dire qu'à tout moment, il est responsable des finances de l'association.

Le trésorier

Même ci ce n'est pas un expert-comptable, il doit avoir certaines notions de comptabilité et surtout beaucoup d'ordre et de rigueur :
- il perçoit les recettes : cotisations, subventions, cartes de membres honoraires, bénéfices de certaines manifestations… ;
- il assure le règlement des dépenses : affiliations, licences, engagements, transports, matériel… ;
- il fournit au secrétaire des bilans financiers pour les demandes de subvention.

Tous ces mouvements de fonds sont consignés dans un livre de comptes qui peut être réclamé à tout moment par l'administration.
- Il établit : le « rapport financier », le « budget » qu'il devra soumettre au vote de l'AG.

Le secrétaire

Il assure le fonctionnement administratif du club. Toutes les informations passent par lui et il établit des relations avec :

- les comités départementaux, ligue, fédération (licences, imprimés) ;
- les autres clubs ;
- la commune et le conseil général : demandes de subvention, d'installations sportives ;
- le mouvement olympique (CDOS) ;
- la direction départementale chargée de la jeunesse et des sports : subventions, conseils ;
- le secteur privé : sponsor éventuellement ;
- il reçoit tout le courrier, prend connaissance des communiqués, répond ou assure la transmission ;
- il convoque (entraînement, match, déplacement, stage) ;
- il organise souvent les déplacements ;
- il établit et envoie les convocations pour les différentes réunions (bureau, CA, AG) ;
- il récupère en début d'année les différentes pièces nécessaires pour pouvoir ensuite envoyer les licences ;
- il rédige les procès-verbaux des différentes réunions ;
- il conserve les archives de l'association qui comprennent :

• un modèle des statuts (et du règlement intérieur éventuellement),

• un double de la déclaration initiale à la préfecture avec le récépissé,

• un exemplaire du JO (ou photocopie) rendant publique l'association,

• le registre côté et paraphé sur lequel seront inscrits tous les changements ayant fait l'objet d'une déclaration modificative,

• s'il y a eu, les déclarations modificatives : un double de ces déclarations et leur récépissé, un exemplaire du JO éventuellement,

• les procès-verbaux des différentes AG,

• les procès-verbaux des réunions du CA et du bureau.

À ces archives générales, viendront s'ajouter des archives sportives que nous étudierons plus tard. Bien sûr, tout contrat, convention, acte notarié que signerait le président au nom de l'association ainsi que l'ouverture d'un compte bancaire et les délégations de signature sont à conserver précieusement.

Questionnaire

1 - Qu'est-ce que le conseil d'administration d'une association ?

Quel est son rôle ?

2 - Quel est le rôle du président, du secrétaire, du trésorier et des membres du bureau d'une association sportive ?

3 - Quels sont les documents les plus précieux d'une association sportive que vous conserveriez avec soin ?

4 - Quelle est la composition du bureau de l'association ? Rôles de chacun des membres.

5 - Quelle est l'organisation traditionnelle de l'AS ? Rôles et composition des différentes structures.

LA DÉCLARATION DE L'ASSOCIATION

Nous utiliserons, pour déclarer notre association, certains articles déjà étudiés de la loi de 1901, mais aussi du décret du 16 août 1901. Ceux qui nous paraissent les plus importants pour guider nos démarches seront joints à ce chapitre, la totalité du décret du 16 août 1901 figurant en annexe.

L'association étant constituée, l'article 2 de la loi 1901 nous permettrait d'arrêter là nos démarches mais les capacités de ce groupement seraient très réduites et ce club ne pourrait jamais devenir « sportif ».

Les responsables doivent en effet :

I – Déclarer l'Association :

- le dossier ;
- les démarches.

II – La rendre publique

III – Déclarer toutes modifications ultérieures :

- le registre de l'association ;
- les déclarations modificatives.

La déclaration de l'association

Loi de 1901

Article 2

« Les associations de personnes pourront se former librement sans autorisation ni déclaration préalable, mais elles ne jouiront de la capacité juridique que si elles se sont conformées aux dispositions de l'article 5. »

Article 5

« Toute association qui voudra obtenir la capacité juridique prévue par l'article 6 devra être rendue publique par les soins de ses fondateurs.

La déclaration préalable en sera faite à la préfecture du département ou à la sous-préfecture de l'arrondissement où l'association aura son siège social. Elle fera connaître le titre et l'objet de l'association, le siège de ses établissements et les noms, professions, domiciles et nationalités de ceux qui, à titre quelconque, sont chargés de son administration. Un exemplaire des statuts est joint à la déclaration. Il sera donné récépissé de celle-ci dans le délai de cinq jours. »

Décret du 16 août 1901 :

Article premier

« La déclaration prévue par l'article 5 et 2 de la loi du 1er juillet 1901 est faite par ceux qui, à un titre quelconque, sont chargés de l'administration ou de la direction de l'association. »

Le dossier

La déclaration sur papier libre

Les responsables préparent une déclaration sur papier libre en double exemplaire (l'une restant dans les archives de l'association), qui doit comporter :
- le titre exact et complet de l'association (le sigle est insuffisant) ;
- l'objet (le but de l'association) ;
- l'adresse du siège social (et celle des établissements éventuels où fonctionnent des services de l'association) ;
- la liste des personnes chargées à un titre quelconque de l'administration de l'association précisant nom, prénom, date de naissance, nationalité, profession et adresse en mentionnant le rôle de chacun d'eux (président, trésorier, etc.).

Cette demande doit être signée par deux personnes au moins mentionnées sur la liste précédente (en général, le président et le secrétaire), mais les services préfectoraux peuvent imposer la signature de tous les administrateurs dont les noms figurent sur la liste avec éventuellement la mention « Bon pour acceptation de fonction de… ».

Les statuts

Un exemplaire des statuts de l'association daté et signé par deux membres du bureau est nécessaire.

Les démarches

Il suffit de porter le dossier ainsi constitué à la préfecture (ou sous-préfecture) de l'arrondissement dans laquelle l'association a son siège social (à la préfecture de police pour celles dont le siège est à Paris).

Les responsables recevront, dans un délai de cinq jours, un récépissé de déclaration venant des services préfectoraux mentionnant date et numéro d'enregistrement.

Cette pièce est à conserver précieusement puisqu'elle prouve que les formalités administratives ont été accomplies.

→ Rendre publique l'association

Loi de 1091 – Article 5

« L'association n'est rendue publique que par une insertion au Journal officiel sur production de ce récépissé. »

Décret du 16 août 1901 – Article 1

« Dans le délai d'un mois, elle est rendue publique par leurs soins au moyen de l'insertion au Journal officiel d'un extrait contenant la date de la déclaration, le titre et l'objet de l'association, ainsi que l'indication de son siège social. »

Lors des démarches précédentes, les responsables de l'association peuvent se procurer un imprimé de demande d'insertion au Journal officiel de la République (JO). Cette pièce peut être retirée à la préfecture (ou sous-préfecture) où s'effectue la déclaration.

Cet imprimé, dûment rempli à l'aide du récépissé de déclaration, comporte :
- la date de déclaration ;

- le numéro d'enregistrement ; *Cf. récépissé de déclaration*
- le titre ;
- l'objet ;
- l'adresse du siège social. *Cf. statuts*

Il est remis aux services préfectoraux qui le transmettrent à la direction du JO. Celle-ci, après publication, adresse une facture comprenant le montant des frais d'insertion et le prix d'éventuels exemplaires du JO commandés par les responsables de l'association.

Il est important d'acquérir au moins un exemplaire du JO du jour de la date de parution et de conserver celui-ci dans les archives de l'association.

Autre obligation, un mois maximum doit s'écouler entre la déclaration et la demande d'insertion.

Les déclarations ultérieures

La déclaration est terminée, mais là ne s'arrêtent pas les devoirs des responsables vis-à-vis de la loi :

> *Loi de 1901 – Article 5*
>
> *« Les associations sont tenues de faire connaître, dans les trois mois tous changements survenus dans leur administration ainsi que toutes les modifications apportées à leurs statuts.*
>
> *Ces modifications et changements ne sont opposables aux tiers qu'à partir du jour où ils auront été déclarés.*
>
> *Les modifications et changements seront, en outre, consignés sur un registre spécial qui devra être présenté aux autorités administratives ou judiciaires chaque fois qu'elles en feront la demande. »*
>
> *Décret du 16 août 1901 – Article 3*
>
> *« Les déclarations relatives aux changements survenus dans l'administration ou la direction de l'association mentionnent :*
>
> *1) les changements de personnes chargées de l'administration ou de la direction ;*
>
> *2) les nouveaux établissements fondés ;*
>
> *3) le changement d'adresse du siège social ;*

4) les acquisitions ou aliénations du local et des immeubles spécifiés à l'article 6 de la loi du 1er juillet 1901 ; un état descriptif, en cas d'acquisition, et l'indication des prix d'acquisition ou d'aliénation doivent être joints à la déclaration. »

Le registre de l'association

Décret du 16 août 1901

Article 6

« Les modifications apportées aux statuts et les changements survenus dans l'administration ou la direction de l'association sont transcrits sur un registre tenu au siège de toute association déclarée ; les dates des récépissés relatifs aux modifications et changements sont mentionnées au registre.

La présentation dudit registre aux autorités administratives ou judiciaires, sur leur demande, se fait sans déplacement au siège social. »

Article 31

« Les registres prévus aux articles 6 et 26 sont côtés par première et dernière et paraphés sur chaque feuille par la personne habilitée à représenter l'association ou la congrégation… Les inscriptions sont faites de suite et sans aucun blanc. »

C'est un cahier tout simple dont le président numérote et signe chaque feuille. Sur celle-ci figureront toutes modifications apportées à l'administration de l'association et nécessitant une déclaration ; en aucun cas, il ne doit tenir lieu de cahier des procès-verbaux de l'assemblée générale.

Bien entendu, c'est une pièce importante à tenir à jour et à conserver car elle doit pouvoir être présentée à tout moment sur réquisition de l'administration.

Les déclarations modificatives

Le délai

Les responsables disposent de trois mois pour signaler les changements.

Exemple : modification du bureau suite aux élections de l'assemblée générale du 20 janvier 2007 → 20 avril 2007 comme date ultime de déclaration modificative à la préfecture.

La règle

Si les modifications apportées à l'association touchent les informations transmises lors de l'insertion au JO, il faudra refaire une demande d'insertion. Si elles n'intéressent que celles données à la préfecture, seule une déclaration auprès des services préfectoraux suffit. Bien entendu, dans le cas où les informations fournies à la préfecture et transcrites au JO sont devenues fausses, les deux démarches sont nécessaires.

Ces déclarations de modification sont faites suivant les règles ayant prévalu lors des déclarations initiales (cf. I et II du présent chapitre).

Si l'on modifie	Les responsables de l'association doivent		
	Faire une déclaration à la préfecture	Refaire une insertion au JO	Mentionner dans le registre
Le titre	**oui**	**oui**	**oui**
L'objet	**oui**	**oui**	**oui**
Le siège social	**oui**	**oui**	**oui**
Les statuts	**oui**	**non**	**oui**
La liste des personnes chargées de l'administration	**oui**	**non**	**oui**
Le nombre d'établissements fondés	**oui**	**non**	**oui**
Le nombre de locaux ou immeubles dont l'association est propriétaire	**oui**	**non**	**oui**
Le règlement intérieur	**non**	**non**	**non**
Si l'association est dissoute	**oui**	**oui**	**oui**

Questionnaire

Pouvez-vous répondre aux questions suivantes ?

1 - Quand on parle d'une association, qu'entend-on par déclaration et insertion ? Quels sont leurs buts ?

2 - Quelle est l'utilité de l'insertion au Journal officiel ?

3 - Qu'est-ce que le registre de l'association ?

LES ASSEMBLÉES GÉNÉRALES ORDINAIRE ET EXTRAORDINAIRE

C'est le temps fort de la vie d'une association car, dans l'idéal, tous les membres étant réunis, le club peut définir, chaque année, les orientations et les modifications à apporter à son propre fonctionnement.

Il existe trois sortes d'assemblées générales (AG) :

- l'AG constitutive (voir ce chapitre) ;
- l'AG ordinaire ;
- l'AG extraordinaire.

→ L'assemblée générale ordinaire

Nous reprendrons dans ce chapitre, un certain nombre de règles communes à toutes les AG et nous renverrons le lecteur à des descriptions déjà faites lors de l'étude de l'AG constitutive.

De plus, nous mentionnerons une démarche généralement adoptée par la majorité des associations sportives. Cependant, comme aucun texte législatif ne définit un « mode d'emploi » spécifique, la seule référence ne peut être que les statuts de l'association.

Les invitations

L'ordre du jour

Il doit figurer sur les invitations (ou convocations), car une AG ne peut délibérer valablement que sur les questions inscrites à l'ordre du jour.

Il pourrait être libellé ainsi :
- lecture et approbation du PV de la dernière AG ;
- rapport d'activités ;
- rapport financier ;
- rapport des vérificateurs aux comptes ;
- élection du conseil d'administration ;
- nomination des vérificateurs aux comptes ;
- organisation de la prochaine saison et élaboration du budget ;
- fixation du taux de la cotisation ;
- questions diverses.

Les délais

Chaque membre de l'association doit être invité et prévenu suffisamment tôt (dix – quinze jours avant suivant les statuts) par courrier ou affichage.

L'invitation des personnalités

Il est coutume d'inviter toutes les personnalités représentantes de collectivités territoriales ou d'administration de tutelle du sport ou du système sportif :
- maire, représentants cantonaux et communautaires ;
- responsable des services déconcentrés de la Jeunesse et des Sports ;
- président du comité départemental de la discipline.

Ce n'est pas une obligation, mais l'association étant souvent en rapport avec eux (terrains, matériel, subventions) le club se doit de montrer son activité, son rayonnement, ses bilans et aussi ses problèmes à des responsables locaux susceptibles de pouvoir l'aider.

Le déroulement

Se reporter au chapitre AG constitutive pour :
- l'accueil des personnes ;
- le président et le secrétaire de séance sont alors le plus souvent le président et le secrétaire de l'association.

Le quorum

Pendant que s'effectue l'accueil des personnes qui viennent participer, le secrétaire note les présents et les pouvoirs de vote. C'est ce nombre qui sert au président pour calculer le rapport du nombre de membres présents et représentés sur le nombre total des adhérents. Ce rapport s'appelle le quorum Il existe souvent dans les statuts un pourcentage minimum sous lequel on ne peut descendre si l'on veut que l'AG puisse délibérer valablement.

Exemple : un club est composé de 123 membres pouvant voter. Les statuts indiquent qu'il faut un quart des membres présents pour que l'AG puisse délibérer. Il suffit que 123/4 membres soient dans la salle pour que le président puisse ouvrir la séance soit 31 minimum.

La séance est alors ouverte par le président qui annonce officiellement que le quorum est atteint et il passe à l'ordre du jour.

Dans le cas où ce chiffre ne serait pas atteint, les statuts prévoient de convoquer à nouveau les associés suivant les mêmes règles et le même ordre du jour que ceux de l'AG qui n'a pu avoir lieu. Bien entendu, vu les délais d'invitation, ces deux réunions seront éloignées d'environ 15 jours/3 semaines, mais la seconde assemblée pourra délibérer quel que soit le nombre de présents.

La lecture et l'approbation du procès-verbal de la dernière assemblée générale

Le président lit le procès-verbal établi par le secrétaire lors de la précédente AG et le propose à l'approbation des membres présents. Chacun peut demander un changement de formulation, une suppression ou un rajout si la rédaction ne reflète pas exactement le contenu de séance. Ce PV est éventuellement modifié et mis au vote. Le secrétaire inscrit le résultat du vote qui s'effectue à mains levées sauf avis contraire.

Le rapport moral

Il est présenté par le président qui fait partager aux membres de l'association son sentiment général sur l'année écoulée. Il exprime sa propre vision et son ressenti personnel quant à la vie de l'association et son adéquation avec le projet associatif.

Ce rapport peut ne pas être soumis au vote.

Le rapport d'activité

Souvent établi par le secrétaire (il peut aussi être présenté par le président), il se doit de refléter toute l'activité de l'association durant l'année écoulée et peut comporter plusieurs rapports :
- les rapports des différentes sections (pour un club omnisports) ;
- les rapports des différentes commissions.

Il comprend en général le bilan sur :
- le nombre d'adhérents ;
- les résultats sportifs ;
- les participations à des stages, à des sélections ;
- les actions de formation menées par le club ;
- les acquisitions, les travaux effectués ;
- les manifestations organisées et leurs buts.

Le rapport est soumis au vote de l'assemblée.

Le rapport financier

Établi et lu par le trésorier, il doit présenter, regroupés en grandes rubriques (matériel, déplacements)... :
- toutes les recettes ;
- toutes les dépenses ;
- tous les comptes : caisse, banque ;
- le solde arrêté quelques jours avant l'AG.

Le trésorier tient alors à la disposition des membres toutes autres pièces (chéquiers, factures, justificatifs) dont ceux-ci voudraient prendre connaissance. Comme pour le rapport moral, on demande aux adhérents d'approuver le bilan, c'est-à-dire que chacun doit faire savoir si les actions (rapport d'activités) ou les finances (rapport financier) ont bien été menées conformément aux objectifs fixés lors de la précédente AG en déléguant ses pouvoirs au CA.

Exemple : un rapport financier peut être repoussé même si les comptes sont justes, sans qu'il y ait fraude, simplement parce que les sommes engagées le furent à d'autres fins que celles qu'avait fixées l'AG précédente.

Exemple : il avait été prévu d'acquérir une « salle préfabriquée » pour servir de vestiaires. Cela ne fut pas fait, par contre, les sommes prévues à cet effet ont servi à couvrir les frais de déplacement d'une équipe pour un match amical à l'étranger. L'AG peut avoir un vote de défiance vis-à-vis des administrateurs.

Le rapport des vérificateurs aux comptes

Après étude de toutes les pièces nécessaires au bilan financier, quelques jours avant l'AG, les vérificateurs aux comptes élus (ou désignés) lors de la précédente réunion de tous les membres, établissent un rapport à la fin duquel ils formulent un jugement. Si les comptes sont en règle, il proposent à l'AG, lors d'un vote, de « donner quitus » (c'est-à-dire « être quitte ») au trésorier reconnaissant ainsi une saine gestion.

On procède ensuite à l'élection de nouveaux vérificateurs aux comptes (les mêmes sont bien sûr rééligibles).

Les élections du conseil d'administration

Renouvellement des membres

Généralement, tous les membres du CA ne sont pas renouvelés chaque année mais tous les X années, suivant les statuts. Ainsi à chaque AG, par exemple, les adhérents élisent un tiers des membres, chaque administrateur étant élu pour trois ans (ou deux ans si le renouvellement est par moitié).

Cependant lors de la première AG il est indispensable d'effectuer un tirage au sort afin d'attribuer à chaque administrateur un ordre de réélection :

> *Exemples : numéro 1 tiré → poste vacant et à pourvoir à la prochaine AG ordinaire, numéro 2 tiré → cet administrateur sera rééligible dans deux ans, numéro 3 tiré → administrateur encore en place pour trois ans.*

Les membres sortants sont rééligibles (sauf avis contraire des statuts).

Qui peut voter ?

Les électeurs doivent remplir certaines conditions afin de pouvoir prendre part aux élections. Ils doivent :
- avoir la capacité de voter ;

(Il est fait référence ici à la règle du droit de vote dans la vie civique en général. Celui qui ne jouirait pas de ses droits civils et politiques ne pourrait voter.)
- être adhérent de l'association ;
- être membre de l'association depuis plus de « six mois » (terme défini dans les statuts) ;
- avoir plus de seize ans ;
- être à jour de ses cotisations.

Il faut remplir toutes ces conditions ou être membre de droit, membre d'honneur ou bienfaiteur.

Notons enfin que, dans la plupart des groupements sportifs, seuls les présents peuvent voter ou ceux qui se sont fait représenter (procuration), le vote par correspondance étant exclu.

Qui est éligible ?

Avant d'être éligible, il faut être électeur, donc toutes les conditions énumérées plus haut sont valables pour le postulant à un poste d'administrateur. Toutefois, la règle des seize ans demande à être appliquée avec discernement.

Ainsi les directives ont été données aux services préfectoraux pour qu'ils enregistrent les déclarations dont certains responsables sont des mineurs, à la condition qu'ils n'occupent pas des postes de président, secrétaire ou trésorier normalement chargés de la représentation et de la gestion, ceux-ci devant être « majeurs et émancipés » (circulaire n° 7890 du 24 février 1978, parue au BOEN du 16 mars 1978).

Enfin, il conviendrait d'avoir une autorisation parentale pour ces administrateurs mineurs.

Exemple : les associations sportives scolaires affiliées à l'UNSS essaient de promouvoir cette vocation de dirigeants bénévoles puisque le bureau comprend très souvent des adultes ayant pour président, secrétaire et trésorier adjoints des élèves.

Un cas particulier pourrait se présenter : le salarié d'une association peut-il être élu ? Rien n'interdit à un employé d'une association d'en être membre (entraîneur, joueur, maître-nageur sauveteur et sportif licencié) ; dès lors, il aura les mêmes droits que les autres associés.

Mais si, juridiquement rien ne s'oppose à ce que ce salarié soit membre du conseil d'administration, cela est fortement déconseillé car il pourrait être suspecté de faire passer ses intérêts personnels avant ceux désintéressés de l'association (cf. avis du Conseil d'État n° 304662 du 23 octobre 1970, circulaire du Premier ministre du 27 janvier 1975, instructions de la direction générale des Impôts du 17 mai 1976).

Pour un salarié d'une association	
Participation de l'AG	Oui
Participation au CA	Oui voix consultative Non voix délibérative

Le déroulement

Le président fait un appel de candidatures et établit la liste des postulants (anciens administrateurs rééligibles et nouveaux candidats). Suivant le nombre de postes à pourvoir (1,2,3...), chacun choisira (1,2,3...) noms.

Le vote se déroule ensuite suivant les modalités décrites lors de l'AG constitutive. Le dépouillement est fait par des volontaires et le résultat est proclamé de suite.

L'organisation de la prochaine saison

Le président propose aux adhérents les grandes lignes de la politique que l'association suivra. Cela peut porter sur des actions précises comme « création d'une école de sport », « réfection d'un vestiaire » etc.

L'élaboration du budget – La fixation du taux de la cotisation

Cette prospective doit bien sûr s'accompagner d'un budget dans lequel apparaissent les moyens de financement des nouvelles activités envisagées. Se reporter au chapitre « l'AG constitutive ».

Les questions diverses

Se reporter au chapitre « AG constitutive ».

Ayant épuisé l'ordre du jour, le président clôt la séance en remerciant les participants.

Exemple de procès-verbal

À ……………… le ………………

Mesdames et Messieurs, membres de l'association ………………, se sont réunis en assemblée générale (ordinaire ou extraordinaire).

Sur la convocation qui leur en a été faite conformément aux statuts par ………………

Il est dressé une feuille de présence qui est signée par tous les adhérents présents (feuille jointe au présent procès-verbal).

M ………………, président de l'association, préside l'AG.

M ……………… et M ……………… , membres sont nommés scrutateurs et M…. secrétaire.

Le bureau de l'assemblée générale ainsi composé, le président constate d'après la feuille de présence que…. membres de l'association sont présents ou représentés, le quorum étant atteint, l'AG est déclarée régulièrement constituée.

(Suit alors un compte rendu des débats et des votes suivant l'ordre du jour et porte mention des résolutions prises).

Le président met aux voix les résolutions suivantes :

1ère résolution *(texte)*

adoptée à…

2ème résolution *(texte)*

adoptée à…

Clôture

L'ordre du jour étant épuisé, la séance est levée à ………………. heures.

Le président le Secrétaire Les Scrutateurs

L'assemblée générale extraordinaire

Comme l'indique le titre, elle est différente de celle qui est réunie annuellement et sera convoquée dans des buts bien précis :

- une modification des statuts de l'association ;
- une dissolution ;
- ou à la demande du bureau (comité directeur) ou d'un certain nombre de membres du club (pourcentage défini par les statuts).

Voir « Exemples de statuts » dans le chapitre « La constitution d'une association ».

Article 8

« L'assemblée générale se réunit en session ordinaire une fois par an. En outre, elle peut être réunie en session extraordinaire sur convocation du comité de direction ou sur la demande de ... (un tiers, un quart ...) au moins de ses membres. »

Modifications des statuts

Article 16

« Les statuts ne peuvent être modifiés que par l'assemblée générale, réunie en session extraordinaire, sur la proposition du comité de direction ou sur la demande écrite de X membres (à déterminer) de l'association.

Pour délibérer valablement, l'assemblée générale extraordinaire doit être composée de ... (2/3 par exemple) au moins des membres visés à l'article... Si cette proposition n'est pas atteinte, l'assemblée est convoquée à nouveau mais à quinze jours au moins d'intervalle. Elle peut alors délibérer valablement quel que soit le nombre de membres présents.

Dans tous les cas, les modifications aux statuts ne peuvent être votées qu'à la majorité de... (2/3 par exemple) des voix des membres présents. »

Dissolution

Article 10

« La dissolution de l'Association ne peut être prononcée que par l'assemblée générale, réunie en session extraordinaire, convoquée spécialement à cet effet. Cette assemblée ne peut délibérer valablement que si elle est composée de plus de la moitié des membres visés à l'article...

Si cette proportion n'est pas atteinte, l'assemblée est convoquée à nouveau à quinze jours au moins d'intervalle ; elle peut alors délibérer, quel que soit le nombre de membres présents.

Dans tous les cas, la dissolution de l'association ne peut être prononcée qu'à la majorité de … (2/3 par exemple) des voix des membres présents. »

Quant à son déroulement, il se fera sur le même modèle que celui d'une AG normale :

- invitations avec ordre du jour envoyées suffisamment tôt ;
- le président suit l'ordre du jour, l'assemblée délibère dans des conditions quelquefois particulières (cf. statuts ci-dessus) : quorum, majorité requise par rapport au nombre de votants.

Questionnaire

Pouvez-vous répondre aux questions suivantes ?

1 - L'assemblée générale ordinaire, l'assemblée générale extraordinaire : buts de chacune d'elles ?

2 - Dressez l'ordre du jour d'une assemblée générale ordinaire.

3 - Qui prononce la dissolution de l'association ?

4 - Un ami, président d'une association sportive, vous demande de l'aider à établir une convocation pour une AG. Après avoir décrit les différents types d'AG quel ordre du jour lui proposerez-vous ?

L'AFFILIATION – LA LICENCE

→ L'affiliation

L'affiliation représente la démarche par laquelle une association demande à participer aux activités sportives organisées par une fédération.

Article 2 de la fédération française de tir à l'arc (FFTA)

« La fédération se compose de groupements sportifs constitués sous forme d'associations : compagnies, clubs constitués… »

> *« La fédération peut grouper également, dans les conditions fixées par les statuts, à titre individuel, des personnes physiques à qui la fédération délivre des licences… »*

L'affiliation oblige une association à adhérer aux statuts de la fédération, ce qui lui permet de participer aux compétitions et aux manifestations qu'elle organise.

Les conditions et les démarches

Généralement, les conditions de l'affiliation sont édictées par les statuts et les règlements généraux de chaque fédération.

Sont exigés d'une manière générale :
- une demande d'affiliation sur des imprimés spéciaux fournis par la fédération, signés par le président du club demandeur ;
- un exemplaire des statuts ;
- la photocopie du récépissé de déclaration préfecture (loi 1901) ;
- la photocopie de l'insertion du Journal officiel ;
- le paiement de la cotisation annuelle, fixée par l'assemblée générale fédérale une fois par an ;
- un relevé d'identité bancaire ;
- les renseignements sportifs : couleurs du club… ;
- l'identité des responsables et des correspondants.

Ces différentes pièces administratives, propres à chaque association, sont à adresser à la ligue (ou comité régional) dont elle dépend territorialement.

Le secrétaire de la ligue enregistre le dossier, lui attribue un numéro d'affiliation et le transmet à la fédération pour homologation.

Il est opportun et indispensable de notifier au système fédéral toute modification, tout changement dans la structure du club comme changement de nom, fusion avec un autre club, changement de couleurs ou insigne… par l'intermédiaire de la ligue et du comité départemental.

Chaque année, l'association doit renouveler son affiliation auprès de sa fédération.

Les devoirs et les responsabilités de l'association affiliée

L'association s'engage à respecter et à suivre les statuts et les règlements fédéraux. Tout manquement, toute faute, toute infraction sont susceptibles d'encourir des sanctions : amendes, blâme, suspension, radiation.

De plus, elle oblige ses membres à respecter ces dispositions.

Quand devient-on membre d'une fédération ? Lorsqu'on est licencié.

La licence

Les modalités de délivrance

Tout individu, souhaitant pratiquer une activité sportive, peut le faire librement. Dès l'instant où il souhaite participer régulièrement à des compétitions officielles ou à l'organisation des activités sportives, il doit se diriger vers un club affilié. Mais il existe la possibilité de prendre une licence à titre individuel.

Ayant demandé son admission comme membre actif, le pratiquant s'adresse au secrétaire de l'association : celui-ci porte à sa connaissance les statuts. S'il les accepte, il lui fait remplir un bulletin d'adhésion.

Si l'individu est mineur, une autorisation écrite des parents sera jointe. Le paiement de la cotisation annuelle est ensuite perçu.

Toutes ces diverses dispositions sont contenues dans les règlements fédéraux et repris dans les statuts du club ou dans son règlement intérieur. Des articles relatifs à l'adhésion des nouveaux membres, relatifs à la perte de la qualité de membre par démission, pour non-paiement des cotisations, par radiation prononcée par le comité directeur, doivent apparaître.

Exemples

- Article 4-1 des statuts de la FFTA

«... Quelle que soit la pratique envisagée, toute personne désirant pratiquer le tir à l'arc au sein de la fédération et de ses groupements affiliés doit être licenciée à la fédération. »

- Article 4-2 des statuts de la FFTA

«... La licence confère à son titulaire le droit de participer au fonctionnement et aux activités de la fédération... »

«... Une association affiliée doit refuser la délivrance d'une première licence en cas de non-présentation d'un certificat médical d'aptitude à la pratique du tir à l'arc. »

Les droits et les obligations

C'est un titre inaliénable, non cessible à un autre adhérent. Elle peut devenir suivant les fédérations la « carte d'identité » du pratiquant.

Elle est délivrée par la fédération sportive (règlements généraux) pour une année (une saison sportive).

L'individu licencié peut participer, pour une SEULE association, aux diverses compétitions organisées tant sur le plan départemental que régional ou national.

Il s'engage à respecter les principes déontologiques et les règlements édictés par la fédération (sportifs et disciplinaires).

La première délivrance d'une licence est subordonnée à la production d'un certificat médical attestant l'absence de contre-indication à la pratique de l'activité physique ou sportive pour laquelle elle est sollicitée (article L 231-2 du code du sport).

Mais ensuite si le sportif désire participer aux compétitions organisées par la fédération, la production du certificat médical est obligatoire (soit cela est mentionné sur la licence délivrée, soit il doit être produit avant chaque compétition → voir chapitre sur le contrôle médical).

La licence est unisport, c'est-à-dire qu'elle ne donne droit à la pratique que d'une seule discipline pour laquelle la fédération a reçu délégation de pouvoirs. Ainsi, un licencié de judo à la fédération française de judo ne peut pratiquer le football à la fédération française de football (FFF) avec sa seule licence de judo, il lui faut se licencier à la FFF.

Par contre, les licences délivrées par les fédérations affinitaires permettent la pratique de plusieurs disciplines (UFOLEP par exemple) en leur sein.

→ Les différentes catégories de licences

La licence de « joueur »

C'est la licence de « membre actif », c'est-à-dire, qu'elle concerne l'individu qui participe régulièrement aux compétitions. Des distinctions sont faites selon :
- les catégories d'âge : poussin, benjamin, minime, cadet, junior, senior, vétéran ;
- des qualifications diverses : avec et sans mutation, étranger ;
- le statut d'amateur ou professionnel ;
- la qualification et championnat particuliers comme la licence corporative.

Il est à noter que certaines fédérations délivrent des licences « d'individuels » (exemple : fédération française d'athlétisme) pour des pratiquants qui n'ont pas encore de club d'accueil.

La licence de « dirigeant » ou d'« officiel »

Délivrée aux personnes chargées de l'organisation de l'association : dirigeant, manager, directeur sportif, entraîneur, chronométreur, marqueur… Elle ne nécessite pas de certificat médical. Mais elle est obligatoire pour assurer des responsabilités pendant des rencontres (délégués, manager...).

Ce sont les chevilles ouvrières du club.

La licence d'« arbitre » ou de « juge »

Le plus souvent, c'est une carte délivrée après formation à ceux qui sont titulaires d'une licence (joueur ou dirigeant).

Elle est délivrée aux personnes qui participent au bon déroulement des compétitions, dans le respect des règlements.

La licence : obligations et droits

Obligations		Droits
Le licencié doit fournir...	*Le licencié s'engage à...*	*Le licencié peut...*
- un bulletin d'adhésion ; - une autorisation parentale pour les mineurs ; - une cotisation ; - un certificat médical ; - une fiche d'état civil, éventuellement pour une première licence.	- respecter la législation française du sport ; - respecter les statuts et règlements du club ; - respecter les statuts et règlements de la fédération ; - respecter les règles déontologiques.	- participer à la compétition ; - devenir dirigeant de club, comité, ligue ou fédération ; - bénéficier de contrat d'assurance ; - participer à des stages de formation ou de perfectionnement.

Questionnaire

Pouvez-vous répondre à la question suivante ?

Après avoir donné une définition de la licence, exposez les droits et obligations du licencié. Quelles sont les formalités administratives indispensables à entreprendre ?

LE CONTRÔLE MÉDICAL

Pour participer aux rencontres habituelles de son club, personne ne se dispenserait d'une visite médicale attestant de la non contre-indication à la pratique d'un sport de compétition ou même de loisir. Si le contrôle médical est devenu une importante habitude de tous les pratiquants, la législation concernant cette obligation fut certainement un facteur dominant de cette prise de conscience.

→ Le contrôle médical

Pratique de la compétition

Article L.231-2 du code du sport

« La première délivrance d'une licence sportive mentionnée à l'article L.131-6, est subordonnée à la production d'un certificat médical attestant de l'absence de contre-indication à la pratique des activités physiques ou sportives. »

Article L.231-3 du code du sport

« La participation aux compétitions sportives organisées ou autorisées par les fédérations sportives est subordonnée à la présentation d'une licence sportive portant attestation de la délivrance d'un certificat médical mentionnant l'absence de contre-indication à la pratique sportive en compétition, ou, pour les non-licenciés, auxquels ces compétitions sont ouvertes, à la présentation de ce seul certificat ou de sa copie certifiée conforme, qui doit dater de moins d'un an. »

Aucune fédération ne délivre de licence ouvrant droit à la compétition, s'il n'est pas joint à celle-ci (ou mentionné dessus) un certificat médical de non contre-indication à la pratique du sport considéré.

Dans le cas d'un non-licencié, son inscription à une épreuve (cross, semi-marathon, course sur route, triathlon moderne...) sera toujours conditionnée par la production d'un certificat médical datant de moins d'un an.

Exemple : les organisateurs d'un triathlon de 12 km en kayak, 80 km en vélo et 18 km de course à pied réclameront un certificat médical précisant que l'individu ne présente aucune contre-indication à la pratique des activités ci-dessus mais également sur les distances décrites.

La visite médicale

L'examen médical

Le contrôle médical est annuel et il est obligatoirement effectué :
- à chaque demande de renouvellement de licence ;
- avant la compétition pour un non-licencié participant aux compétitions, qui lui sont ouvertes. La durée de validité de ce certificat est d'un an.

> *« La licence fédérale est obligatoire pour participer aux compétitions officielles ; elle doit être présentée à l'inscription en même temps que le passeport sportif (spécifique à cette fédération) et le certificat médical annuel. L'arbitre responsable de la compétition doit signifier l'interdiction de tirer à tout licencié ne pouvant fournir le certificat annuel l'autorisant à pratiquer le tir à l'arc en compétition… » (Article 12 du règlement intérieur de la fédération française de tir à l'arc (FFTA).)*

La nature et les modalités de cet examen sont définies par un règlement préparé par la commission médicale de chaque fédération, adopté par le comité directeur de la fédération et approuvé par le ministre chargé des Sports.

Le certificat médical

Le certificat médical de non contre-indication à la pratique en compétition d'une ou plusieurs activités sportives est établi par un médecin, suivant les règles de la profession.

Le surclassement

Le règlement établi par chaque fédération définit les catégories d'âge : poussin, benjamin, minime, cadet, junior, senior, vétéran et surtout les conditions de surclassement. Le surclassement est la possibilité pour un sportif de pouvoir pratiquer la compétition dans une catégorie d'âge supérieure à la sienne :
Exemple : un cadet jouant en junior.
Certaines fédérations interdisent les surclassements ou seulement pour certaines catégories d'âge. Lorsqu'ils sont autorisés, le certificat médical doit porter la mention « surclassement » et sa durée de validité peut être de trois mois.

Le livret sportif individuel

> *Article L.231-7 du code du sport*
> *« Un livret individuel est délivré à chaque sportif mentionné à l'article L.231-6 ou à son représentant légal, par la fédération*

sportive dont il relève. Ce livret ne contient que des informations à caractère sportif et des informations médicales en rapport avec les activités sportives.

Seuls les médecins agréés en application de l'article L.232-11 sont habilités à se faire présenter ce livret lors des contrôles prévus à l'article L.232-12. »

Pour un meilleur suivi médical de tous les sportifs, ce livret devait devenir un « carnet de santé » du sportif. Il n'a, jusqu'à aujourd'hui, jamais été mis en place.

Les aides de l'État

Le budget 2008 du ministère chargé des Sports prévoit, qu'au titre du CNDS et du BOP sport, une somme de 4 millions d'euros soit affectée au soutien de la médecine du sport, des centres médicosportifs et du suivi des jeunes dans les filières d'accès au haut niveau.

Par ailleurs, 8,1 millions d'euros sont prévus pour la prévention des risques pour la santé des sportifs de haut niveau, 7,3 millions d'euros pour l'agence française de lutte contre le dopage et 2,15 millions d'euros pour les actions de prévention (notamment pour le numéro vert « Allo écoute dopage »).

Les rôles des fédérations sportives

Article L.231-5 du code du sport

« Les fédérations sportives veillent à la santé de leurs licenciés et prennent à cet effet les dispositions nécessaires en ce qui concerne les programmes d'entraînement et le calendrier des compétitions et manifestations sportives qu'elles organisent ou qu'elles autorisent.

Elles développent auprès des licenciés et de leur encadrement une information de prévention contre l'utilisation des substances et procédés dopants avec l'appui des antennes médicales de prévention du dopage.

Les programmes de formation destinés aux cadres professionnels et bénévoles qui interviennent dans les fédérations sportives, les clubs, les établissements d'activités physiques et sportives et les écoles de sport comprennent des actions de prévention contre l'utilisation des substances et procédés dopants. »

La surveillance médicale du sport de haut niveau

Cette surveillance ne s'adresse qu'aux athlètes de haut niveau amateurs ou professionnels inscrits sur la liste des sportifs de haut niveau ou dans des filières d'accès au haut niveau :

- équipes nationales et élite des sports individuels ;
- espoirs nationaux et régionaux, regroupés pour la plupart dans les pôles (France, jeunes ou espoirs) établis à l'INSEP, dans les CREPS ou dans les structures locales spécifiquement créées.

Chaque fédération délégataire assure l'organisation de la surveillance médicale des sportifs, les commissions médicales fédérales élaborant un règlement qui détermine la nature et la fréquence des contrôles. Ce règlement est approuvé par les ministres chargés des Sports et de la Santé. Un livret médical sportif individuel est crée pour ces athlètes. Il contient des informations médicales et sportives. L'objectif de ces contrôles, outre la surveillance de la « forme physique » des sportifs est de permettre l'instauration d'un dialogue entre sportif et médecin, pouvant prévenir l'utilisation de produits ou méthodes interdits ainsi que l'exposition des risques encourus.

L'État participe à cette surveillance grâce à :

- des médecins relevant des services médicaux du ministère de la Jeunesse et des Sports qui participent au suivi des athlètes ;
- des subventions notamment CNDS qui sont attribuées aux fédérations, à l'INSEP, aux CREPS dans cet objectif ;
- une mise en place depuis 1983 d'un médecin permanent auprès de chaque fédération (olympique en priorité).

La lutte contre le dopage

Organisée à l'échelle internationale par l'Agence mondiale antidopage (AMA), elle est régie en France par le code du sport dans ses articles L.232, R.232 et D.232 pour les sportifs, L.241 et R.241 pour la lutte contre le dopage animal.

Il prévoit :

1/ **Une définition du dopage :** utilisation de substances et de procédés qui modifient artificiellement les capacités du sportif et donc ses performances, mais également produits et procédés qui servent à masquer leur emploi. Certains d'entre eux sont soumis à des conditions restrictives d'utilisation par le sportif. Une liste de ces substances et procédés est publiée au Journal officiel. Elle correspond à celle régulièrement proposée par l'AMA avec ses mises à jour. Les contrôles diligentés par l'Agence française de lutte contre le dopage (AFLD) peuvent être effectifs lors des compétitions ou des entraînements. Ils sont systématiques durant les compétitions d'envergure (championnats de France) mais peuvent aussi être inopinés. De même, les fédérations peuvent demander des contrôles par l'AFLD.

2/ **Des mesures de prévention :** elles se concrétisent par la création d'antennes médicales de prévention chargées de la mise en place des consultations spécialisées pour les athlètes ayant eu recours au dopage. Elles contribuent à la recherche sur les risques et participent à la veille sanitaire, aux campagnes d'informations diligentées par l'AFLD, l'État ou le mouvement sportif. Elles mettent en place un programme de formation des médecins, entraîneurs et bénévoles du sport, ainsi qu'un programme de recherche coordonné par un comité d'orientation scientifique placé auprès du département des analyses de l'AFLD → laboratoire de contrôle antidopage de Châtenay-Malabry.

3) **La création d'un organisme indépendant des pouvoirs publics et fédéraux**

C'est l'Agence française de lutte contre le dopage (AFLD). C'est un établissement public administratif, indépendant financièrement → les crédits nécessaires à son fonctionnement sont inscrits au budget de l'État.

Elle est dirigée par un collège de neuf membres élus pour six ans :
- trois membres de juridictions administratives ou judiciaires ;
- trois personnalités compétentes en matière de pharmacologie, toxicologie et médecine du sport ;
- trois personnalités qualifiées dans le domaine du sport (un sportif de haut niveau, un membre du CNOSF et un membre du comité consultatif national d'éthique).

Les compétences de l'AFLD sont de trois ordres.

- Les *contrôles* : l'AFLD établit un programme annuel, diligente les contrôles et fait réaliser l'analyse des prélèvements. Il peut prendre appui sur les services et les personnels du ministère chargé des Sports. Les prélèvements sont réalisés par des médecins agréés par l'AFLD et des agents assermentés [en 2009, le coût d'un contrôle est de 640 euros (prélèvement + analyse)].

- L'*information et le conseil* : elle participe aux actions de prévention, éducation et recherche. Elle remet, chaque année, un rapport d'activités au Gouvernement et au Parlement. Elle est consultée sur tout projet de loi ou de règlement relatif au dopage.

- Le *pouvoir disciplinaire* : elle peut sanctionner les sportifs fautifs sous certaines conditions (voir « sanctions administratives ») et délivre des autorisations d'usage thérapeutiques (AUT) pour les sportifs auxquels un médecin a prescrit un produit interdit pour soigner une pathologie chronique ou aiguë sous certaines conditions (articles R. 232-72 et suivants du code du sport).

4) **Les sanctions**

- *Administratives* : elles peuvent être prises à l'encontre de tout licencié, c'est-à-dire sportif contrôlé « positif » ou ayant refusé de se soumettre au contrôle, entraîneur, médecin ou pourvoyeurs de produits interdits. La sanction est la suspension (retrait de la licence pour un temps limité) ou la radiation. Ces sanctions sont prises par la fédération agréée ayant délivré la licence (règlement disciplinaire type pour la lutte contre le dopage → annexe II – 2 de la partie réglementaire du code du sport).

L'AFLD ne sanctionne que lorsque :

• le sportif fautif est non-licencié et participe à une épreuve qui lui est ouverte → interdiction de compétition ;

• la fédération n'a pas respecté les délais ;

• la sanction peut être étendue à d'autres disciplines fédérales pratiquées par le fautif.

- *Pénales* : les tribunaux correctionnels sanctionnent les délits commis par :

• le sportif qui ne respecte pas la suspension ou la radiation,

• toute personne s'étant opposée à l'exercice des fonctions des agents chargés des contrôles, la peine pouvant aller jusqu'à six mois d'emprisonnement et 7 500 euros d'amende,

• celui qui prescrit, offre, cède, administre ou applique, à un sportif, un produit ou un procédé interdit (cinq ans et 75 000 euros d'amende pouvant aller jusqu'à sept ans et 150 000 euros si les faits sont commis en bande organisée ou à l'égard de mineurs, voir code du sport – articles L. 232-25 et L.232-26).

→ La formation et la recherche en médecine sportive

La formation des médecins

Article L.231-1 du code du sport

« Les médecins de santé scolaire, les médecins du travail, les médecins militaires et les médecins généralistes contribuent, en liaison avec les médecins spécialisés, aux actions de prévention concernant la pratique des activités physiques et sportives grâce à

une formation initiale nécessaire à la pratique des examens médicosportifs, contenue dans le second cycle des études médicales, et grâce à une formation continue adaptée. »

La recherche en médecine sportive

Le département « Recherche » de l'INSEP et notamment celui des sciences biologiques est un maillon de cette recherche. Le Comité national de la recherche et de la technologie, qui permet de confronter les travaux et résultats effectués dans différents départements ministériels, participe à ces objectifs.

Le Comité national de la recherche et de la technologie en APS

Article R.142-6 du code du sport

« Le Comité national de la recherche et de la technologie en activités physiques et sportives, institué au sein du Conseil national des activités physiques et sportives est compétent pour promouvoir une politique de recherche dans le domaine des activités physiques et sportives et en évaluer les modalités de mise en œuvre. Ce comité est placé sous la tutelle des ministres de la recherche et des sports. »

C'est ainsi qu'ont pu être menés, dans ce cadre, des échanges entre chercheurs portant sur :
- l'adaptation biologique à la pratique de l'exercice physique ;
- l'effort musculaire ;
- les pathologies liées au sport ;
- l'épidémiologie du sport ;
- l'obésité chez les jeunes ;
- le vieillissement ;
- l'exercice contre les maladies liées à la sédentarité.

Questionnaire

Pouvez-vous répondre aux questions suivantes ?

1 - Que savez-vous du contrôle médicosportif ?

2 - Que savez-vous de la lutte antidopage ?

3 - Chargé de l'entraînement d'une trentaine d'enfants de 10-12 ans dans une association, vous envisagez de leur faire passer une visite médicale en début de saison. Après avoir rappelé les principes du contrôle médical, quelles solutions envisagez-vous ?

L'ASSOCIATION SPORTIVE ET LA RESPONSABILITÉ

Définitions

La responsabilité civile

Elle est définie par le code civil et a pour principe :

tout individu (personne physique) ou groupe constitué (personne morale) doit réparer les dommages qu'il a fait subir à une autre personne (tiers).

Code civil article 1382 : *« Tout fait quelconque de l'homme qui cause un dommage à autrui, oblige celui-ci, par la faute duquel il est arrivé, à le réparer. »*

Cette réparation sera obligatoire même si l'auteur du préjudice ne l'a pas fait volontairement.

Code civil article 1383 : *« Chacun est responsable du dommage qu'il a causé non seulement par son fait, mais encore de par sa négligence ou son imprudence. »*

Le code civil étend même cette responsabilité aux individus, animaux ou objets dont la personne à la charge.

Code civil article 1384 : *« On est responsable non seulement du dommage que l'on cause par son propre fait, mais encore de celui qui est causé par le fait de personnes dont on doit répondre, ou des choses que l'on a sous sa garde… »,*

et notamment article 1386 : *« Le propriétaire d'un bâtiment est responsable du dommage causé par sa ruine, lorsqu'elle est arrivée par suite du défaut d'entretien ou par le vice de sa construction. »*

Exemples : le chef de famille voit sa responsabilité civile engagée lors des dommages causés à une autre personne par ses enfants (de moins de l8 ans), son chien, sa maison (qu'il soit propriétaire ou locataire) ; un cavalier lorsque son cheval le désarçonne et cause des dommages.

Responsabilité civile = obligation de réparation du tort causé à autrui.

La responsabilité pénale

Elle résulte d'une infraction (intentionnelle ou non) à une loi ou à un code (code pénal, code de la route, code du sport…). Cette infraction entraîne une peine (d'où son nom), une amende, un emprisonnement, plus ou moins importants selon la gravité de la faute commise.

Notons que lors de ces violations de la loi ou d'un code, s'il y a eu dommage à autrui, la responsabilité civile vient s'ajouter à la responsabilité pénale.

Exemple : si je suis responsable d'un accident de la route (avec un taux d'alcoolémie de 0,5 g/l), en plus de l'amende, du retrait de permis, d'une éventuelle peine de prison, je dois réparer le dommage subi par les autres occupants de mon véhicule et par ceux de l'autre automobile.

→ La responsabilité civile

De l'association

Une association organise une soirée dansante dans la salle des fêtes de la commune. À l'issue de la manifestation, sans qu'il y ait délit constaté, les vestiaires ont été endommagés. La responsabilité civile de l'association est engagée. Elle doit alors restituer les locaux dans l'état où elle les avait trouvés → réparations à la charge du club.

Cette responsabilité peut être engagée également à chaque instant par toutes les personnes qui œuvrent au sein de l'association sportive :
- les préposés (article 1384 alinéa 5 du code civil),
- les administrateurs ;
- les membres, les joueurs ;
- les éducateurs bénévoles, les permanents ou les occasionnels ;
- les salariés ou vacataires du club ;
- les usagers, et d'une manière générale, par tous ceux dont le club a la charge et notamment les mineurs qui lui sont confiés.

Engagée par les dirigeants

Le bureau de l'association ainsi que tous les membres du conseil d'administration peuvent être amenés, de par leur activité de représentation du club, sans qu'il n'y ait faute personnelle, à causer un dommage à autrui. C'est alors la responsabilité de l'association qui est en cause.

Exemple : le président de la commission « arbitrage » du club se rend, sur convocation, à une réunion ayant lieu dans les locaux du comité départemental. Il brise une vitre fortuitement. Agissant en représentant de l'association, il a engagé la responsabilité civile de l'association.

Engagée par les éducateurs (préposés)

C'est le même principe que pour un dirigeant, que l'éducateur soit salarié, bénévole même occasionnel.

Exemple : le responsable de l'équipe minime de football entraîne ses élèves sur le terrain à proximité du vestiaire. Lors d'un exercice un ballon frappe un vélo qui est endommagé sous le choc. L'éducateur et l'enfant qui a tiré dans le ballon auront mis en jeu la responsabilité civile de l'association qui doit assurer la réparation du tort subi par le joueur propriétaire du vélo.

Des membres, éducateurs, administrateurs

L'association sportive n'est pas responsable du dommage qu'un de ses membres peut causer « volontairement » à un tiers dans le cadre des activités de l'association. Par membres, il faut comprendre les administrateurs, les joueurs, les salariés du club, les bénévoles, les entraîneurs.

La faute de service

L'éducateur, l'entraîneur, le professeur, le moniteur, tous les animateurs ne peuvent être tenus pour responsables des accidents dont sont victimes leurs élèves sauf s'il y a :

- imprudence : exemple d'un entraînement sur un sol glissant (verglas à l'extérieur, humidité sur revêtement d'un gymnase) ;
- négligence : sautoir non aménagé, pas de surveillance effective ;
- inobservation d'un règlement comme :

• des buts de handball non fixés au sol,

• des buts de football réduit n'étant pas entreposés dans un endroit où les enfants n'ont pas accès ou n'étant pas démontés,

• un accompagnement d'une sortie de cyclotourisme seul avec quinze enfants.

Ainsi, si la victime réussit à prouver la faute de service du responsable, il peut rechercher, auprès de la justice, à faire reconnaître la responsabilité civile de l'association à cause de son préposé, ou celle du préposé lui-même.

La faute personnelle

C'est-à-dire celle qui relève du comportement (maladresse), du tempérament et des passions de l'individu. Elle est ainsi détachable des fonctions qu'il assure au sein de l'association.
Exemples :
- le joueur de tennis s'entraînant au service et blessant un autre joueur avec une balle ;
- la gifle donnée à un enfant par un animateur et qui entraîne blessure.

La responsabilité pénale

De l'association

Les modifications apportées au code pénal en 1994 ont introduit la notion de responsabilité pénale d'une personne morale, ce qui n'existait pas avant. L'association sportive pourra donc être condamnée (dissolution).

Des dirigeants

Outre leur propre responsabilité pénale (voie de fait sur un arbitre lors d'une rencontre), il y a trois cas où les responsables de l'association pourront subir des peines dans le cadre de leur administration-gestion.

Le non-versement des cotisations à la Sécurité sociale

Lorsqu'un club emploie des salariés, si les cotisations « sécurité sociale » ne sont pas versées, la responsabilité incombe au président de l'association. Il est considéré comme étant l'employeur (arrêt du 18 janvier 1967 de la chambre criminelle de la Cour de cassation). Ainsi le président et certains administrateurs peuvent être condamnés à payer des amendes.

La fraude fiscale

Outre les sanctions fiscales, des sanctions pénales peuvent être prises à l'encontre des dirigeants dès lors que la fraude a été prouvée.
Exemples :
- double billetterie lors d'une manifestation sportive, le nombre de tickets déclarés vendus n'étant pas réellement égal au nombre d'entrées ;
- « caisse noire » et suites juridiques pour certains clubs professionnels de football.

Les autres cas

Depuis quelques années, des dirigeants ont été condamnés lorsque les victimes ou leurs parents ont pu prouver qu'il y avait eu : maladresse, négligence, défaut d'information, inobservation des prescriptions réglementaires ou imprudence (tribunal correctionnel de la Rochelle, 4 décembre 1980, accident mortel lors de régates) et cela même en l'absence au moment des faits du responsable du club ou de la section du club : jugement rendu le 20 décembre 1986 par le tribunal d'instance de Nanterre pour un accident mortel survenu pendant un entraînement d'aviron.

Des éducateurs, des membres

La responsabilité de tous ceux qui participent aux activités de l'association ne peut être mise en jeu que par eux-mêmes et non du fait de leur fonction dans le club.

Exemples :

- brutalité pour un joueur c'est-à-dire « coups et blessures » infligés à un adversaire, ne faisant pas partie des risques « acceptés et normaux » de la pratique d'une activité sportive. Il est normal qu'un boxeur donne des coups de poing, cela ne l'est plus pour un footballeur ;
- pour les éducateurs, il faut qu'une faute personnelle ou de service soit prouvée.

Même si cette liste des risques encourus par un éducateur paraît importante, les cas ne sont pas nombreux mais justifient largement certaines obligations d'assurance et surtout la prise de conscience que lorsque l'on est animateur, on doit agir en « être responsable ».

Questionnaire

Pouvez-vous répondre aux questions suivantes ?

1 - Existe-t-il dans le domaine du sport, comme dans la vie courante, une responsabilité civile et pénale ? Comment et quand peuvent-elles être mises en jeu ?

2 - Éducateur sportif, vous êtes chargé de l'initiation sportive d'un groupe de 10 à 12 ans. Après avoir défini les différents types de responsabilité auxquels s'expose un animateur, quelles précautions prenez-vous pour éviter que ne soient engagées vos responsabilités lors d'un accident survenu à l'un des enfants dont vous aviez la charge ?

3 - Un sportif mineur vient d'être accidenté gravement dans votre département. Après avoir défini les responsabilités auxquelles s'expose un dirigeant, quels conseils donnez-vous aux responsables de votre propre association (règlement, organisation, assurances…) ?

L'ASSOCIATION SPORTIVE ET LES ASSURANCES

Un sportif, dans l'exercice de sa discipline sportive, prend des risques : il peut se blesser et subir un préjudice (arrêt de travail, montant des soins...) ou causer un dommage à autrui qu'il doit réparer (voir chapitre précédent : la responsabilité civile).

Des contrats d'assurance peuvent être souscrits pour aider le sportif ; toutefois, en aucun cas, ils ne couvrent la responsabilité pénale car l'assureur ne se substitue jamais au fautif pour payer l'amende ou aller en prison à sa place.

→ Le contrat d'assurance

Définition

Un contrat d'assurance est un engagement :
- pour l'association où le sportif a payé une prime ;
- pour l'assureur, à verser au club, à ses membres ou à des tiers, une indemnité en cas de réalisation d'un sinistre et sous les conditions prévues par le contrat.

Le contenu

La garantie « responsabilité civile » (RC)

Lorsque la RC de l'association, de ses membres, de ses dirigeants ou de ses préposés occasionnels ou non, est engagée, elle permet le paiement des frais engagés pour la réparation des dommages causés à des tiers par la compagnie d'assurance.

La garantie « Défense Recours »

Cette garantie, le plus souvent incluse dans un contrat RC, couvre les frais occasionnés :
- soit pour obtenir réparation de dommages subis (à l'amiable ou en justice) ;
- soit pour se défendre en cas de poursuites judiciaires.

Quelquefois, ce contrat, en des termes différents, porte le nom de « Défense-Recours », ou protection juridique.

Le contrat de personne

Cette garantie, également appelée « individuelle accident » ou « garantie individuelle » permet aux personnes signataires de percevoir des remboursements de frais, de soins médicaux, d'hospitalisation, de transport, des indemnités en cas de pertes de revenus dues à un accident sans responsabilité engagée de tiers. Bien entendu, ces contrats comportent des conditions et des taux de remboursement variables.

Le contrat « Garanties complémentaires »

En fait, ce sont des « contrats de personne » qui, à partir d'une assurance type, permettent aux sportifs, suivant leurs ressources, leurs métiers, mutuelles ou assurances personnelles d'inclure des clauses moins restrictives ou d'augmenter les taux d'indemnisation (indemnité journalière, capital-décès, taux d'invalidité). La signature de ces garanties complémentaires entraîne une surprime.

Les assurances et la vie associative

Les activités particulières

Une association sportive peut organiser une manifestation « non sportive » afin de faire quelques bénéfices qui serviront à la bonne marche du club : soirée dansante, kermesse, concours de belote…

Généralement, ces activités sortent du cadre de la police souscrite (pratique d'un sport). Les dirigeants peuvent alors demander conseil à leur assureur afin de savoir si leur contrat le prévoit ou s'ils doivent prendre un complément d'assurance (comprenant notamment « les risques d'intoxication alimentaire » à chaque fois que l'association sportive propose des produits consommables).

Les locaux et les matériels

Nous savons déjà que l'association sportive est « civilement » responsable de tout ce qui lui appartient (propriété), de tout ce qu'elle loue et de tout ce pour quoi elle a la « jouissance gratuite » (sauf si le propriétaire qui met gracieusement à disposition son local, par exemple, a signé une convention de « non-recours »).

Ainsi l'association doit souscrire un contrat à cet effet. Elle a certainement intérêt à souscrire de plus une assurance « multirisques » (incendies, explosion, dégâts des eaux, tempêtes…) et vol pour ses immeubles et son matériel onéreux.

Les véhicules

Si le véhicule appartient à l'association sportive, une garantie « responsabilité civile » est obligatoire comme pour chaque propriétaire de véhicule. Il est conseillé d'inclure au contrat les dommages subis par le véhicule.

Si le véhicule appartient à un joueur, un dirigeant ou un animateur, le propriétaire a sa propre police d'assurance. De plus, si les occupants et le chauffeur, sont licenciés et ont souscrit un contrat « assurance individuelle accident », ils sont couverts pendant leurs trajets. Et enfin, dans le cadre des activités du club, la garantie « responsabilité civile » de l'association peut, suivant le cas, être mise en cause. Autant de raisons qui montrent bien l'intérêt de faire assurer, même le bénévole accompagnateur occasionnel.

La législation sportive et les garanties d'assurances

Article L.321-1 du code du sport

« Les associations, les sociétés et les fédérations sportives souscrivent pour l'exercice de leur activité des garanties d'assurance couvrant leur responsabilité civile, celle de leurs préposés salariés ou bénévoles et celle des pratiquants du sport. Les licenciés et les pratiquants sont considérés comme des tiers entre eux.

Ces garanties couvrent également les arbitres et juges, dans l'exercice de leurs activités. »

L'obligation de souscrire un contrat « Responsabilité civile »

L'association a l'obligation de souscrire pour elle-même (personne morale), pour ses dirigeants, ses membres licenciés, ses préposés, rémunérés ou non, et même des participants occasionnels, une assurance couvrant la RC.

L'obligation d'information

Article L.321-4

« Les associations et les fédérations sportives sont tenues d'informer leurs adhérents de l'intérêt que présente la souscription d'un contrat d'assurance de personnes couvrant les dommages corporels auxquels leur pratique sportive peut les exposer. »

La loi n'impose pas la signature d'une assurance de personne mais elle impose à l'association et à ses responsables d'avertir et de prévenir les sportifs de l'utilité de cette souscription.

Ainsi un arrêt de la Cour de Cassation, rendu le 16 juillet 1986 a condamné la fédération française des sports de glace à réparer le préjudice subi par une athlète blessée lors d'un stage fédéral. Cette athlète estimait insuffisante l'indemnité versée par l'assurance souscrite par la fédération. La Cour a basé son jugement sur le fait que la fédération n'avait pas rempli son obligation de renseignement, aucun licencié n'ayant eu préalablement connaissance des garanties souscrites.

Les responsables d'association doivent donc fournir ces renseignements en début d'année par distribution d'une notice (souvent fournie par les instances fédérales) précisant les conditions du contrat « garanties individuelles » et notamment le taux des indemnités que percoivent les victimes en cas de dommages.

La possibilité de « tenir à disposition »

Article L.321-5 du code du sport

« Les fédérations sportives agréées peuvent conclure des contrats collectifs d'assurance visant à garantir les associations affiliées et leurs licenciés dans les conditions prévues aux articles L.321-1, L.321-4, L.321-6 et L.321-10.

Ces contrats ne peuvent être conclus qu'après appel à la concurrence. »

Article L.321-6 du code du sport

« Lorsque la fédération agréée à laquelle est affiliée l'association sportive propose aux membres de celle-ci, qui sollicitent la délivrance d'une licence, d'adhérer simultanément au contrat collectif d'assurance de personnes qu'elle a souscrit, elle est tenue :

1 - de formuler cette proposition dans un document distinct ou non de la demande de licence, qui mentionne le prix de l'adhésion, précise qu'elle n'est pas obligatoire et indique que l'adhérent au contrat collectif peut en outre souscrire des garanties individuelles complémentaires ;

2 - de joindre à ce document une notice établie par l'assureur conformément au deuxième alinéa de l'article L.141-4 du code des assurances. »

Les associations (et les fédérations) après avoir informé leurs adhérents doivent pouvoir répondre à leurs sollicitations, en proposant différents contrats qu'ils choisiront en fonction de leurs besoins.

Mais ces contrats ne peuvent plus être imposés par les fédérations. Celles-ci, même s'il est admis qu'elles puissent traiter avec un assureur, ne peuvent le faire qu'après un appel à la libre concurrence ; le législateur a voulu éviter qu'un monopole ne se créé.

Les textes d'application : article D.321 du code du sport

Les contrats fixent librement l'étendue des garanties mais ils ne peuvent déroger à certaines obligations :

- les licenciés et les pratiquants sont considérés comme des tiers entre eux même s'ils sont du même club ;
- l'association, la fédération et ses organes déconcentrés, les dirigeants, les licenciés, les pratiquants, les préposés rémunérés ou non et même le bénévole non-adhérent qui vient aider ponctuellement, doivent être couverts par une garantie « responsabilité civile ».

Mais les dirigeants fédéraux ou de l'association sportive doivent en informer les pratiquants car ils sont étrangers à la négociation du contrat et ils ne peuvent pas toujours avoir connaissance d'une éventuelle insuffisance de garanties.

Application des peines

Attention aux étourdis et imprudents car la loi se veut dissuasive.

> *Article L.321-2 du code du sport*
> *« Le fait, pour le responsable d'une association sportive, de ne pas souscrire les garanties d'assurance dans les conditions prévues à l'article L.321-1 est puni de six mois d'emprisonnement et d'une amende de 7 500 euros. »*

Idem pour l'organisateur de manifestation sportive et l'exploitant d'un établissement d'APS.

Restons « sport »

Le sportif peut être condamné au pénal pour « coups et blessures ». Son contrat d'assurance RC permet à l'assureur de se substituer au sportif maladroit pour dédommager éventuellement la victime, mais non pour assumer sa peine. Cependant le sportif violent ne peut pas compter sur cette disposition devenant caduque en cas de « coups et blessures volontaires… ». Il doit subir alors la peine et dédommager lui-même la victime.

Questionnaire

Pouvez-vous répondre aux questions suivantes ?

1 - Que savez-vous de l'assurance des sportifs ?

2 - Que savez-vous de l'assurance des dirigeants et pratiquants de votre association ?

3 - Qu'est-ce que la garantie individuelle ?

4 - Pourquoi un éducateur sportif (bénévole ou non) doit-il être assuré ?

5 - Responsable de l'animation sportive dans une association, vous renseignez les parents qui vous confient leurs enfants. En tenant compte de la réglementation concernant l'obligation d'assurance, comment leur présenterez-vous ce qu'est la cotisation annuelle versée par l'association ?

6 - Vous êtes chargé de l'entraînement dans une association. Suivant les différentes situations vous liant au club (entraîneur, bénévole ou salarié, entraîneur et compétiteur) que faites-vous pour vous assurer contre les risques encourus ?

LES OBLIGATIONS SOCIALES ET FISCALES DE L'ASSOCIATION SPORTIVE

La majorité des groupements sportifs sont de type loi de 1901 (ou de régime particulier aux départements du Haut et Bas-Rhin et de la Moselle). Ils ont ainsi obtenu une capacité juridique qui leur permet sous certaines conditions :
- d'acquérir ou louer des locaux ;
- d'avoir un personnel salarié ;
- de signer des contrats, de faire des placements, de vendre ;
- d'organiser des manifestations sportives bien sûr mais aussi des activités de soutien (soirée dansante, kermesse, loto, concours de jeux de cartes…).

Ces différentes possibilités peuvent entraîner des charges pour le club, comme toutes personnes, éventuellement comme toutes sociétés commerciales. Mais sous certaines conditions, il peut bénéficier de régimes particuliers des services fiscaux et des organismes sociaux.

→ Les biens immobiliers de l'association sportive

Une association sportive peut :

Loi de 1901, article 6 : «… acquérir à titre onéreux, posséder et administrer… le local destiné à l'administration de l'Association et à la réunion de ses membres, des immeubles strictement nécessaires à l'accomplissement du but qu'elle se propose. »
Exemples : location, achat ou construction d'un bureau, d'une salle de réunion, d'un « club house », de vestiaires, de terrains de sport, de salles spécialisées (musculation, escrime, gymnastique…). »

L'association sportive doit alors acquitter :
- la taxe d'habitation si elle utilise un immeuble ;
- la taxe d'habitation et la taxe foncière si elle est propriétaire et utilisatrice.

La taxe d'habitation

Que ce soit une personne physique ou une personne morale (association), l'utilisateur est soumis aux « impôts locaux ». Le club, locataire ou propriétaire, s'acquitte de cette taxe plus ou moins importante suivant la valeur locative de l'immeuble ou des salles. L'association sportive paie une taxe d'habitation pour :
- son ou ses bureaux ;
- sa ou ses salles de réunion ;

mais sont exonérés de cet impôt tous les locaux où le public a accès : gymnase, vestiaire, salles spécialisées (judo, escrime, tennis de table…).

La taxe foncière

Si le club est propriétaire d'immeubles, salles ou terrain cités précédemment, il doit chaque année payer une taxe foncière pour les « propriétés bâties ou non bâties » et sans exception quelles que soit la nature et la destination des locaux.

→ Le personnel de l'association sportive

Les bénévoles

Pour ces animateurs, l'association sportive participe à l'indemnisation des frais occasionnés par leur activité au sein du club : frais de déplacements, d'hébergement. Ce sont des frais réels dont le trésorier garde les justificatifs afin de pouvoir les présenter à toutes réquisitions des services fiscaux.

Pour ces indemnités, il n'y a aucune taxe ni déclaration (décision ministérielle du 23 mai 1975).

Les salariés

Définition

Selon le code du travail, il y a salaire lorsque « *l'activité est rémunérée de façon régulière* » et « *que celui qui reçoit la rémunération est dans un état de subordination et d'étroite dépendance* ».

Dans ce cas, un contrat est signé entre l'employeur et l'employé : gardien d'installation sportive, personnel d'entretien, agent technique de bureau, joueur professionnel, entraîneur.

Les obligations administratives du club-employeur

Toutes les formalités à effectuer pour l'emploi de personnel sont regroupées à l'Union de recouvrement des cotisations de Sécurité sociale et d'allocations familiales (URSSAF) sur un support unique la « déclaration unique d'embauche (DUE) ».

L'association sportive – employeur doit :

- faire une déclaration préalable à l'embauche (DPAE) ;
- faire immatriculer le club comme employeur à l'URSSAF ;
- faire immatriculer et affilier ses employés à la Sécurité sociale ;
- déclarer ses employés à la direction du travail, au Pôle emploi (ex-ASSEDIC) ;
- déclarer ses salariés et leurs salaires au Centre des impôts pour taxe sur les salaires mais aussi pour les impôts sur les revenus des travailleurs ;
- faire passer une visite médicale d'embauche à son employé ainsi qu'une visite annuelle ou bi-annuelle (suivant l'emploi) par la suite, faite par la médecine du travail ;
- faire affilier ses employés à une caisse de retraite complémentaire ;
- faire affilier ses employés à une caisse de prévoyance.

Les obligations fiscales

- Pour l'*employeur*, elles sont au nombre de quatre :

• La taxe sur les salaires

Toutes les associations sportives qui versent des salaires paient cette taxe (sauf celles qui sont soumises à la taxe à la valeur ajoutée (TVA) pour au moins 90 % de leur chiffre d'affaires). C'est donc la majorité des clubs qui a des salariés.

Cette taxe est fonction du montant annuel des salaires versés en 2008 :

4,25 % sur la partie comprise entre 0 et 7 250 euros

8,50 % sur la partie comprise entre 7 250 euros et 14 481 euros

13,60 % sur la partie supérieure à 14 481 euros

Mais depuis 1983, les associations bénéficient d'un abattement porté à 5 724 euros pour l'année 2008.

• La formation professionnelle continue (2008)

Pour les clubs qui emploient moins de 10 salariés, une taxe de 0,55 % de la totalité du salaire ; elle est de 1,05 % pour 10 à 20 salariés et 1,6 % au-delà.

• La participation à l'effort de construction (2008)

Versée à la recette locale des impôts, cette taxe est de 0,45 % de la totalité du salaire, entreprise employant au moins 20 salariés.

• La taxe d'apprentissage

Assise sur les mêmes bases que la taxe sur les salaires (0,5 % de la totalité des salaires) elle est due par les associations passibles de l'impôt sur les sociétés (cf. exonération des impôts commerciaux).

- Pour le *salarié,* elles sont au nombre de trois :

• l'impôt sur le revenu (montant imposable du bulletin de paye) ;

• la CSG (contribution sociale généralisée) ;

• la CRDS (contribution au remboursement de la dette sociale).

Ces deux derniers impôts sont prélevés par l'employeur sur le salaire brut de l'employé, chaque mois, et versés à l'URSSAF en même temps que les obligations sociales suivantes.

Les obligations sociales

Elles sont des cotisations perçues par l'URSSAF.

Certaines sont uniquement à la charge de l'employeur :
- cotisation accident de travail ;
- cotisation allocations familiales ;
- contribution solidarité autonomie ;
- fonds de garantie des salariés.

D'autres sont à la charge de l'employeur avec une participation de l'employé (assurance maladie, assurance vieillesse), logement (fonds national d'aide au logement).

→ Système forfaitaire

Dans le cadre des activités sportives (arrêté du 27 juillet 1994, JO du 13 août 1994), des dispositions particulières ont été prises pour alléger les charges des associations sportives. Elles permettent, sous certaines conditions (moins de 10 salariés permanents, sportifs non compris et agrément du ministère chargé de la Jeunesse et des Sports), de ne pas être soumis au taux normaux prélevés sur les salaires pour :
- les cotisations URSSAF (sauf cotisation accident de travail) ;
- la CRDS et la CSG.

Un système de forfait indexé sur le taux du SMIC permet un allégement de ces charges pour un éducateur sportif (en sont exclus les administrateurs, le personnel administratif, médical ou paramédical) et une franchise pour les sportifs, les arbitres, les guichetiers et les accompagnateurs.

Ce système ne s'applique qu'aux cotisations URSSAF, les autres cotisations peuvent donc être réclamées et les sommes sont des revenus (impôts). Au-delà de 951 euros (en 2007) par mois, il n'y a plus de forfait.

Système forfaitaire en 2009 (par mois)

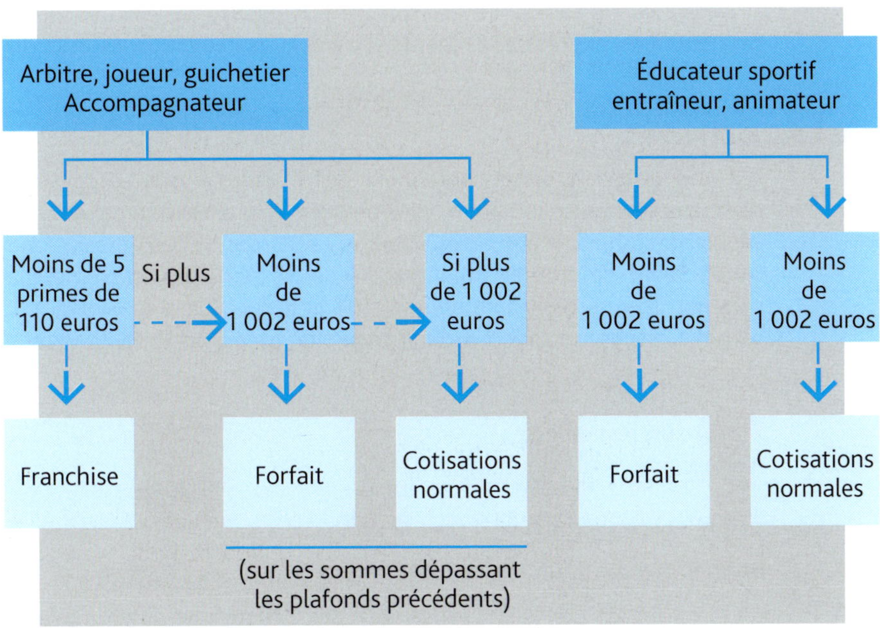

N.B. Ce dispositif dérogatoire ne peut pas intéresser certains arbitres bénéficiant du décret du 15 juin 2007 qui, modifiant le code de sécurité sociale (loi n° 2006-1294 du 23 octobre 2006), a fixé le plafond annuel de la sécurité sociale (4 975 euros pour 2009) en dessous duquel aucune cotisation n'est due (cf. article D.241-15 et suivants du code de sécurité sociale).

Cotisations ASSEDIC

Le salarié et l'employeur participent à ces cotisations indemnités-chômage.

Retraite complémentaire

Obligatoire pour les éducateurs sportifs, les cotisations sont versées à la CIRSIC (caisse inter-professionnelle de retraite des salariés de l'industrie et du commerce). Employeur et employé participent à ce financement.

Les travailleurs indépendants

Même si ce statut d'emploi n'est pas très répandu actuellement dans le milieu sportif, le développement des activités de loisirs peut multiplier des interventions de ce type. Comme son nom l'indique, il n'y aura aucun lien entre l'animateur et le club.

Le travailleur indépendant est son propre employeur, donc il fixe et perçoit lui-même ses honoraires auprès de ses clients. Il n'a aucune obligation vis-à-vis du club.

Les activités

Les associations sportives organisent des manifestations sportives, des séances d'entraînement et d'initiation. Elles peuvent être amenées à louer du matériel ou vendre des objets (casquettes, maillots, écharpes...). Ces prestations ou ventes bénéficiaient de critères pour caractériser le non-assujettissement aux impôts commerciaux de droit commun : c'était la « doctrine des œuvres ». Ces critères sont maintenant abandonnés et l'instruction fiscale du 15 septembre 1998 fixe de nouvelles conditions pour pouvoir être exonéré de :
- l'impôt sur les sociétés ;
- la taxe professionnelle ;
- la taxe à la valeur ajoutée (TVA).

Les impôts commerciaux

L'impôt sur les sociétés

C'est un impôt établi sur l'ensemble des bénéfices réalisés par des personnes morales se livrant à une exploitation ou à des opérations à caractère lucratif.

La taxe professionnelle

Elle est due par les personnes physiques ou morales exerçant à titre habituel une activité professionnelle non salariée. La base d'imposition comporte deux éléments : la valeur locative des terrains, constructions, outillages... utilisés et, soit la masse salariale de l'entreprise, soit les recettes.

Les conditions d'exonération

Ce sont ces critères qui caractérisent la lucrativité ou non des activités de l'association. Il faut qu'il y ait une *gestion désintéressée* : à savoir qu'aucun administrateur ne doit avoir d'intérêt direct ou indirect dans les résultats de l'exploitation. Il n'y a aucune distribution directe ou indirecte du bénéfice et aucune personne attributaire d'une part quelconque de l'actif (gestion bénévole).

Il faut en plus :

- soit qu'il n'y ait aucune concurrence vis-à-vis d'une entreprise : l'association sportive ne peut exercer la même activité lucrative dans le même secteur.

Exemple : cours de musculation d'une association et d'une structure commerciale dans la même ville.

- Soit que l'activité exercée le soit dans des conditions différentes de celles de l'entreprise.

La comparaison des conditions d'exercice de l'activité est réalisée à l'aide de la méthode dite « des 4 P » qui prend en compte quatre critères :

- le « Produit » est différent : l'association propose un entraînement en vue de compétitions fédérales et pas l'entreprise,
- le « Public » visé est différent (rôle social du milieu associatif),
- le « Prix » est différent (notamment parce que beaucoup de bénévoles œuvrent au sein de l'association),
- la « Publicité » faite par l'association pour attirer les adhérents n'a pas le même caractère systématique que celui de l'entreprise.

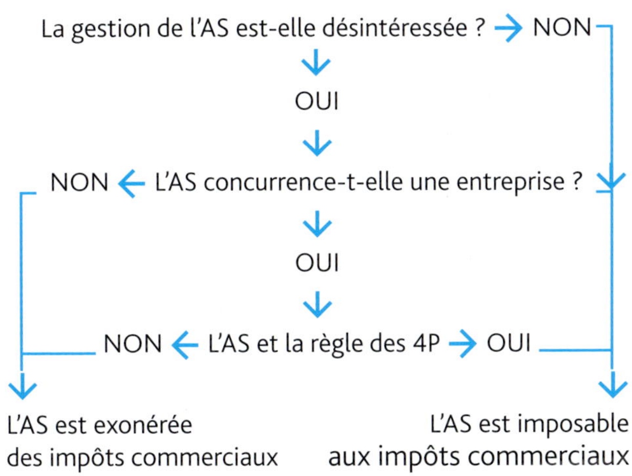

Schéma d'analyse fiscale de la gestion d'une association

Le cas particulier pour la TVA

Les associations sportives sont soumises au paiement de la TVA, au taux de 19,6 %, dès qu'elles organisent des opérations commerciales : vente d'objets, de services. Mais sous certaines conditions, elles peuvent bénéficier d'exonération totale ou partielle (article 261-7 du Code Général des Impôts).

Les associations dites « ouvertes »

Pour toutes prestations de service ou vente d'objets à des tiers, les conditions d'exonération seront les mêmes que celles imposées précédemment pour les autres impôts commerciaux (impôt sur les sociétés et taxe professionnelle).

Mais la définition du « véritable membre » est devenue plus restrictive puisque cela ne peut-être des personnes cotisant pour une journée ou une semaine... Seuls peuvent bénéficier des services offerts par l'association, les membres pouvant participer à l'AG, avec voix délibérative, pouvant être élus à des organes de décision (CA, bureau...)

Les associations dites « fermées »

Pour leurs membres définis comme ci-dessus, l'exonération porte sur :

- les prestations de service à caractère social, éducatif ou sportif rendues par l'association à ses membres (article 261-7 1er q du code des impôts).

Exemple : centres de plein air, location de matériel sportif.

- la vente aux membres du club d'insignes, fanions, écharpes, maillots... dans la limite de 10 % des recettes totales de l'association sportive, subventions comprises.

Exemples : un club a eu 10 000 euros de recettes durant l'année. Le produit des ventes d'objets divers ne doit pas excéder 1000 euros pour que cette opération soit exonérée de TVA.

Attention cependant, les activités d'hébergement et/ou de restauration ne peuvent être exonérées de TVA (sauf manifestations particulières, voir ci-dessus) et ne le seront, des impôts commerciaux, que dans les conditions étudiées précédemment (voir ce paragraphe).

Les manifestations particulières

Sont exonérées les recettes de six manifestations de bienfaisance ou de soutien, par an, organisées par une association afin de réaliser un bénéfice qu'elle réinvestira pour réaliser ses objectifs (« l'objet » de l'association).

La franchise en base

Comme les entreprises, les associations peuvent bénéficier d'une franchise (limite supérieure à ne pas dépasser pour ne pas payer la TVA). Toutes les opérations qui devraient en principe être soumises à l'impôt (autres que les cas étudiés précédemment) sont franchisées si, au cours de l'année civile précédente, l'association n'a pas dépassé un chiffre d'affaires de 76 300 euros (avec ventes à consommer sur place ou prestation d'hébergement) et 27 000 euros pour d'autres services. Les recettes exonérées de TVA et les subventions sont exclues de ce chiffre d'affaires plafond.

Les impôts sur les spectacles

Cet impôt, prélevé au profit des communes, comprend un certain nombre d'activités : cercles, maisons de jeux… et notamment les manifestations sportives.

Cependant certaines facilités sont accordées aux associations sportives par une exonération totale.

Le ministère chargé de la Jeunesse et des Sports a fixé une liste de manifestations sportives qui bénéficiaient d'une exonération temporaire jusqu'au 31 décembre 2008 (arrêté du 27 décembre 2005) : 50 disciplines sont concernées comme canoë-kayak, handball, judo, ski, volley-ball, athlétisme, aviron escrime, gymnastique.

Pour les autres disciplines et pour certaines compétitions, le conseil municipal peut exceptionnellement décider de l'exonération.

Les formalités administratives

Toutes les recettes provenant d'activités imposables doivent faire l'objet d'une déclaration aux services fiscaux. Une association sportive peut faire appel à leurs compétences pour étudier son cas particulier. Pour faciliter ces échanges, les services fiscaux n'appliquent pas alors systématiquement le redressement sur les trois années précédentes.

→ Quelques exemples

L'ouverture d'une buvette temporaire

Quand une association sportive désire ouvrir de manière temporaire un débit de boissons, elle peut vendre soit des boissons sans alcool (catégorie I), soit les mêmes boissons, du vin, du cidre et de la bière (catégorie II). Le président doit alors faire une demande d'autorisation d'ouverture à l'autorité municipale et à la gendarmerie - ou au commissariat de police - le maire de la commune, pour donner son autorisation, réclamant fréquemment cet avis.

De plus, si la vente de boissons alcoolisées est envisagée dans l'enceinte sportive, une dérogation à la législation sur les débits de boissons doit être accordée par le maire de la commune où est implantée la buvette (dix dérogations maximales par an).

L'organisation d'un bal, d'une soirée dansante...

Outre les démarches propres à l'ouverture d'un débit de boissons de deuxième catégorie, s'il y en a un, l'association sportive doit :

- faire une demande d'autorisation d'organisation d'un bal au maire de la commune où il aura lieu ;
- faire une demande de prolongation (si le bal doit durer jusqu'à quatre heures du matin) au maire de la commune ;
- faire une demande (pour avis) à la gendarmerie (ou au commissariat de police) comme pour une buvette ;
- prévenir son assureur et vérifier si le contrat couvre l'organisation d'une telle manifestation notamment le risque : intoxication alimentaire. Si ce n'est pas le cas, l'assureur propose une extension des garanties moyennant une surprime ;
- faire une déclaration à la Société des auteurs compositeurs et éditeurs de musique (SACEM) puis ensuite fournir le programme des œuvres interprétées et un état des recettes, s'acquitter des droits d'auteurs conformément aux prescriptions de la SACEM ;
- s'il y a des musiciens, le club est considéré comme employeur aux termes de la loi du 26 décembre 1969 et doit ainsi s'acquitter de certaines charges :

• cotisation d'assurances sociales, accidents de travail et d'allocations familiales,

• cotisation de retraite complémentaire versée à la Caisse des retraites des personnels des bals, activités de loisirs et associations de spectacle (CARBALAS) éventuellement,

• une cotisation assurance-chômage (Pôle Emploi).

Bien entendu la majorité des associations sportives n'a pas à craindre de redressements fiscaux ou de pénalisations sociales. Mais la lutte contre le chômage et le « travail dissimulé » incitent les services de l'État à contrôler toutes structures susceptibles de frauder même lorsqu'elles ne le font que par défaut d'information ou de compétence à résoudre l'ensemble des problèmes relatifs aux obligations actuelles liées à la gestion d'une association.

Questionnaire

Pouvez-vous répondre aux questions suivantes ?

1 - Que savez-vous de la SACEM ?

2 - Comment organiser un bal ? Quelles démarches sont à effectuer ? Auprès de qui ?

3 - Quelles sont les opérations exonérées de TVA ?

4 - Que doit faire l'association pour l'ouverture d'une buvette ?

5 - Que savez-vous de l'URSSAF ?

6 - Obligations de l'association (et de ses responsables) désirant employer un éducateur sportif ?

7 – Quelles informations figurent sur le bulletin de paie ?

Chapitre 3

le mouvement sportif : les systèmes fédéral et olympique

UN PEU D'HISTOIRE

L'association sportive et ses partenaires

Afin de mieux comprendre et intégrer les relations qui s'établissent entre le club sportif et ses différents partenaires, il nous semble intéressant d'esquisser, dans un premier temps, un rapide historique des grandes dates du mouvement sportif en relation avec l'Histoire elle-même.

Historique

Histoire générale		Histoire du sport
	1836	Premier club d'aviron
Journée de travail de 12 h pour les enfants de 8 à 12 ans	**1841**	
L'esclavage est aboli dans les colonies	**1848**	
	1860	Première société de gymnastique
Guerre contre la Prusse IIIe République	**1870**	
Alsace-Lorraine allemande	**1872**	Havre Athletic club
	1873	Union des Sociétés Françaises de gymnastique
École gratuite pour tous (Jules Ferry)	**1881**	Union Vélocipédique de France (FFC)
	1882	Racing Club de France
Ouverture du premier lycée féminin	**1883**	Stade Français
	1887	Union des Sociétés Françaises de courses à pied (USFSA en 1889)

Travail interdit aux moins de 12 ans	**1892**	
Journée de travail réduite à 10 heures	**1892**	
	1894	Congrès USFSA à la Sorbonne Renaissance des JO modernes
	1895	CIO
	1896	Premiers JO modernes
Loi sur la liberté d'association	**1901**	Union cycliste de la Belle Jardinière
	1901	PTT Paris
	1903	FF Boxe – FF Escrime
	1903	Premier Tour de France cycliste
		Fédération gymnique et sportive des Patronages de France
	1904	FIFA (Fédération Internationale de Foot Association)
Repos hebdomadaire obligatoire	**1906**	Première société exclusivement féminine
	1908	Comité National des Sports (CNS)
	1910	Premier Tournoi des V Nations (Rugby)
	1911	Comité Olympique Français (COF)
	1916	Fédération Sportive Féminine de France
8 heures de travail par jour	**1919**	Fédération Française de Football
	1920	FF Athlétisme – natation – rugby – tennis
	1921	FF Équitation – yachting
	1924	Premiers JO d'hiver à Chamonix – FF ski
	1929	UFOLEP
	1931	Office du Sport Universitaire (OSU)
	1932	FF Canoë-kayak – basket-ball

Front Populaire → congés payés	**1936**	Premier OMS
	1941	FF Handball
	1946	FF Judo
Naissance Europe des 6 (ancêtre Union européenne)	**1957**	
	1963	Loi sur la profession d'éducateur sportif
	1975	Loi Mazeaud sur le sport et les APS
	1984	Loi Avice, développement des APS
	1989	Loi antidopage (Bambuck)
	1999	Loi relative à la santé des sportifs et lutte contre le dopage
	2006	Création du code du sport

Dans une deuxième analyse, nous donnons un aperçu des fluctuations les plus pertinentes du ministère chargé de la Jeunesse et des Sports au sein des instances Gouvernementales. La lecture de ces changements montre, à l'évidence, les difficultés à cerner véritablement l'entité du « ministère des sports », ballotté d'un sous-secrétariat à un ministère délégué, d'un haut-commissariat à un secrétariat d'État, suivant l'importance accordée au champ « jeunesse et des sports. »

Ce paragraphe ne se veut en aucun cas polémique ou partisan de quelque idéologie mais il doit faire prendre conscience du caractère « itinérant », voire instable, du secteur « sport et jeunesse » au sein des organigrammes ministériels.

1850 → une loi rend l'éducation physique facultative dans les écoles primaires.

1852 → création de l'École militaire de Joinville (formation des instructeurs militaires mais surtout pépinière des futurs premiers « profs de gym » des établissements scolaires).

1882 → les instructions de 1887 rendent obligatoire la gymnastique dans les écoles primaires (« les bataillons scolaires »).

1921 → création d'un Commissariat à l'EP, aux sports et à la préparation militaire au ministère de la Guerre.

1927 → les ministères de la Guerre et de l'Instruction publique se partagent l'organisation de l'EP.

1928 → sous-secrétariat d'État à l'EP rattaché au ministère de l'Instruction publique.

1936 → sous-secrétariat d'État à l'EP + sous-secrétariat d'État aux sports et aux loisirs rattachés au ministère de l'Éducation nationale.

1937 → secrétariat d'État à l'EP, aux sports et aux loisirs (Léo Lagrange) dépendant du ministère de l'Éducation nationale.

1940 → « Charte des sports » du Gouvernement de Vichy : première loi qui vise à l'organisation du sport français.

1945 → ordonnances qui organisent le sport civil sur la base de la liberté d'association (loi 1901) et de la délégation de pouvoir de l'État à des fédérations sportives reconnues (une par sport) + création d'un sous-secrétariat d'État à la Jeunesse et aux Sports rattaché au ministère de l'Éducation nationale.

1947 → ministère de la Jeunesse des Arts et des Lettres auquel fut rattaché l'EP.

1948 → secrétariat d'État à l'enseignement technique, à la Jeunesse et aux Sports.

1955 → ministère de la Jeunesse (EP rattachée).

1956 → ministère d'État chargé de l'Éducation nationale, de la Jeunesse et des Sports.

Notons que de 1946 à 1958, la IVe République sacrifie l'EPS et le sport pour « faire des économies ».

Ainsi de 1951 à 1956, l'EP, fut écartée du plan d'équipement de l'Éducation nationale et de la nation. Autrement dit, pendant cinq années, aucun aménagement sportif ne fut prévu et encore moins construit là où furent érigés écoles, collèges, lycées et facultés.

1958 → haut-commissariat de la Jeunesse et des Sports (Herzog).

1963 → secrétariat d'État auprès du ministère de l'Éducation nationale chargé de la Jeunesse et des Sports (Herzog).

1966 → ministère de la Jeunesse et des Sports (Missoffe et Nungesser).

1968 → secrétariat d'État auprès du Premier ministre chargé de la Jeunesse et des Sports (Comiti).

1969 → secrétariat d'État auprès du Premier ministre chargé de la Jeunesse et des Sports et des Loisirs.

1974 → secrétariat d'État auprès du ministre de l'Éducation nationale chargé de la Jeunesse, des Sports et des Loisirs.

1974 → secrétariat d'État auprès du ministre de la Qualité de la vie chargé de la Jeunesse et des Sports.

1978 → ministère de la Jeunesse, des Sports et des Loisirs (y compris le tourisme) (Soisson).

1981 → ministère du Temps libre (Jeunesse, Sports et Loisir). À noter que l'EPS est rattachée à l'Éducation nationale + ministère délégué du ministre du Temps libre (Avice).

1983 → ministère délégué, chargé du Temps libre, de la Jeunesse et des Sports.

1984 → ministère délégué de la Jeunesse et des Sports (Calmat).

1988 → secrétariat d'État auprès du ministre de l'Éducation nationale.

1991 → ministère de la Jeunesse et des Sports.

2002 → ministère des Sports (Lamour).

2004 → ministère de la Jeunesse, des Sports et de la vie associative (Lamour).

2007 → ministère de la santé, de la Jeunesse et des Sports (Bachelot) + secrétariat d'État de la Jeunesse, des Sports et de la Vie associative (Laporte).

Cette fastidieuse énumération de dates met en évidence les difficultés qu'a le ministère de la Jeunesse et des Sports à s'approprier une identité, à trouver une entité propre, ballotté qu'il est d'un ministère à un autre, au gré des positions politiques Gouvernementales et de l'importance que le pouvoir exécutif accorde aux problématiques de la jeunesse et des sports.

→ Les différentes politiques étatiques dans le domaine sportif

Les activités physiques et sportives (APS) sont aujourd'hui une préoccupation logique de l'État, de nouveau affirmée dans le code du sport.

> *Article L.100-1 du code du sport*
>
> *« Les activités physiques et sportives constituent un élément important de l'éducation, de la culture, de l'intégration et de la vie sociale. Elles contribuent notamment à la lutte contre l'échec scolaire et à la réduction des inégalités sociales et culturelles, ainsi qu'à la santé.*

La promotion et le développement des APS pour tous, notamment pour les personnes handicapées, sont d'intérêt général. »

Aujourd'hui, il n'est pas envisageable et concevable de parler de développement du sport sans l'aide de l'État.

Et pourtant, nous verrons qu'il n'en fut pas toujours ainsi, jusqu'à une date d'ailleurs relativement proche.

Cette prise en compte du monde sportif est variable de pays en pays, suivant l'idéologie régnante.

Étymologiquement le terme « politique » signifie « gestion de la cité ». Cette gestion prend des formes totalement différentes suivant les régimes politiques en place.

La gestion totalitaire

L'État prend totalement en charge la responsabilité de l'organisation des APS, ainsi d'ailleurs que l'ensemble des autres activités du pays : industrie, santé, urbanisme, transport…

Les exemples les plus connus sont la Chine et Cuba.

La gestion libérale

L'État laisse au secteur associatif privé la responsabilité de l'organisation des APS. Cela ne veut pas signifier que l'État se démarque et se désintéresse des APS, mais qu'il laisse la liberté d'initiative aux groupements privés.

Les exemples classiques sont les USA et l'Angleterre.

La gestion mixte

Mi-étatique, mi-privée, cette gestion est celle de la France. L'État s'associe avec les groupements privés et travaille en collaboration avec des structures privées et publiques. (Exemple : les fédérations sportives et les collectivités territoriales.)

L'État s'appuie sur le secteur associatif avec lequel il contribue au développement et à l'organisation du sport : il y a coresponsabilité.

→ La politique sportive en France

La naissance du sport en France se situe dans le courant du XIXe siècle. Cette apparition se fit en toute indépendance, sans qu'aucune tutelle ne vienne la contrôler (notons au passage que le mouvement sportif a su tirer profit de la loi de 1901 concernant la liberté d'association).

Ainsi donc, aucun texte, aucune législation, aucune réglementation n'apparaissent avant 1940, l'administration n'ayant publié que quelques décrets relatifs aux associations recevant des subventions publiques. Rappelons, pour mémoire, que la première « fédération sportive », créée en France, fut « l'Union des sociétés françaises de gymnastique (1873)». Pendant toutes ces années, les fédérations géraient leurs activités d'une manière tout à fait indépendante et libre, sans interférence ni intervention des pouvoirs publics.

Ce fut seulement en 1940 que le Gouvernement de Vichy, par la loi du 20 décembre 1940, appelée « Charte des sports », réglementa le mouvement sportif.

Dès 1945, le nouveau Gouvernement de la Libération prit des ordonnances (textes ayant force de loi) qui déclarèrent nulles et non avenues les dispositions prises par le Gouvernement de Vichy mais qui ne rétablirent pas pour autant l'autonomie du mouvement sportif d'avant-guerre.

L'ordonnance du 28 août 1945 expose, dans son article premier, les nouveaux rapports du sport français avec l'autorité centrale :

> *« Toute compétition sportive entre associations, ligues ou comités régionaux, fédérations et groupements divers ou entre joueurs ou athlètes, ayant pour objet de désigner une association, une équipe, un joueur ou un athlète comme vainqueur national ou régional ou comme représentant de la France ou d'une région dans les épreuves internationales, doit être autorisée par le ministre de l'Éducation nationale qui peut déléguer ses pouvoirs à un ou plusieurs groupements ou fédérations déterminés. »*

Qu'y a-t-il donc de nouveau ?

L'État s'attribue l'exclusivité de l'organisation des compétitions sportives et de la sélection des athlètes ou des équipes appelées à représenter la France dans les compétitions internationales par l'intermédiaire de l'Éducation nationale.

Mais parallèlement, il rétrocède son pouvoir (la délégation de pouvoir) ce qui lui permet de redonner, aux fédérations sportives, l'organisation du sport, tout en conservant un droit de tutelle.

Cette délégation de pouvoir a prévalu de 1945 à 1975. La loi du 29 octobre 1975 dite loi Mazeaud l'a remplacée par la notion « d'habilitation ».

> *Article 12*
>
> *« Dans une discipline sportive et pour une période déterminée une seule fédération sportive est habilitée à organiser… »*

L'histoire n'étant qu'un perpétuel recommencement, le code du sport, article L.131-14, précise :

> *« Dans chaque discipline sportive et pour une durée déterminée, une seule fédération agréée reçoit délégation du ministre chargé des Sports… »*

Nous sommes donc à nouveau sous le régime de « délégation de pouvoir ». Nous allons découvrir, dans le chapitre suivant, comment elle s'exerce et comment l'État conserve sa tutelle sur le secteur fédéral.

LE SYSTÈME FÉDÉRAL

L'organisation du mouvement sportif s'est constituée à partir de deux systèmes : le fédéral et l'olympique.

Sensiblement bâtis et organisés sur le même schéma, ils demeurent cependant indépendants dans leurs statuts et leurs modalités de fonctionnement même s'ils s'imbriquent et s'interpénètrent dans des circonscriptions territoriales identiques.

La base de la pyramide fédérale est représentée par l'association sportive, émanation de la loi du 1er juillet 1901 et son décret d'application du 16 août 1901 (du code civil local pour les départements du Rhin et de la Moselle conformément aux articles 21 à 79).

L'accroissement et la multiplication des clubs ont rendu nécessaire la création d'unions d'associations afin de défendre des intérêts communs : harmoniser les compétitions, fixer les règles techniques…

Ainsi sont nées les premières fédérations (voir historique). Par la suite, il y a eu création des ligues et comités départementaux qui sont des organismes à la fois déconcentrés (subdélégation à des organes internes) et décentralisés (élections des membres et indépendance financière).

Généralement, ligues et comités départementaux sont en harmonie avec les limites territoriales des directions régionales et départementales chargées de la Jeunesse et des Sports. Cette disposition fut prise dès 1945 afin d'éviter la dispersion et la disparité des découpages territoriaux entre les différentes disciplines sportives dont les rayonnements n'étaient pas uniformes. Comme l'administration des sports relevait de celle de l'Éducation nationale, cette normalisation épousa le département et l'académie puis la région comme limites.

La fédération

Définition

Article L.131-1 du code du sport

« Les fédérations sportives ont pour objet l'organisation de la pratique d'une ou de plusieurs disciplines sportives.

Elles exercent leur activité en toute indépendance. »

Article L.131-2

« Les fédérations sportives sont constituées sous forme d'associations conformément à la loi du 1er juillet 1901 relative au contrat d'association ou dans les départements du Haut-Rhin, du Bas-Rhin et de la Moselle, au code civil local.

Les fédérations et unions scolaires et universitaires sont soumises aux dispositions du présent code et des livres V et VIII du code de l'éducation. »

Article L.131-3

« Les associations regroupent des associations sportives.

Elles peuvent regrouper en qualité de membres, dans des conditions prévues par leurs statuts :

1 - les personnes physiques auxquelles elles délivrent directement des licences ;

2 - les organismes à but lucratif dont l'objet est la pratique d'une ou de plusieurs de leurs disciplines et qu'elles autorisent à délivrer des licences ;

3 - les organismes qui, sans avoir pour objet la pratique d'une ou plusieurs de leurs disciplines, contribuent au développement d'une ou de plusieurs de celles-ci ;

4 - les sociétés sportives. »

La fédération est une union qui regroupe, autour d'un sport ou d'une même conception de l'activité physique et de la vie en société (cf. groupements sportifs) :

- les associations sportives ;
- les personnes physiques directement licenciées à la fédération ;

- les organismes lucratifs (sociétés) proposant la pratique et autorisés à délivrer des licences (centres équestres ou de mise en forme ayant un statut de société mais que la fédération autorise à délivrer des licences « équitation » ou « haltérophilie ») ;
- des organismes lucratifs qui, sans objet par rapport au développement de la pratique, contribuent à son rayonnement (sponsors) ;
- les sociétés sportives créées en application des articles L.122 du code du sport pour gérer le sport professionnel.

Il est à noter que certaines fédérations sont multisports.

La fédération est placée sous la tutelle du ministre chargé des Sports (exception des fédérations scolaires et universitaires sous double tutelle MEN et MJS).

Elle exerce son activité en toute indépendance.

Les différents types de fédérations

Plusieurs critères pouvant être retenus, nous proposons la classification suivante :
- fédérations unisports, délégataires ;
- groupements nationaux ;
- fédérations affinitaires ;
- fédérations scolaires et/ou universitaires.

Les fédérations unisports

Elles pratiquent une seule discipline (FF de basket-ball, FF de tennis...).

Certaines ont également la charge de l'organisation d'autres disciplines ayant un lien étroit avec la discipline principale (comme le kendo pour la FF de judo et disciplines associées).

Selon leur inscription ou non au programme des Jeux olympiques, elles sont appelées olympiques (FF d'athlétisme, des sports de glace...) ou non olympiques (FF de rugby, de motocyclisme...). Celles-ci peuvent être très importantes en nombre de licenciés (football, tennis, pétanque...), en audience médiatique (cyclisme, sports automobiles...) issues de disciplines historiques (FF de jeu de paume) ou régionales (FF de pelote basque, sports de boules appelée également la Lyonnaise...).

Les groupements sportifs nationaux

Ils sont des unions nationales n'organisant pas de compétition (FF de randonnée pédestre, cyclotourisme...) mais pouvant utiliser plusieurs disciplines à des fins éducatives ou hygiéniques (FFEPGV, FFEPMM).

Les fédérations affinitaires

Elles regroupent des associations sportives ayant la même affinité, la même sensibilité, c'est-à-dire une même façon d'appréhender la pratique sportive, une même philosophie.

> *« Traiter le sport, non pas comme un domaine clos, sans lien avec la conjoncture économique, l'évolution sociale ou la conception que l'on peut avoir du monde, mais comme un élément d'un ensemble éducatif, culturel et social » (tiré de « Sport de France » SEJSL 1971).*

Ce sont des fédérations multisports organisant des tournois, championnats départementaux, régionaux et nationaux.

Elles établissent des protocoles d'accord avec les fédérations dirigeantes unisports afin d'organiser leur vie fédérale sans équivoque et sans esprit de concurrence déloyale et permettant à leurs adhérents de participer également aux compétitions des fédérations unisports, éventuellement sous certaines conditions.

Principales fédérations affinitaires

- Fédération sportive et culturelle de France : FSCF

> But : *« Développer au sein des patronages catholiques et des sociétés sportives sympathisantes, la pratique du sport éducatif et des loisirs culturels. »*

- Fédération sportive et gymnique du travail : FSGT

> But : *« Faire pratiquer et développer des exercices physiques pour préserver et améliorer la santé et les capacités physiques de la jeunesse, d'inculquer des principes de camaraderie, de discipline et d'honneur et de préparer les citoyens au service d'une République laïque et démocratique. »*

- Union française des œuvres laïques d'éducation physique : UFOLEP

> But : *« Contribuer à l'harmonieux épanouissement de la personne humaine ; de donner à chacun – sans discrimination d'ordre politique, racial, religieux ou socioéconomique – la possibilité de pratiquer librement les activités physiques, sportives et de pleine nature de son choix,... de contribuer à la défense et à la promotion des institutions éducatives et sociales laïques... »*

Dans ce groupe, on retrouve également des groupements de cultures différentes. (Exemple : fédération sportive et culturelle Maccabi.)

Les fédérations scolaires et universitaires

Elles relèvent du contrôle du ministre chargé de l'Éducation nationale.

Article L.552-2 du code de l'éducation

« Une association sportive est créée dans tous les établissements du second degré. L'État et les collectivités territoriales favorisent la création d'une association sportive dans chaque établissement du premier degré.

Les associations sportives scolaires bénéficient de l'aide de l'État. Les collectivités territoriales peuvent concourir au développement de ces associations, en particulier en favorisant l'accès à leurs équipements sportifs.

Les associations sportives scolaires adoptent des dispositions statutaires obligatoires définies par décret en Conseil d'État. »

Article L.552-3 du code de l'éducation

« Les associations visées à l'article précédent son affiliées à des fédérations ou des unions sportives scolaires et universitaires. Les statuts de ces unions et fédérations sont approuvés par décret en Conseil d'État. »

LE SPORT SCOLAIRE

- Au niveau du premier cycle

L'Union sportive du premier degré (USEP) est chargée de l'initiation sportive, de l'organisation des épreuves et de la formation des professeurs des écoles. Elle regroupe toutes les associations sportives des écoles primaires de l'enseignement public.

Au niveau local (départemental), il existe un comité composé de membres de droit, comme l'Inspecteur d'académie qui est président de droit.

Il est organisé par un secrétaire départemental (professeur des écoles détaché). C'est le véritable moteur du développement de l'USEP par l'animation d'un réseau de responsables locaux.

En application de l'article L.552-1 du code de l'éducation et du décret du 14 mars 1986, les écoles primaires peuvent constituer une association de type « loi 1901 ».

- Au niveau du second cycle

Dans chaque établissement scolaire du second cycle, doit être créée une association sportive (article L.552-2 du code de l'éducation).

Cette association sportive, organisée et animée par les professeurs d'EPS de l'établissement, est affiliée à l'Union nationale du sport scolaire (UNSS). L'UNSS, créée par la loi du 29 octobre 1975, a des statuts types édictés par décret en date du 13 mars 1986.

Les rencontres ont lieu le mercredi après-midi, tout au long de l'année.

Respectant des statuts types, cette association doit organiser son conseil d'administration intégrant professeurs, élèves, personnel de direction et parents d'élèves.

Le président de droit est le chef d'établissement, le secrétaire est un enseignant d'EPS.

LE SPORT UNIVERSITAIRE

Article L.841-1 du code de l'éducation

« Les établissements de l'enseignement supérieur organisent et développent la pratique des APS des étudiants et de leur personnel conformément à la loi n° 84-52 du 26 janvier 1984 sur l'enseignement supérieur… »

Article L.841-2 du code de l'éducation

« Les associations sportives universitaires sont créées à l'initiative des établissements de l'enseignement supérieur. »

L'EPS est organisée par des personnels d'EPS, affectés à l'enseignement supérieur. Leur mission est triple : enseigner, animer, organiser.

Les rencontres universitaires se passent sous l'égide de la Fédération française du sport universitaire (FFSU), qui regroupe les associations sportives des établissements supérieurs. La création de ces associations n'est pas obligatoire et elle est laissée à l'initiative des universités.

Les APS sont prises en charge par :
- le service universitaire des APS (SUAPS) ;
- l'association sportive de l'Université.

Le SUAPS a pour mission d'assurer une formation physique aux étudiants et personnels de l'Université, de promouvoir les activités physiques et sportives sous toutes les formes et de répondre aux besoins de formation de l'Université en ce domaine.

L'association sportive de l'Université est de type loi 1901. Elle est ouverte à tous les enseignants, étudiants et personnels de l'Université.

Elle organise les rencontres internes, elle représente l'Université dans les compétitions extérieures.

L'agrément de la fédération

L'agrément est l'acte administratif par lequel le ministre de la Jeunesse et des Sports accorde un label de qualité et une aide à la fédération sous certaines conditions.

Article L.131-8 du code du sport

« Un agrément peut être délivré par le ministre chargé des Sports, aux fédérations qui, en vue de participer à l'exécution d'une mission de service public, ont adopté des statuts comportant certaines dispositions obligatoires et un règlement disciplinaire conforme à un règlement type... »

Conditions :

- être déclarée conformément à la loi 1901 ;
- assurer la liberté d'opinion et respect de la défense ;
- s'interdire toute discrimination illégale ;
- observer les règles déontologiques du sport définies par le CNOSF ;
- respecter les règles d'encadrement, d'hygiène et de sécurité ;
- offrir des structures administratives et d'encadrement technique que requiert la pratique, à tous niveaux, de la discipline sportive pour laquelle elle est constituée.

La fédération sportive agréée participe à l'exécution d'une mission de service public, si elle adopte des statuts comportant certaines dispositions obligatoires des règlements disciplinaires types, l'un pour le domaine sportif, l'autre par la lutte antidopage.

La mission de service public

Conformément à l'obtention de l'agrément, la fédération agréée est chargée de :

- développer et organiser la pratique du sport ;
- promouvoir l'éducation par le sport ;
- assurer la formation et le perfectionnement des cadres bénévoles ;
- délivrer les titres, grades et diplômes fédéraux.

Elle peut déléguer à des instances internes une partie de ses attributions, dans la limite de la compétence territoriale de ces dernières.

En contrepartie, elle reçoit une aide financière de l'État et un concours en personnel (des fonctionnaires du MJS participent à la réalisation de tâches administratives ou techniques). À cet effet, l'État conclut avec elle une convention fixant les objectifs relatifs au développement de la discipline sportive.

La délégation de pouvoir

La délégation est l'acte administratif par lequel le ministre chargé de la Jeunesse et des Sports délègue une partie de ses pouvoirs à la fédération.

Article L.131.14 du code du sport

« Dans chaque discipline sportive et pour une durée déterminée, une seule fédération agréée reçoit délégation du ministre chargé des Sports… »

Cette délégation consiste pour l'État à désigner la fédération qui jouera un rôle moteur privilégié et monopolistique au profit d'une discipline sportive donnée.

Exemples : FF de handball, FF de ski pour le ski alpin, le ski nordique, le ski artistique et acrobatique, le surf des neiges.

Article R.131-28 du code du sport

« La délégation est accordée pour une période courant jusqu'au 31 décembre de l'année au cours de laquelle se déroulent les Jeux olympiques d'été. Toutefois, lorsqu'il s'agit de disciplines sportives inscrites au programme des Jeux olympiques d'hiver ou de celles, qui sans être inscrites au programme des Jeux olympiques, sont pratiquées principalement en hiver, la durée de la délégation est fixée par référence à la date des Jeux olympiques d'hiver… »

La délégation est attribuée, par arrêté du ministre des Sports pour une période de quatre ans (du 1er janvier suivant les derniers Jeux olympiques – olympiades).

Seules les fédérations délégataires peuvent utiliser les appellations de « Fédération Française de… », « Fédération Nationale de… » et « Équipe de France de … ».

La loi prévoit une peine d'amende pour ceux qui, par méconnaissance, utiliseraient abusivement ces termes ou les feraient figurer dans leurs statuts, contrats ou publicités.

Attributions :

- organiser les compétitions sportives à l'issue desquelles sont délivrés les titres internationaux, nationaux, régionaux ou départementaux ;
- procéder aux sélections correspondantes et représenter la France dans les compétitions internationales ;
- pouvoir de créer une ligue professionnelle ;
- exploiter l'image de l'équipe de France ;
- proposer l'inscription sur les listes des sportifs, entraîneurs et arbitres de haut niveau, espoirs et partenaires d'entraînement ;

- définir, dans le respect des règlements internationaux, les règles techniques propres à sa discipline (matériel et services liés à l'organisation de compétitions) ;
- définir le niveau de maîtrise technique de la discipline requis pour la délivrance de diplômes d'encadrement des pratiquants autres que les diplômés d'État ;
- autoriser l'organisation, pour toute personne physique ou morale de droit privé, d'une manifestation sportive d'une discipline relevant de sa délégation ouverte aux licenciés et donnant lieu à récompense ou remise de prix en argent ou en nature (trois mois avant la date fixée, inscription au calendrier fédéral), contribution à la formation des jeunes par prélèvement sur recettes réalisées.

La fédération délégataire jouit :

- d'une exclusivité vis-à-vis de l'État et du public : elle seule est reconnue par l'autorité publique pour développer une discipline sportive pour attribution d'une partie de ses prérogatives de puissance publique ;
- d'un monopole d'affiliation : les associations sportives doivent s'affilier auprès de la fédération délégataire.

L'organisation de la fédération

La fédération est une association de type loi 1901 dont les statuts comportent des dispositions obligatoires (annexe 1-5 de la partie réglementaire du code du sport).

La fédération présente un pouvoir exécutif : l'instance dirigeante (soit comité directeur soit conseil d'administration) et un Pouvoir législatif et de contrôle : l'assemblée générale.

L'assemblée générale

Ces dispositions statutaires obligatoires prévoient que les AG fédérales soient composées par des représentants des associations sportives affiliées. Ils sont désignés, selon le même mode de scrutin, soit en AG des comités départementaux, soit en AG des comités régionaux (ligues). Ces représentants disposent d'un nombre de voix fixé par barème au prorata du nombre de licenciés.

Si la fédération regroupe également des organismes contribuant à son développement (sponsors), ils disposent d'une voix.

L'AG se réunit obligatoirement une fois par an. Elle entend les différents rapports des instances dirigeantes, vote le budget et approuve les comptes, fixe le taux de la cotisation. Elle est seule compétente pour adopter les statuts, le règlement intérieur, les règlements disciplinaires. Elle se prononce sur les acquisitions, échanges et aliénations de biens immobiliers et décide des emprunts.

Les statuts prévoient que l'AG puisse être réunie à l'initiative d'un certain nombre de ses membres.

Les instances dirigeantes

Liberté est laissée aux fédérations de choisir leur organisation interne et les délégations de pouvoir aux diverses instances dirigeantes. Mais les statuts doivent préciser :

- leurs identités (comité directeur, conseil d'administration, bureau directeur, conseil de surveillance...) ;
- la répartition des compétences ;
- le nombre des membres pour chacune d'elles ;
- la présence obligatoire d'un médecin et d'un nombre de femmes proportionnel au nombre de licenciées éligibles.

Exemple : si la fédération a délivré 25 % de licences féminines sur la totalité des licences enregistrées, l'instance dirigeante comprend au minimum, une femme sur quatre membres.

- le mode de scrutin : scrutin nominal ou scrutin de liste ;
- la création d'une commission de surveillance des opérations électorales.

La durée du mandat est de quatre ans (rythme calqué sur l'organisation des Jeux olympiques).

Le président

Les statuts déterminent les conditions de l'élection du président :

- soit par l'AG sur proposition du comité directeur ;
- soit scrutin de liste ;
- soit élection au sein du comité directeur (sans passer par l'AG).

Il ordonne les dépenses et représente la fédération dans tous les actes de la vie civile et devant les tribunaux.

Les commissions

Pour son fonctionnement, la fédération prévoit un certain nombre de commissions chargées d'organiser les activités fédérales, de proposer de nouvelles actions aux instances dirigeantes.

Ces commissions peuvent être différemment nommées suivant les rôles assignés par la fédération.

Exemple : commissions sportives, discipline/arbitrage, formation technique, promotion, communication, finances...

Outre la commission de surveillance des opérations électorales, deux autres commissions sont statutairement obligatoires : une médicale et une des juges et arbitres chargée de la formation et du perfectionnement du corps arbitral.

Les ressources de la fédération

Elles comprennent annuellement :

- les revenus de ses biens ;
- le produit des licences et des manifestations ;
- les subventions d'État, des collectivités territoriales et des établissements publics ;
- le produit des rétributions perçues pour services rendus ;
- la fédération doit, chaque année, justifier auprès du ministre chargé des Sports, de l'emploi des subventions reçues.

Les cadres techniques de la fédération

Afin d'aider la fédération dans ses objectifs d'organisation de sa discipline, le ministère chargé des Sports, recrute des cadres techniques sportifs.

Ces personnels sont des permanents rémunérés par le ministère. Ils sont des agents publics (soit titulaires, soit contractuels), recevant une lettre de missions à réaliser pour le compte du mouvement sportif.

Parmi ces cadres, on trouve le directeur technique national, l'entraîneur national, les conseillers techniques nationaux et régionaux.

Le directeur technique national (DTN)

Technicien sportif de haut niveau, nommé par le ministre, il exerce sa mission en liaison avec le président de la fédération.

Il propose aux élus et met en place un plan de développement de la discipline : les grandes lignes d'une politique sportive, la formation des cadres fédéraux, la promotion de l'élite.

Il assure la coordination des tâches des entraîneurs nationaux.

L'entraîneur national (EN)

Placé sous l'autorité du DTN, il entraîne les équipes nationales, dirige les stages nationaux (cadres et élite sportive).

Le conseiller technique sportif (CTS)

Recruté sur concours, diplômé d'une spécialité sportive, il est un agent itinérant qui intervient soit sur un niveau territorial (région, département) soit sur des missions (formation, détection...).

Ses actions principales sont dirigées vers :
- la formation des cadres ;
- la sélection et la préparation de l'élite ;
- la pratique sportive de masse.

Il peut intégrer une équipe technique régionale, incluant des personnes qualifiées non fonctionnaires et contractualisées avec la structure employeur (le plus souvent une ligue régionale → conseillers techniques fédéraux).

Administrativement, il est placé sous l'autorité administrative et hiérarchique du directeur régional en charge de la Jeunesse et des Sports.

À noter que les CTS ne peuvent entraîner un club sauf si la lettre de mission le prévoit.

Il existe quelques conseillers techniques interrégionaux (CTI) qui coordonnent l'action de plusieurs CTS, ou remplissent les fonctions de CTS pour plusieurs ligues, et des conseillers techniques nationaux (CTN) qui secondent le DTN sur des missions précises : formation, promotion sociale des athlètes, pôles France...

→ La ligue

Appelée également comité régional, elle assure la liaison fédération-comité départemental. Elle seconde la fédération dans la réalisation de son programme, sur le territoire de la région.

Elle est administrée par un président et un conseil d'administration élus, selon des statuts qui, comme les fédérations, comportent des dispositions obligatoires.

> *Article L.131-11*
>
> *« Les fédérations agréées peuvent confier à leurs organes régionaux ou départementaux, une partie de leurs attributions, conformément aux dispositions obligatoires prévues au deuxième alinéa de l'article L.131-8. Elles contrôlent l'exécution de cette mission et ont notamment accès aux documents relatifs à la gestion et à la comptabilité de ces organes. »*

Elle exerce ses pouvoirs administratifs, sportifs et financiers dans le respect des statuts et règlements fédéraux.

Elle met en place des commissions prévues dans le règlement intérieur.

Elle est seule habilitée à organiser des épreuves et à délivrer des titres sur le plan régional.

Le comité départemental

Appelé district (pour le football), le comité départemental regroupe les associations pratiquant la même discipline (affiliées) dans un département.

La création

Voir l'article L.131-11 ci-dessus.

Ses statuts sont une adaptation locale des statuts de la fédération et respectant les dispositions obligatoires. Il s'ensuit que le comité reçoit « délégation de la fédération », pour l'organisation, au niveau local, de la discipline considérée.

Le comité est une association régie par la loi 1901 : il doit être déclaré en préfecture, publié au Journal officiel afin de jouir d'une existence légale. Il est agréé car organe déconcentré d'une fédération agréée.

Les rôles

Il est la cellule départementale représentant la fédération. En ce sens, il a pour but :
- d'organiser, diriger, développer la discipline localement ;
- d'organiser les compétitions entre les associations affiliées ;
- d'animer et de promouvoir la pratique de la discipline (pratique par le plus grand nombre, création de clubs…).

Le fonctionnement

Le comité est administré par un comité directeur élu en assemblée générale, au bulletin secret, selon les dispositions statutaires obligatoires.

En son sein est élu un bureau qui reçoit délégation permanente pour exercer le pouvoir réglementaire d'application des directives générales et fédérales.

Le président est élu par l'assemblée générale à bulletin secret, pour quatre ans sur proposition du comité directeur.

Le comité se structure en créant des commissions : sportive, arbitrage, technique, jeunes, médicale, discipline, finances et de surveillance des opérations électorales (obligatoire dans les statuts) suivant sa volonté et son importance.

Il exerce un pouvoir administratif, sportif et financier dans le respect des règlements fédéraux.

Il est en relation constante avec la ligue dont il dépend et avec la fédération.

La répartition varie fortement selon les caractéristiques des fédérations sportives nationales. Plusieurs raisons expliquent cette disparité : sport olympique ou non, ancienneté de la fédération, nombre de licenciés, nombre de disciplines gérées par la fédération, ressources propres, perspectives de développement (progression du nombre de pratiquants, qualité des résultats au plus haut niveau…).

Évolution du nombre de cadres techniques (DTN– EN – CTS)					
1978	1980	1982	1989	1998	2009
1089	1370	1488	1673	1620	1447

Évolution de la population française					
1962	1970	1981	1990	2000	2006
46 422 000	50 524 000	53 838 000	58 073 553	60 751 000	64 621 000

Évolution du nombre de licenciés (1950-2006)					
Année	Fédérations olympiques	Fédérations non olympiques	Groupements nationaux multisports	Groupements scolaires et universitaires	Total
1950	909 391	400 112	440 756	331 102	2 081 361
1960	1 035 552	2 601 677	505 751	729 901	2 872 881
1970	2 252 655	989 221	696 770	1 297 452	5 236 098
1980	3 824 608	2 478 802	1 108 093	2 089 673	9 501 176
1985	5 999 285	2 335 912	1 366 843	2 320 110	12 022 170
1989	6 222 867	2 435 326	1 157 095	2 557 646	12 372 934
1992	6 605 382	2 866 992	1 470 728	2 625 787	13 568 889
1994	6 619 521	2 104 260	2 723 423	2 652 416	14 099 620

1998	6724047	2153214	2756025	2640721	14274007
2006	7236545	2608056	2323373	2633186	14801160
2007	7460243	2622296	2298196	2720623	15101358

Licenciés par discipline en 2007

Disciplines	Sections de clubs	Licenciés	Part (%) des féminines
FF Football	18165	2320625	3,0
FF Tennis	8460	1094593	32,7
FF Judo	5632	550382	27,4
FFEPGV	7507	546706	93,8
FF Pétanque	6496	360864	15,5
FF Basket	4453	457121	39,1
FF Sports équestres	6711	553560	78,6
FF Randonnée pédestre	3081	191561	61,4
FF Rugby	1659	266016	3,8
FF Golf	1542	383949	29,0

Nombre de licenciés en 2007 (sources MJS)

Fédérations	Sections de clubs	Licenciés	Part (%) des féminines
USEP	10519	855966	50,5
UFOLEP	9707	394152	44,1
UNSS	9609	961067	40,1
FFSU	478	85369	25,7
UGSEL	3370	747096	nd
FSGT	4328	244099	38,7
FFST	289	8315	32,1
FSCF	2030	225016	67,0

nd = non disponible

LE SYSTÈME OLYMPIQUE

Si le réseau fédéral s'est constitué de l'association sportive locale (la base) à la fédération nationale (le sommet) en s'organisant ensuite par la ligue et le comité, nous pouvons écrire que le réseau olympique a suivi un cheminement inverse : du comité international (le sommet) au comité départemental (la base).

Sans faire l'historique détaillé du mouvement olympique, rappelons-en quelques dates importantes.

1894 : au cours du congrès international de la Sorbonne, Pierre de Coubertin crée le premier Comité international olympique (CIO) comprenant quinze membres, considérés comme les ambassadeurs du CIO dans leurs pays respectifs.

Dans chaque pays, un comité national olympique est reconnu. Il est chargé de développer l'idée de l'olympisme (extraits de la Charte olympique) :

- promouvoir le développement des qualités physiques et morales qui sont les bases du sport ;
- éducation de la jeunesse par le sport en vue de la construction d'un monde meilleur ;
- invitation de tous les athlètes du monde à un grand festival quadriennal du sport (les Jeux olympiques d'été et d'hiver).

1908 : fondation du Comité national des sports (CNS).

1911 : fondation du Comité olympique français (COF) représentant les fédérations dites olympiques.

1971 : création du Comité national olympique et sportif français (CNOSF) qui est la fusion du CNS et du COF.

La charte olympique est la codification des principes fondamentaux, des règles et de textes d'application adoptés par le CIO. Elle régit l'organisation et le fonctionnement du mouvement olympique et fixe les conditions de la célébration des Jeux olympiques.

Le Comité international olympique est l'autorité suprême du Mouvement olympique qu'il dirige pour sa promotion, en accord avec la charte olympique.

Il est formé de 114 membres (dont 15 femmes) qui sont ses représentants dans leurs pays respectifs, et non les délégués de leurs pays au sein du CIO.

Actuellement trois membres français siègent au sein du CIO : J.C. Killy, G. Drut, et H. Sérandour (M. Herzog est membre d'honneur).

Le Comité national olympique et sportif français (CNOSF)

Article L. 141-1 du code du sport

« Les associations sportives et les sociétés qu'elles ont constituées, les fédérations sportives et leurs licenciés sont représentés par le Comité national olympique et sportif français. »

Les attributions du CNOSF

Le code du sport consacre le double rôle du CNOSF comme :
- le relais national du CIO en France : gardien de l'olympisme ;
- le représentant du mouvement sportif français et en cela, interlocuteur privilégié des pouvoirs publics.

Le gardien de l'olympisme

À ce titre, le CNOSF :
- représente le CIO en France ;
- a compétence exclusive pour constituer, organiser et diriger la délégation française aux JO et aux compétitions multisports patronnées par le CIO (exemples : jeux méditerranéens – jeux paralympiques) ;
- statue sur l'inscription des athlètes proposés et procède à leur engagement aux JO ;
- détient l'appellation « Équipe de France Olympique » et dispose de l'image collective de cette équipe ;
- est propriétaire des termes :

• Jeux olympiques,

• olympiade,

et s'en réserve l'usage,
- est propriétaire des emblèmes olympiques nationaux (coq tricolore perché sur les cinq anneaux olympiques), de la devise olympique, de l'hymne ;
- définit les règles déontologiques du sport et veille à leur respect.

Le représentant du mouvement sportif

Le CNOSF

- représente le mouvement sportif au sein d'instances consultatives sportives : CNAPS, CNESI (Conseil national des espaces, sites, itinéraires relatifs aux sports de nature) commission du CDNS, du sport de haut niveau, de l'enseignement des APS, de sécurité des enceintes sportives, des examens des normes d'équipements sportifs, du suivi de l'observatoire des activités physiques, des pratiques et des métiers, commission professionnelle consultative des métiers du sport, de l'AFLD, ainsi que d'autres instances comme le conseil économique et social, des conseils nationaux de la jeunesse, de l'éducation populaire et de la jeunesse, de la vie associative... ;

- veille à la promotion équitable des différentes disciplines sportives dans les programmes de radiodiffusion sonore et de télévision ;
- mène les activités d'intérêt commun au nom des fédérations ou avec elles, en possible collaboration avec l'État, les collectivités territoriales ou tout autre partenaire public ou privé ;
- peut déléguer une partie de ses missions aux organes régionaux (CROS) et départementaux (CDOS) ;
- est chargé d'une mission de conciliation dans les conflits opposant les licenciés, les groupements sportifs et les fédérations agréées.

Le COSMOS

Afin de pouvoir organiser la branche professionnelle du sport, le CNOSF a été l'instigateur de la création, en 1997, du conseil social du mouvement sportif (COSMOS). C'est une organisation d'employeurs, de forme associative, présidée par le président du CNOSF. Elle a permis l'instauration d'un dialogue entre partenaires sociaux (employeurs, employés) aboutissant à l'élaboration de la convention collective nationale du sport (CCNS) en 2005 (étendue en 2006).

Poursuivant les objectifs de cette politique, un institut de formation du mouvement sportif (IFOMOS) a été créé, présidé par le président du CNOSF. Il est en charge de l'information, la mobilisation et l'accompagnement du mouvement sportif mais également de l'ingénierie, l'organisation et la réalisation de formations des bénévoles et des salariés.

La conciliation

Elle est obligatoire avant tout recours au juge étatique si la décision contestée résulte de l'exercice de prérogative de puissance publique (fédération délégataire) ou de l'application des statuts (ensemble des fédérations). En matière de sanction provenant de la lutte contre le dopage, il n'y a pas de conciliation possible.

Schéma de la conciliation du CNOSF

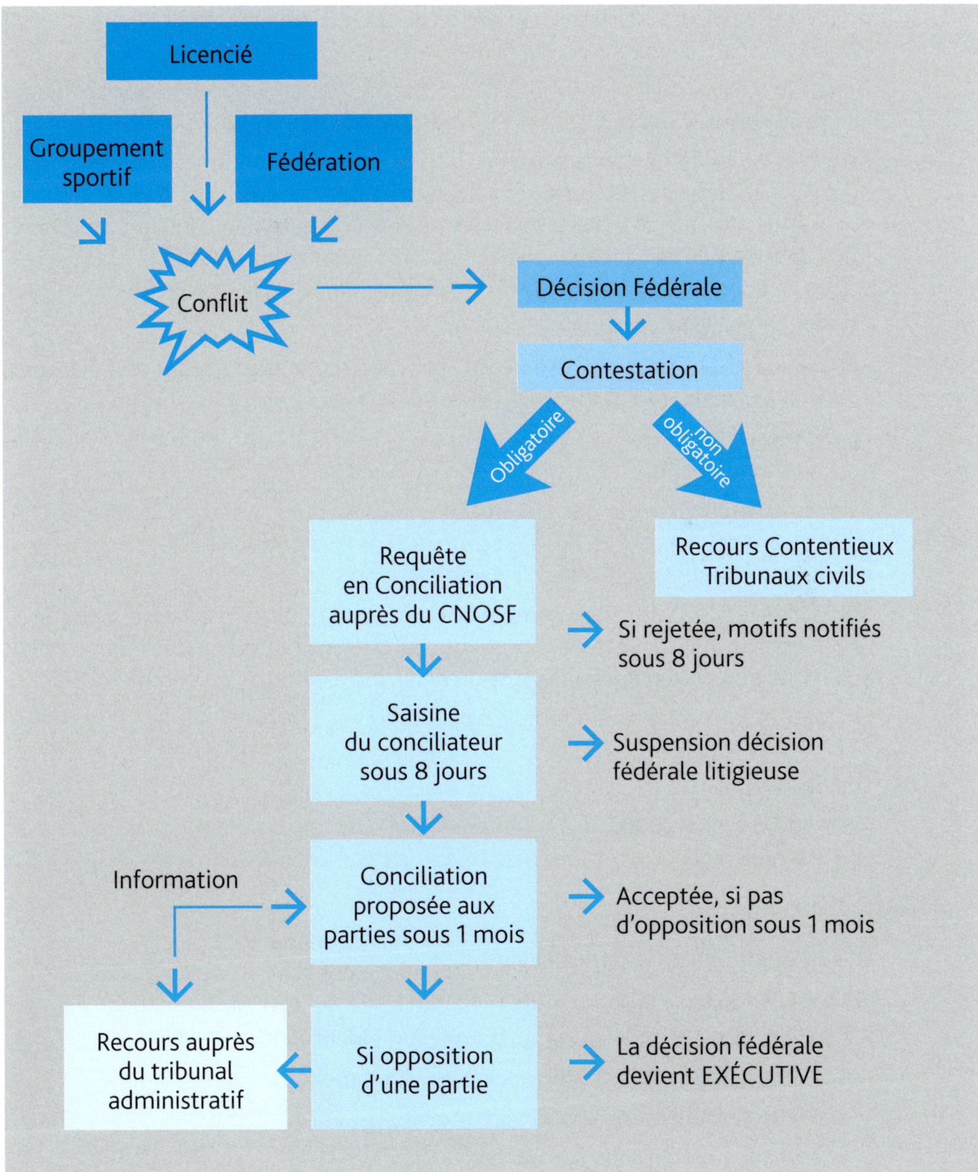

Pour tous autres conflits nés au sein de fédérations ou unions nationales agréées, mais non délégataires, ou même hors du champ purement sportif, la conciliation du CNOSF peut être sollicitée mais elle n'est pas un préalable à tout recours devant le juge.

Depuis la mise en place en 1993, 2814 demandes de conciliations sont parvenues au CNOSF, dont 236 pour l'année 2007 (statistiques au 31 décembre 2007).

Parmi les 2814 demandes examinées, il a été prononcé 589 irrecevabilités ; 2225 dossiers ont été instruits soit 79,1 % des demandes. Sur ces 2225 dossiers, il a été possible de trouver un accord entre les parties en cours de procédure, préalablement à l'audience ou pendant celle-ci, pour 485 dossiers. Ce sont donc 1740 propositions de conciliation, 144 en 2007 qui ont été soumises aux parties avec :

- 1087 propositions acceptées (90 en 2007) ;
- 683 propositions refusées (54 en 2007) dont seules 202 sont (ou ont été) instruites devant les tribunaux compétents ;
- pour toutes les autres, les parties n'ont pas manifesté la volonté de poursuivre devant les juridictions.

Afin de mieux résoudre (et de manière plus rapide) les conflits internes du mouvement sportif, le CNOSF a créé en 2007 une chambre arbitrale pour aider à conclure un compromis, sans qu'il y ait obligation.

En résumé, le CNOSF fait directement ou indirectement tout ce qui est nécessaire au développement de l'idée et de la pratique sportive en France. Il doit être totalement apolitique et ne tolérer aucune pression religieuse, politique, ou commerciale.

Les statuts du comité sont approuvés par décret en Conseil d'État.

Son fonctionnement

Association type loi 1901, le CNOSF a un mode de fonctionnement classique avec une assemblée générale et un conseil d'administration.

L'assemblée générale

Elle est composée de quatre collèges :

- le collège des fédérations unisports olympiques ;
- le collège des fédérations unisports non olympiques ;
- le collège des fédérations multisports ou affinitaires ;
- le collège des fédérations nationales scolaires et universitaires.

Elle se réunit au moins une fois par an.

Le conseil d'administration

Composé de 43 membres élus pour quatre ans (les trois membres actuels du CIO sont membres de droit), il élit un bureau chargé d'appliquer les décisions prises en AG.

Le président est élu directement par l'AG.

→ Le Comité régional olympique et sportif (CROS)

Le CROS regroupe, sur le plan régional, les ligues et les comités régionaux des fédérations adhérentes au CNOSF. Il est en quelque sorte le porte-parole du mouvement sportif régional. Son ressort territorial est harmonisé avec celui des directions régionales chargées de la Jeunesse et des Sports (DRJSCS).

Son but est de coordonner les initiatives locales et promouvoir les idées et les objectifs du CNOSF (lui aussi est constitué sur la base de la loi de 1901).

Le CROS a pour objet de :

- grouper les ligues, comités, ou unions des organismes nationaux membres du CNOSF ;
- représenter le sport régional pour toutes les questions d'intérêt général auprès des pouvoirs publics et des organismes officiels régionaux (exemple : commission territoriale du CNDS) ;
- contribuer au développement du sport et d'en préciser l'esprit ;
- favoriser la promotion des sportifs au plan social ;
- promouvoir la réalisation des infrastructures et des équipements nécessaires aux besoins et au développement des APS ;
- entreprendre toute action susceptible d'apporter aux ligues, comités ou union d'adhérents une aide effective dans leur fonctionnement sur le plan de la recherche, de la prospective, de la documentation, de la propagande... ;
- organiser l'information et la formation des dirigeants sportifs ;
- d'une manière générale, de faire directement ou indirectement tout ce qui sera nécessaire au développement de l'idée et de la pratique sportive dans la région.

→ Le Comité départemental olympique et sportif (CDOS)

(Dans les territoires d'outre-mer, on trouve les CTOS).

Il est l'antenne départementale du CNOSF et applique sa politique au niveau local.

Questionnaire

Pouvez-vous répondre aux questions suivantes ?

1 - Rôles et attributions des directeurs techniques nationaux et des entraîneurs nationaux ?

2 - Rôles respectifs des fédérations, des ligues, des comités départementaux ?

3 - Quelles sont les attributions du CNOSF ?

4 - Missions des conseillers techniques sportifs ?

5 - Il existe des fédérations affinitaires, unisports, multisports, olympiques, reconnues d'utilité publique, scolaires. Pouvez-vous les définir succinctement en donnant un exemple précis pour chacune d'elles ?

6 - Relations entre le club et la fédération à laquelle il est affilié ?

7 - Rôles et attributions des CROS et CDOS.

8 - Organisation et missions d'une fédération.

9 - Relations entre association sportive et comité départemental.

10 - Votre association sportive vient d'être déclarée et vous en êtes le principal animateur :

après avoir rappelé les différents types de fédérations sportives existant en France, quelles solutions envisagerez-vous pour permettre à vos adhérents de pratiquer une discipline sportive selon leurs motivations (compétition, compétition-loisirs, loisirs) ?

11 - Au cours d'une formation fédérale, vous êtes amené à faire un exposé sur le système olympique. Après avoir défini l'organisation et les missions de cette structure, décrivez les relations entre celle-ci et le club sportif de base.

section 2

les acteurs du développement des APS

Chapitre 4

à propos de la décentralisation

La décentralisation est la grande réforme des institutions françaises du XXᵉ siècle. Cette réforme politique fut un des premiers objectifs de la gauche dès son arrivée au pouvoir (mai 1981).

Cet important tournant indique une mutation dans les mentalités et les comportements des élus, des administrations et des citoyens.

Qu'est-ce que la décentralisation ?

Premièrement, il convient d'éviter la confusion entre décentralisation et déconcentration.

La déconcentration

L'autorité centrale, en l'occurrence l'État, ne partage pas ses compétences. Elle délègue des pouvoirs de décision aux représentants locaux du pouvoir central qui sont placés à la tête de diverses circonscriptions territoriales ou de divers services (préfecture, rectorat, inspection d'académie...) : c'est un **acte technique.**

Cette déconcentration a pour but essentiel de « désengorger », de « décongestionner » le pouvoir central et de permettre une démultiplication des possibilités d'actions au niveau local se traduisant par une meilleure efficacité et une plus grande rapidité d'exécution. Cette déconcentration suppose que le pouvoir central peut reprendre ses pouvoirs de décision délégués à un moment, mais susceptibles d'être récupérés à un autre.

La décentralisation

L'autorité centrale **ne délègue plus**, mais **partage** ses pouvoirs avec les collectivités locales. Elle abandonne une partie de ses prérogatives. La décentralisation consiste à remettre le pouvoir à des organes autres que ceux du pouvoir central, c'est-à-dire aux régions, aux départements, aux communautés, et aux communes. Ceux-ci vont devenir des entités autonomes et jouir d'une plus grande liberté. Ils accèdent à un statut d'organismes indépendants. C'est un **acte politique**.

Par cette volonté politique d'élargissement des responsabilités, la décentralisation redonne aux intéressés le pouvoir de décision qui était jusqu'alors conservé par l'État central.

Le droit de s'administrer soi-même, le droit de gestion des affaires locales facilitent la cohérence et l'adéquation des décisions avec la réalité des situations.

Il paraît clair que la décentralisation entraîne une plus grande responsabilisation des élus locaux. Pour en délimiter les contours, il suffit de dénombrer et de répertorier les compétences reconnues, d'analyser les pouvoirs redistribués aux élus locaux ainsi que les moyens financiers et juridiques transférés.

Si l'État redistribue les cartes, il n'en conserve pas moins un droit de regard et de contrôle : c'est la tutelle qui préserve sa souveraineté politique.

Déconcentration

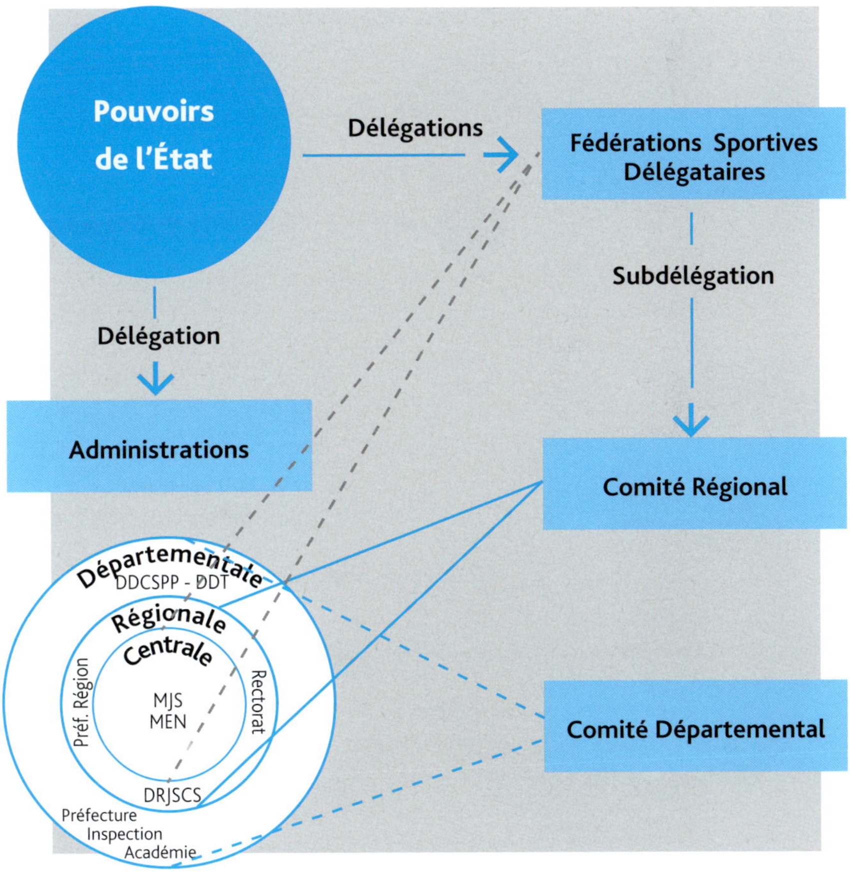

DDCSPP : direction départementale de la cohésion sociale et de la protection de la population
DDT : direction départementale des territoires
DRJSCS : direction régionale jeunesse, sport et cohésion sociale

Décentralisation

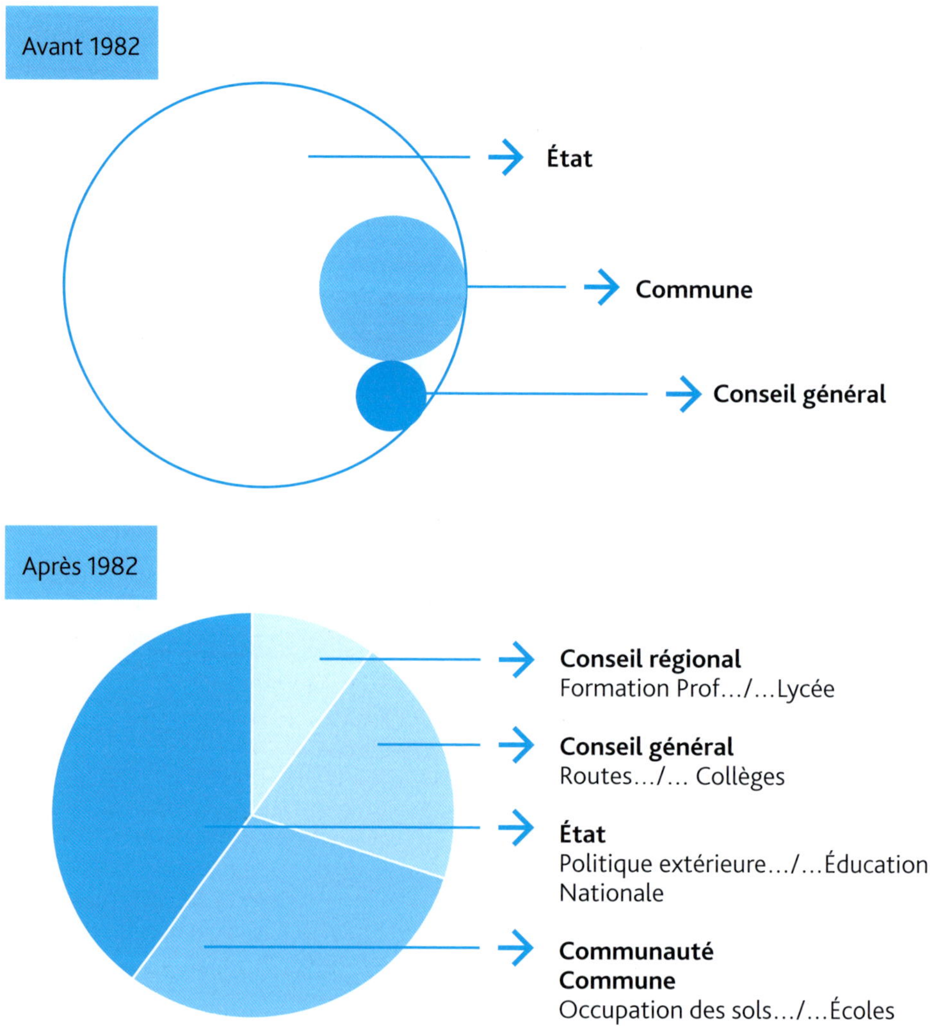

Schématiquement, nous pouvons retenir quatre points essentiels :
- la libre administration des collectivités locales ;
- le transfert de l'exécutif ;
- l'extension des compétences économiques ;
- le partage des compétences entre État et collectivités locales.

La libre administration des collectivités locales

Article L.1111-1 du code général des collectivités territoriales

« Les communes, les départements, les régions s'administrent librement par des conseils élus. »

LA SUPPRESSION DE LA TUTELLE ADMINISTRATIVE

La nouvelle législation supprime le contrôle a priori, c'est-à-dire en amont des décisions. Auparavant, il y avait nécessité d'une approbation préalable du représentant de l'État (préfet). Désormais, il y a contrôle mais a posteriori. D'autre part, ce contrôle ne s'exerce plus que sur la légalité des actes. Donc, plus de jugement préalable sur l'opportunité des décisions prises.

Exemples : la procédure a-t-elle été régulière ? N'y a-t-il pas eu interprétation abusive des textes ?

Le représentant de l'État ne peut plus bloquer certaines décisions. Si, après étude des dossiers, il conclut à une illégalité, il ne peut plus annuler directement l'acte, mais il doit saisir le tribunal administratif, qui lui, est habilité à porter un jugement.

Article L.2131-1 du code général des collectivités territoriales

« Les actes pris par les autorités communales sont exécutoires de plein droit dès qu'il a été procédé à leur publication ou à leur notification aux intéressés, ainsi qu'après leur transmission au représentant de l'État dans le département ou à son délégué dans l'arrondissement. »

LA SUPPRESSION DE LA TUTELLE FINANCIÈRE

Le nouveau contrôle budgétaire fait intervenir la Chambre régionale des comptes.

Les membres de cette chambre sont des magistrats qui jugent l'ensemble des comptables publics des collectivités locales.

Ils vérifient les pièces comptables, s'assurent du bon emploi des fonds et des crédits.

Le préfet saisit la chambre régionale des comptes quand :
- le budget d'une collectivité locale n'est pas voté avant le 31 mars ;

- lorsque le budget est voté en déséquilibre ;
- lorsque l'arrêté des comptes fait apparaître un déficit de 10 % dans le budget.

La chambre régionale émet alors des propositions pour régulariser la situation.

L'ALLÉGEMENT DES TUTELLES TECHNIQUES

L'octroi de prêt ou l'autorisation d'un dossier étaient soumis à l'acceptation d'une norme technique. Présentement, aucun texte ne peut être opposé aux communes sollicitant un prêt ou une aide.

Le transfert de l'exécutif

Le préfet n'est plus l'exécutif du département ou de la région : c'est le président du Conseil général ou régional qui prend ce rôle.

Il prépare et exécute le budget, il est le chef des services administratifs. Cependant, le préfet demeurant le représentant de l'État est délégué du Gouvernement. Il reste détenteur du pouvoir de direction des services extérieurs de l'État sauf pour ce qui est de l'Éducation nationale, la Justice et le Trésor.

Les compétences économiques des collectivités locales sont élargies

Les collectivités locales voient leurs champs de compétence élargis dans le domaine économique, mais sans toutefois avoir entière liberté de manœuvre afin de les préserver de risques financiers excessifs voire d'interventions intempestives en dehors de leurs rôles.

Exemples :
- aides indirectes et directes aux entreprises en difficulté ;
- accord de prêts et garantie des emprunts.

Le partage des compétences entre l'État et les collectivités locales

La loi du 7 janvier 1983 promulgue les principes fondamentaux et les modalités des transferts de compétences entre l'État et les collectivités territoriales ainsi que les moyens afférents.

Chaque niveau de collectivité reçoit une certaine spécialisation :

1 - la commune : l'urbanisme et le logement (elle élabore son plan local d'urbanisme), les transports urbains ;

2 - la communauté : l'exemple de compétence obligatoire est le développement économique sur le territoire ;

3 - le département : l'aide à l'équipement rural, les transports routiers, l'action sociale, l'environnement et l'action culturelle ;

4 - la région : la planification et l'aménagement du territoire, la formation professionnelle ;

5 - l'État : la politique économique et sociale de la nation, la défense de l'emploi, plus toutes les fonctions fondamentales comme justice et sécurité publique, mission éducatrice.

Les transferts de compétence sont assortis des moyens nécessaires résultant d'un ensemble constitué par des transferts d'impôts d'État et deux dotations : la dotation globale de décentralisation (DGD) et la dotation globale d'équipement (DGE).

Autrement dit, l'État s'engage à attribuer aux collectivités concernées, les ressources assurant la compensation intégrale des charges financières dues aux compétences transférées.

→ La décentralisation et l'association sportive

Les perspectives de la décentralisation ont inévitablement modifié les rapports entre l'association et les collectivités locales. Ces changements très importants sont abordés pour la commune, l'intercommunalité, le département et la région dans le chapitre suivant.

Chapitre 5

les organismes publics

LES COLLECTIVITÉS TERRITORIALES

Les lois de décentralisation ont bouleversé la physionomie des relations entre l'association sportive et les collectivités, tant dans le domaine des équipements que dans celui des moyens financiers.

L'un des points essentiels est d'avoir fait des régions, des départements et des communes, de véritables collectivités territoriales à part entière, consacrant une autonomie de leur fonctionnement et un élargissement de leurs attributions et des moyens d'intervention.

Chaque collectivité se trouve chargée de compétences spécifiques. Qu'en est-il dans le domaine du sport ?

Les lois de décentralisation relatives aux droits et libertés des communes, départements et régions ne semblent pas concerner directement les activités sportives. Le sport n'étant pas officiellement décentralisé, chaque collectivité développe, en fonction de ses motivations et de ses moyens, une politique sportive qui lui est propre.

Ainsi, même si le sport n'est pas véritablement inscrit dans la décentralisation, la plus grande liberté accordée est susceptible de se répercuter dans le domaine sportif.

En effet, la notion de décentralisation traduit la volonté de permettre à des collectivités territoriales autre que l'État de gérer leurs propres affaires de manière autonome. D'ailleurs, l'article 100-2 du code du sport le confirme : « *L'État, les collectivités territoriales… contribuent à la promotion et au développement des APS.* »

Qu'est-ce qu'une collectivité territoriale ?

Une collectivité est une personne morale de droit public, apte à accomplir des actes de la vie juridique et fonctionnant en autonomie avec :

1 - des dirigeants élus au suffrage universel direct par les habitants ;

2 - un territoire spécifique ;

3 - des moyens propres, avec la possibilité de lever l'impôt ;

4 - des compétences permettant d'assurer la dépense et la satisfaction des besoins locaux ;

5 - un contrôle a posteriori du pouvoir central pour ne pas entraver l'autonomie locale (contrôle de légalité).

Les communautés, créées plus récemment, ne répondent qu'à quatre des critères précédents. En effet, le conseil communautaire n'est pas élu directement par les administrés mais par les élus des collectivités composant la communauté. Les communautés ne sont donc pas des collectivités territoriales, mais des établissements publics de coopération intercommunale (EPCI) à fiscalité propre.

LA COMMUNE

En France, il y a 36 570 communes dont 183 dans les départements et territoires d'outre-mer (80 % d'entre elles ont moins de 1 000 habitants).

L'administration communale est la cellule la plus proche du citoyen. Elle se compose de deux niveaux :
- le premier, élu, c'est le conseil municipal qui décide des actions ;
- le deuxième, permanent, représenté par le personnel communal qui les exécute.

→ Le conseil municipal

Les conseillers municipaux sont élus au suffrage universel, pour six ans, au mois de mars dans toutes les communes de France. Le nombre de conseillers est fonction de l'importance de la commune (de 9, moins de 100 habitants à 69, plus de 300 000 habitants), mais toujours impair afin de permettre une prise de position lors d'un vote.

Le conseil municipal est l'organe délibératif, c'est lui qui définit la politique sportive municipale. Il détermine les priorités et se donne les moyens de ses ambitions en votant le budget.

Dans les petites communes, les affaires sportives sont réglées directement par le conseil municipal, sans commission intermédiaire.

Les municipalités plus importantes créent un service des sports, dirigé par un maire adjoint délégué aux sports et une commission municipale des sports composée uniquement d'élus.

Le maire et les adjoints

Le maire est élu par le conseil municipal (scrutin majoritaire à trois tours).

Le maire est un agent de l'État. À ce titre, il exerce les responsabilités suivantes (entre autres) :

Sous l'autorité du préfet

- la publication et l'application des lois et règlements ;
- l'organisation des élections ;
- la délivrance de certificats divers (permis de construire, domicile) ;
- l'application de mesures de police.

Sous l'autorité du procureur de la République

Le maire est :
- officier d'État civil (mariage, naissance, décès) ;
- officier de police judiciaire (si pas de commissariat, ni gendarmerie),

Le maire administre la commune, personne morale de droit public.

Il est aidé dans sa tâche par des adjoints. Leur nombre est déterminé par le conseil municipal (de deux à treize). Ils sont d'ailleurs élus de la même manière que le maire qui leur délègue, par arrêté, une partie de ses fonctions. Les tâches d'administration du maire, en tant qu'exécutif de la commune, sont la préparation et l'exécution des délibérations du conseil municipal (ordonnateur des dépenses).

La commission municipale des sports

Elle réunit sous l'autorité du maire ou de son adjoint, les conseillers municipaux intéressés par le domaine sportif. Elle examine tous les dossiers relatifs à la pratique sportive et fait un travail préparatoire d'études afin d'aider à la prise des décisions du conseil municipal.

Le service municipal des sports

Ce service est facultatif suivant la taille et l'importance des communes. Il est placé sous l'autorité de l'adjoint délégué aux sports, qui est chargé de représenter la commune pour tout ce qui concerne les questions sportives : équipement, animation, personnel, subventions.

Il paraît évident de souligner que chaque municipalité a sa propre politique sportive tant pour ce qui concerne l'équipement sportif (gymnase, piscines, stades) que l'animation locale (écoles de sport, opérateurs et éducateurs territoriaux des APS, subventions aux associations).

Le club et la commune

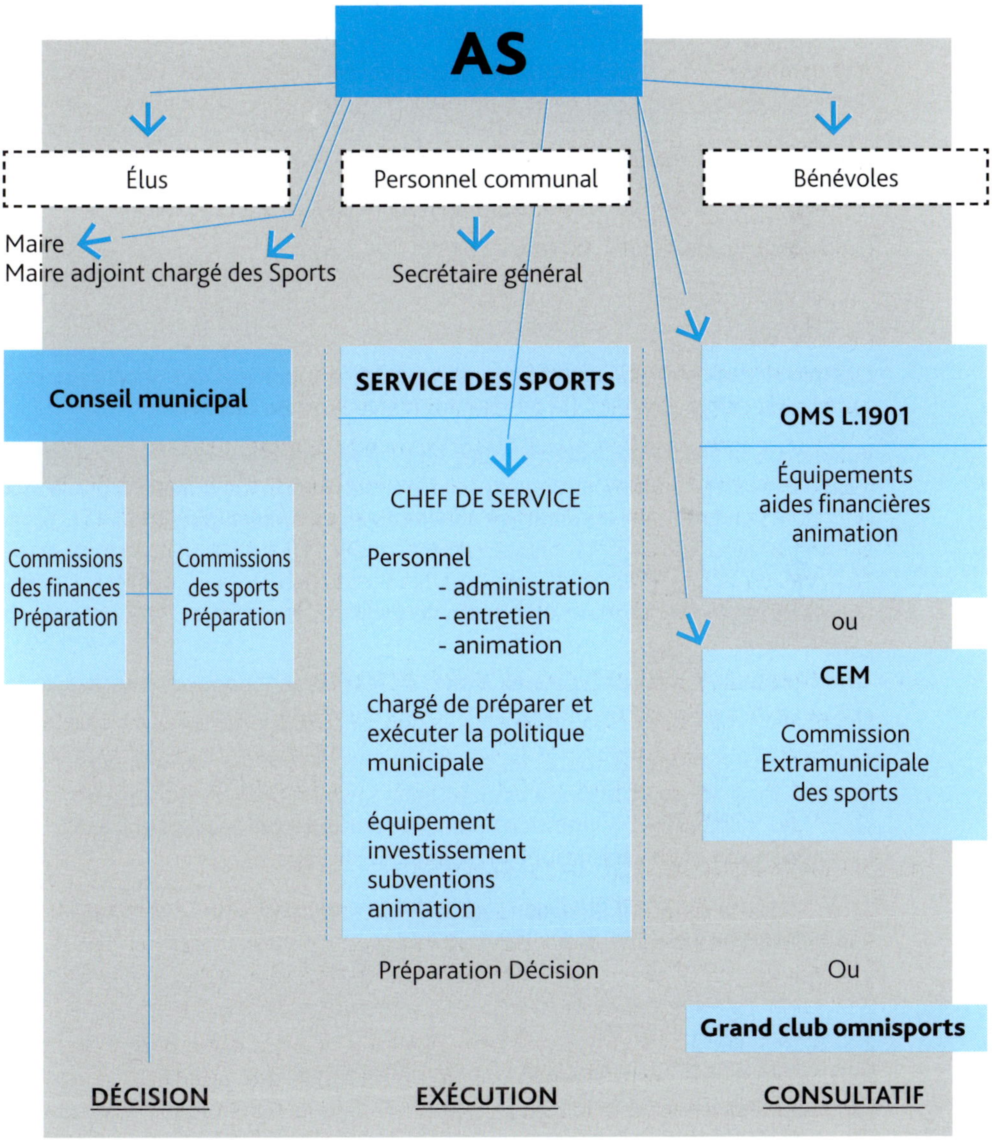

→ La concertation avec le mouvement sportif

La commission extramunicipale des sports

Afin de ne pas « court-circuiter » des responsables d'associations, membres extérieurs au conseil municipal, cette commission a une composition élargie, permettant l'intégration de personnalités locales. La mise sur pied d'une telle commission démontre la volonté de concertation des élus.

Son rôle est de proposer des solutions répondant aux situations locales.

Rappelons que c'est le conseil municipal qui tranche.

L'office municipal des sports (OMS)

Organisme non officiel, non obligatoire, cet office municipal des sports est une association de type loi 1901 (le premier fut créé à Brest en 1930).

Adhérent à la fédération nationale des OMS (FNOMS créée en 1958) cet office respecte les statuts types, élit un conseil d'administration, un bureau. Il procède à l'élection d'un président et réunit ses adhérents en assemblée générale.

Sa composition est double :

- des membres de droit : maire et conseillers municipaux représentant la collectivité ;
- des représentants des associations locales et des personnes portant intérêt à la vie sportive locale (médecins, enseignants, chefs d'entreprise ...).

Son rôle est de regrouper toutes les personnes s'intéressant au développement du sport, de faire des propositions à la municipalité (répartition des subventions, utilisation des installations, suggestions pour l'animation, organisation de manifestations type sport pour tous, gestion de centres médicosportifs ...).

Il est donc l'interlocuteur privilégié auprès de la municipalité pour tout ce qui traite du sport au sein de la cité.

La commune est ainsi en relation directe avec l'association sportive locale pour :

- construire un équipement ;
- mettre à disposition du personnel (animation sportive) ;
- soutenir financièrement (subvention) ;
- aider à l'organisation de manifestations.

Un grand club omnisports

Quelquefois, l'histoire locale amène à ce qu'une association existante permette cette concertation sans qu'il soit nécessaire de créer une nouvelle structure spécifique.

Les élus peuvent inciter les pratiquants d'une nouvelle discipline à créer une nouvelle section au sein du club local plutôt qu'une association indépendante.

L'INTERCOMMUNALITÉ

Si la commune est le maillon de base du territoire français (36 570 communes soit 40 % des communes de l'Union Européenne à 25 membres), il y a eu des tentatives de regroupement pour pallier certaines difficultés → c'est la notion d'intercommunalité.

Les objectifs visés sont :
- un remède à l'émiettement communal ;
- une organisation plus rationnelle du territoire ;
- un regroupement de moyens dispersés ;
- un développement économique local ;
- un aménagement du territoire ;
- une gestion plus homogène...

Sont alors apparus des syndicats de communes (sans fiscalité propre cependant).

- Le SIVU (syndicat à vocation unique) est une association de communes regroupées pour gérer une seule activité d'intérêt communal, comme l'assainissement ou la gestion de l'eau. En 2007, il y avait 12 149 SIVU recensés.
- Le SIVOM (syndicat à vocation multiple) dont l'objectif est la gestion de plusieurs activités comme les ordures ménagères, le tourisme, l'adduction et la gestion de l'eau. En 2007, il y avait 1501 SIVOM recensés.
- Le syndicat mixte associant une collectivité (département, région) avec des communes, pour gérer des services communs. En 2007, 2740 syndicats mixtes recensés.

Devant cette multiplicité de structures, la loi du 12 juillet 1999, a clarifié l'intercommunalité en ne retenant plus que trois types de coopération entre les communes.

1) La *communauté urbaine* : ensemble de communes de plus de 500 000 habitants, sur un espace d'un seul tenant, sans enclave. En 2007, on recensait 14 communautés urbaines.

2) La *communauté de communes* : en 2007, 2400 recensées.

3) La *communauté d'agglomérations* : association de communes urbaines regroupant sur un espace sans enclave plus de 50 000 habitants. En 2007, on recensait 169 communautés d'agglomérations.

Ces trois structures sont des établissements publics de coopération intercommunale (EPCI) dont la création se fait en trois temps :
- initiative de plusieurs conseils municipaux ou initiative du préfet ;
- arrêté du préfet qui en délimite le périmètre → l'EPCI ne comporte aucune enclave pour assurer continuité et cohérence ;
- décision des communes concernées dans un délai de trois mois.

Leur fonctionnement est basé sur :
- un président élu parmi les délégués des communes ;
- une assemblée délibérante rassemblant les délégués des communes choisis parmi les conseillers municipaux ;
- un échéancier de réunions (au moins trimestrielles).

Ces EPCI ont une fiscalité propre (ils peuvent lever des impôts). Chacun d'eux a des compétences particulières (obligatoires ou optionnelles).

Ce paysage intercommunal s'est encore compliqué par l'apparition d'une autre structure : le *pays*.

Crée par la loi du 4 février 1995 (loi Pasqua) redéfini par la loi du 25 février 1999 (loi Voynet) et consolidé par la loi du 2 juillet 2003 (loi urbanisme et habitat), un pays est créé à l'initiative de communes ou de communautés de communes :

> *« Lorsqu'un territoire présente une cohésion géographique culturelle économique ou sociale, à l'échelle d'un bassin de vie ou d'emploi, les communes ou les établissements publics de coopération intercommunale à fiscalité propre qui le composent ont vocation à se regrouper en pays. » (Loi urbanisme et habitat.) Cette loi précise que « l'État et les collectivités locales tiennent compte du projet du pays pour l'organisation des services publics. »*

Le pays doit respecter les limites des communautés de communes. Il s'adjoint un conseil de développement composé des représentants des milieux économiques, sociaux, culturels et associatifs. Le pays n'a pas de compétences particulières mais a pour mission de définir un projet de territoire consigné dans une charte décomposée en (loi Voynet de 1999) :
- un diagnostic de la situation actuelle du pays ;
- son évolution depuis vingt ans ;

- les orientations de développement pour les dix ans à venir ;
- les mesures à mettre en œuvre pour le projet envisagé ;
- le dispositif d'évaluation des actions à mener.

La signature d'un contrat de pays avec l'État, la région ou le département, permet de coordonner les actions et de concentrer les moyens pour la réalisation de la charte du développement du pays.

En 2006, il y avait 358 pays couvrant 80 % du territoire national.

En conclusion, l'ensemble de l'intercommunalité au sens large regroupe plus de 55 600 assemblées où siègent des élus, désignés par les électeurs pour les uns, choisis par les conseilleurs municipaux pour les autres.

(N.B. : c'est pourquoi aujourd'hui on parle d'un « millefeuille » de structures administratives dont certains souhaitent une simplification par une diminution de leur nombre).

Quelle concertation avec le mouvement sportif ?

Les lois de décentralisation relatives aux droits de libertés des communes, départements, régions et autres structures d'intercommunalité n'ont pas concerné directement les activités sportives. Le sport n'étant pas décentralisé, chaque collectivité développe en fonction de ses motivations et de ses moyens, une politique sportive qui lui est propre.

Ainsi les dirigeants du mouvement sportif ont tout intérêt à rencontrer les décideurs des structures intercommunales pour envisager les aides potentielles pour le développement de leurs groupements associatifs (équipement, animation, formation, emploi…).

LE DÉPARTEMENT

Ils sont au nombre de 96 en France métropolitaine et 4 en outre-mer.

→ Le conseil général

Les conseillers généraux sont élus au suffrage universel pour six ans, un conseiller par canton.

Tous les cantons ne sont pas renouvelés en même temps, mais une moitié seulement tous les trois ans est à nouveau élue.

Les conseillers se réunissent au moins une fois par trimestre, à la convocation du président. Des sessions extraordinaires (deux jours) peuvent avoir lieu.

Les services extérieurs de l'État coordonnent leurs actions avec l'assemblée départementale et peuvent, à leur demande, servir de conseillers auprès des élus.

Des commissions sont créées au sein de l'assemblée départementale : éducation – action sociale – jeunesse – culture-sports – transports... Elle crée également un bureau avec président, vice-président, secrétaire. Son acte essentiel est le vote du budget, qui met en lumière les priorités dégagées et retenues dans le domaine des APS.

Le conseil général peut créer son propre service des sports.

Il élabore sa politique sportive en toute indépendance et souveraineté.

→ Le président du conseil général

Il est l'exécutif du département.

Il est élu pour trois ans.

Il dispose d'une administration et de locaux distincts de ceux du préfet.

Il réunit l'assemblée départementale, prépare ses travaux et exécute ses délibérations.

Il est l'ordonnateur des dépenses du département, prescrit l'exécution des recettes (taxes, vignette auto).

→ La concertation avec le mouvement sportif

Elle s'établit sensiblement suivant le même schéma qu'au niveau régional.

Ses interlocuteurs sont les comités départementaux et le CDOS.

Ces aides peuvent s'orienter vers :
- les subventions d'investissement (constructions d'équipements) ;
- les subventions de fonctionnement ;
- l'encadrement (animateurs, cantonaux par exemple) et aide à l'emploi ;
- la promotion de certaines activités (écoles de sports) ;
- la formation de cadres ;
- le haut niveau et les manifestations exceptionnelles.

LA RÉGION

La France compte 25 régions (dont 4 outre-mer) et une collectivité territoriale à statut particulier (la Corse).

Article L.4131-1 (code des collectivités territoriales)
« Les régions sont des collectivités territoriales. Elles sont administrées par un conseil régional élu au suffrage universel direct. »

Article L.4131-2
« Le conseil régional par ses délibérations, le président du conseil régional par l'instruction des affaires et l'exécution des délibérations, le conseil économique et social régional pas ses avis, concourent à l'administration de la région. »

Article L.4211-1
« La région a pour mission, dans le respect des attributions des départements et des communes et, le cas échéant, en collaboration avec des collectivités et l'État de contribuer au développement économique, social et culturel de la région par… »

Les assemblées

Le conseil régional

Les conseillers régionaux sont élus au suffrage universel pour six ans. Les règles de fonctionnement du conseil régional sont calquées sur celles du département. Un des actes essentiels est constitué par le vote du budget qui permet de concrétiser les volontés et les objectifs de l'assemblée : aide sociale, équipement, enseignement…

Son rôle est la planification, essentiellement dans le domaine du développement économique, social et culturel (pas de concurrence avec départements et communes).

« Le conseil régional concourt à l'élaboration et à l'exécution du Plan de la nation, élabore et approuve le plan de la région. Il concourt dans le cadre de ses compétences à l'aménagement du territoire » (article 28 loi du 7 janvier 1983).

La région est chargée de l'aménagement du territoire, de la formation et de la promotion ainsi que du développement économique et touristique.

Le conseil économique et social

Organisme à rôle consultatif, il donne des conseils et des avis qui peuvent ne pas être suivis par l'assemblée régionale.

Ses membres (entre 40 et 110) sont désignés pour six ans parmi des représentants d'entreprises, de syndicats et de personnalités régionales. Le mouvement sportif (CROS) peut y être représenté.

Le président du conseil régional

Il est élu pour trois ans, lors de chaque renouvellement de la moitié des conseillers. Il représente l'exécutif de la région.

Il réunit l'assemblée régionale, prépare les travaux et exécute les délibérations. Il est l'ordonnateur des dépenses et le chef des services régionaux.

→ La concertation avec le mouvement sportif

Le conseil régional détermine sa propre politique en matière sportive. Il peut créer son propre service des sports ou demander l'aide technique et les conseils des services de la Direction régionale de la jeunesse, des sports et de la cohésion sociale (DRJSCS). Les actions développées en faveur du sport se situent essentiellement dans quatre domaines : l'enseignement, la formation professionnelle, les interventions sportives, la communication. Le tourisme est aussi un domaine important (valorisation régionale au travers des infrastructures de loisirs sportifs).

N.B. : arrondissement et canton ne sont pas des collectivités territoriales mais seulement des circonscriptions de l'État.

L'arrondissement est une division territoriale qui regroupe plusieurs cantons en France : 339 arrondissements dont 12 outre-mer.

Le canton est une division territoriale de l'arrondissement, 3839 cantons dont 124 outre-mer (parfois le canton correspond à une seule commune).

Exemples : 15 cantons dans le territoire de Belfort, 79 dans le département du Nord. Le canton constitue une circonscription électorale pour l'élection des conseillers généraux.

Questionnaire

Pouvez-vous répondre aux questions suivantes ?

1 - Qu'est-ce qu'une collectivité territoriale ?

2 - Que peut attendre le mouvement sportif du conseil régional?

3 - Quel est le rôle du président du conseil général ?

4 - Qu'est-ce que l'adjoint aux sports d'une commune ?

5 - Rôles d'un OMS.

6 - Qu'est le service municipal des sports ?

7 - Relations du club avec la commune, le conseil général ?

L'ÉTAT

AVANT-PROPOS

Lancée en juin 2007 par le président de la République, la révision générale des politiques publiques (RGPP) vise à changer en profondeur l'organisation de l'administration française. Annoncée comme une démarche de modernisation totalement nouvelle, elle concerne le contenu de l'action publique ainsi que les administrations publiques. Cette volonté de réformer et de moderniser l'État (à l'horizon 2012) répond à une triple exigence :

- simplifier l'organisation administrative pour la rendre plus efficace ;
- valoriser la qualité du service public et offrir de meilleures perspectives aux agents publics ;
- diminuer les dépenses publiques en offrant un moindre coût pour les contribuables.

La RGPP est basée sur les axes de modernisation suivants :

- adaptation des missions de l'État aux défis du XXIe siècle ;
- amélioration des services aux citoyens et aux entreprises avec simplification, proximité, réactivité et innovation ;
- simplification de l'État dans son organisation et son processus ;
- responsabilisation des agents par la culture du résultat ;
- rétablissement de l'équilibre des comptes publics.

Cette restructuration n'en est donc qu'à ses premières expérimentations pour devenir opérationnelle en janvier 2010. Les changements pour le champ jeunesse et sports cible une déconcentration des missions et une clarification des responsabilités entre les différents échelons central, régional et départemental avec notamment :

- une simplification des structures territoriales par une intégration des services jeunesse et sports dans des ensembles plus vastes :
  - au niveau régional, création de huit pôles dont l'un s'appellera direction régionale, jeunesse, sport et cohésion sociale,
  - au niveau départemental, création seulement de deux directions interministérielles,
- des impacts importants sur les missions des services régionaux et départementaux :

• le pilotage des politiques est l'échelon régional,
• la limitation du saupoudrage des subventions,
- la refonte du réseau des établissements avec le renforcement de la tutelle du ministère sur les opérateurs, la redéfinition des missions des CREPS et le resserrement du réseau des établissements (suppression à terme de certains CREPS).

La structure ministérielle Jeunesse et Sports se compose de :

1) l'administration centrale (siège du ministère ou secrétaire d'État suivant la volonté du Gouvernement) ;

2) les services déconcentrés :
- établissements administratifs (directions régionales et départementales),

3) les établissements publics de formation.

PREMIÈRE PARTIE : L'ADMINISTRATION CENTRALE

→ Historique

Pour la première fois en 1852, la « gymnastique » apparaît dans les préoccupations des pouvoirs publics avec la création de l'École de Joinville : première école de cadres, chargée de former des moniteurs sous le contrôle de l'armée.

De 1880 à 1920, le phénomène « gymnastique » reçoit des alliés de choix dans la promotion des activités physiques : le sport avec la naissance des clubs et des fédérations, avec le développement de la vie associative, grâce à la loi de 1901, mais aussi avec la construction progressive d'un grand ministère, celui de l'Instruction publique.

Si bien qu'un chargé de mission de ce ministère, après la Première Guerre mondiale, publie un rapport intitulé « Amélioration et développement de l'EPS » dans lequel est mentionné, entre autres propositions, la création de comités académiques (les futures directions régionales). Ce rapport était signé : Pierre de Coubertin.

Le développement des principaux sports, la création des fédérations et l'engouement pour la compétition font que l'État perçoit la nécessité de créer une structure centrale.

Celle-ci sera ballottée d'un ministère à un autre (voir chapitre « L'association sportive et ses partenaires : un peu d'histoire », p. 116).

L'organigramme de l'administration centrale actuelle

À nouveau affirmés dans le code du sport (art. L.100-2), le développement, l'enseignement et l'animation des APS sont intégrés dans la politique du Gouvernement : c'est le ministre chargé de la Jeunesse et des Sports qui doit conduire et gérer cette pratique. Rappelons pour mémoire que les missions relatives à l'EPS sont revenues en 1982 au ministère de l'Éducation nationale.

Suivant les volontés Gouvernementales, la Jeunesse et les Sports sont rattachés à diverses structures ministérielles (voir pages 118-119).

Le ministre (ou secrétaire d'État)

Il est proposé par le Premier ministre et nommé par le président de la République. Ses attributions lui sont confiées par décret.

Le ministre est aidé dans sa tâche par un cabinet où sont regroupés des techniciens de l'administration, pour l'aider et le conseiller à élaborer une politique pour son département ministériel (bureau du cabinet).

L'Inspection générale (IG)

Elle est composée de hauts fonctionnaires, responsables de :
- missions d'inspection ;
- missions de contrôle, de conseil et d'évaluation ;
- missions de coordination interministérielle ;
- missions d'études.

Le bureau de la communication

Il est responsable de la promotion, de la diffusion et de l'exploitation des actions entreprises, des campagnes publicitaires (lutte contre le dopage, dispositifs « défi-jeunes » ou « fête du sport »).

Le service à compétence nationale pour la préparation olympique et paralympique (POP)

Ce service est chargé de la préparation des athlètes des équipes nationales en vue de la représentation de la France aux JO et aux Jeux paralympiques.

Les grandes directions

Directement rattachées au ministre.

La direction des sports (DS)

Elle est chargée de promouvoir les APS sous toutes leurs formes et pour tous les âges : haut niveau, masse, pratiques individuelles.

À ce titre :

- elle assure la tutelle administrative des fédérations ;
- elle travaille en liaison avec l'Éducation nationale (sport scolaire) ;
- elle est chargé des certifications et de la professionnalisation de l'encadrement sportif ;
- elle gère l'aide aux fédérations et associations sportives ;
- elle gère le haut niveau (filières d'accès, suivi professionnel ...) ;
- elle promeut le sport pour le plus grand nombre ;
- elle coordonne et organise la médecine du sport ainsi que la lutte antidopage ;
- elle gère et contrôle l'utilisation des crédits d'État ;
- elle veille à la promotion des relations internationales ;
- elle facilite l'insertion sociale et professionnelle des athlètes ;
- elle élabore les textes législatifs et réglementaires.

La direction de la jeunesse, de l'éducation populaire et de la vie associative (DJEPVA)

Elle est chargée de promouvoir toutes actions en faveur de la jeunesse et de l'éducation populaire, d'élaborer et de mettre en œuvre la politique menée en faveur de la vie associative, en liaison avec le haut-commissariat à la Jeunesse.

À ce titre :

- elle gère et contrôle l'aide de l'État dans ce domaine ;
- elle établit la réglementation des centres de vacances (appelés accueils collectifs de mineurs aujourd'hui) ;
- elle participe à l'aménagement des rythmes de vie de l'enfant ;
- elle a compétence pour promouvoir la vie associative et l'organisation des loisirs ;
- elle prépare des actions ayant pour but d'aider les jeunes à concevoir et réaliser leur projet ;
- elle participe à la prévention, l'insertion sociale et professionnelle des jeunes ;
- elle veille à promouvoir les relations internationales.

La direction des ressources humaines de l'administration et de la coordination générale (DRHACG)

- Elle prépare et met en œuvre la gestion des ressources humaines et notamment le recrutement, la promotion, la mutation et la gestion des personnels.
- Elle organise les services centraux et territoriaux, assure la coordination administrative juridique et financière.
- Elle met en œuvre les réformes de la modernisation administrative.

La réforme budgétaire du ministère chargé des Sports

Afin de mieux comprendre les aides potentielles que les partenaires du mouvement sportif peuvent attendre du MJS, il nous faut aborder, de manière schématique, la nouvelle architecture des crédits publics.

En effet le MJS a adopté la réforme budgétaire initiée par la loi organique relative aux lois de finances (LOLF) dont l'axe prioritaire est la clarification des politiques publiques en fixant des objectifs à chaque administration qui doit alors rendre compte de ses résultats devant le Parlement.

Pour permettre une meilleure lisibilité, la LOLF dessine une nouvelle architecture du budget de l'État qu'elle structure en trois niveaux : missions – programmes – actions.

Les missions

Elles sont un ensemble de programmes concourant à une politique publique définie par le Gouvernement. Elles se déclinent par ministères mais aussi dans une perspective interministérielle.

Les programmes

Ils sont la déclinaison en « *crédits destinés à mettre en œuvre une action ou un ensemble cohérent d'actions relevant d'un même ministère et auquel sont associés des objectifs précis, définis en fonction de finalités d'intérêt général, ainsi que des résultats attendus et faisant l'objet d'une évaluation* ».

Ainsi un budget opérationnel de programme (BOP) est la segmentation d'un programme déclinant sur un périmètre ou un territoire les actions, les objectifs et les indicateurs de performance (résultats chiffrés) auquel il se rattache.

Le BOP est une déclinaison des objectifs, une précision des crédits alloués et des dépenses répétées, une description des résultats attendus, avec des indicateurs précis pour la mesure des résultats, un énoncé des acteurs pour la mise en œuvre. (L'unité opérationnelle – UO – est le service gestionnaire d'un BOP.)

Les actions

Elles sont les outils de réalisation des programmes.

Exemple du MJS dans le projet de loi de finances pour 2008 (1048 M d'euros).

Trois programmes sont assignés au MJS :

- un programme « sport » (474 M d'euros) décliné en :
• promotion du sport pour tous (258 M d'euros),
• développement du sport de haut niveau (178 M d'euros),
• prévention par le sport et la protection des sportifs (18 M d'euros),
• promotion des métiers du sport (20 M d'euros),

- un programme « jeunesse et vie associative » (132 M d'euros) décliné en :
• développement de la vie associative (18 M d'euros),
• jeunesse (57 M d'euros),
• éducation populaire (45 M d'euros),
• protection des jeunes (2 M d'euros),
• promotion de l'animation et de l'encadrement associatif (18 M d'euros),

- un programme « conduite et pilotage de la politique du sport, de la jeunesse et la vie associative » (442 M d'euros) qui a pour buts :
• la poursuite et la rénovation de la gestion des ressources humaines,
• la modernisation et l'optimisation du fonctionnement des services,
• la gestion dynamique du patrimoine de l'État,
• l'utilisation des technologies de l'information et la télécommunication.

Organisation de l'administration centrale du ministère de la Santé et des Sports

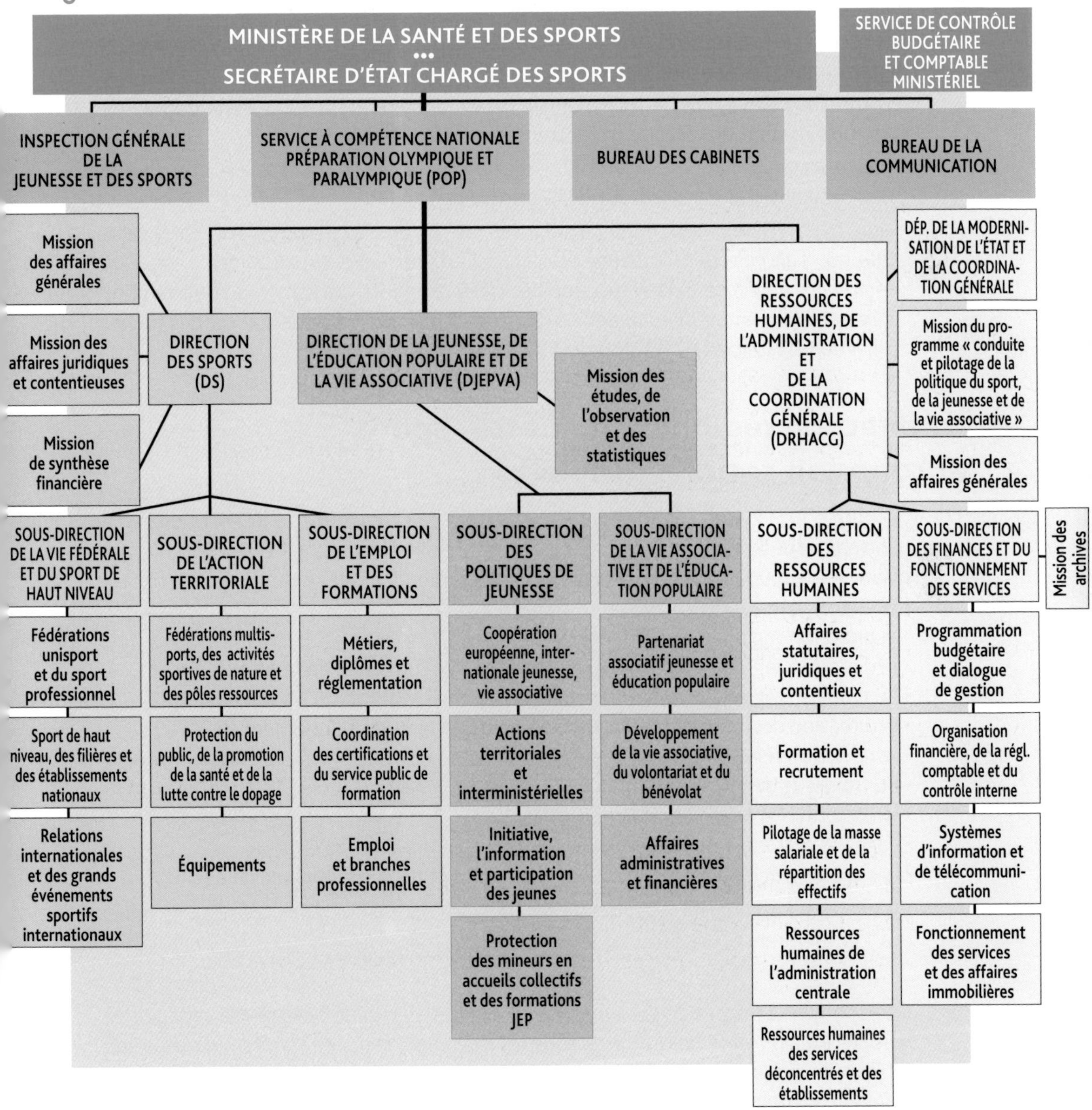

DEUXIÈME PARTIE : LES SERVICES DÉCONCENTRÉS

Les services déconcentrés comprennent les structures ministérielles régionales et départementales (ex-directions jeunesse et sports).

Les missions des services déconcentrés se font maintenant dans deux domaines, suite notamment aux lois de décentralisation. Elles exercent :

- « au plan régional et départemental, les compétences du ministère », ceci sous la responsabilité du représentant de l'État (préfet) ;
- « *un rôle de préparation et d'exécution de la politique sportive départementale ou régionale qui peut leur être confié par les exécutifs départementaux ou régionaux* » ceci sous la responsabilité des présidents des conseils régionaux ou généraux (signature de convention de mises à disposition pour réaliser des tâches communes) (décret n° 94-169 du 25 février 1994).

→ La direction régionale jeunesse, sports et cohésion sociale* (DRJSCS)

Comme nous l'avons annoncé en avant-propos de ce chapitre, la RGPP bouleverse l'ancien cadre de l'administration déconcentrée des services de l'État. Ainsi, l'organisation régionale type reposera sur huit structures (circulaire du Premier ministre n° 5316/SG du 7 juillet 2008) :

- la direction régionale des finances publiques ;
- la direction régionale de l'alimentation, de l'agriculture et de la forêt (DRAAF) ;
- la direction régionale des affaires culturelles (DRAC) ;
- la direction de l'environnement, de l'aménagement et du logement (DREAL) ;
- la direction régionale des entreprises, de la concurrence et de la consommation, du travail et de l'emploi (DIRECCTE) ;
- le rectorat d'académie ;
- l'agence régionale de santé (ARS) ;
- la direction régionale de la jeunesse, des sports et de la cohésion sociale (DRJSCS).

Ce schéma d'organisation régionale sera adapté dans les régions spécifiques telles que l'Ile-de-France, la Corse, les régions d'outre-mer.

** À noter que le Conseil de l'Europe définit la cohésion sociale comme « la capacité de la société à assurer le bien-être de tous ses membres, incluant l'accès équitable aux ressources disponibles, le respect de la dignité dans la diversité, l'autonomie personnelle et collective et la participation responsable ».*

L'un des principes retenu est que le niveau régional est le niveau de pilotage de droit commun des politiques publiques de l'État sur le territoire pour lesquelles le préfet de région a autorité sur les préfets de département.

La DRJSCS, composée de l'ex-DRJS et de la partie de la direction régionale de l'action sanitaire et sociale qui n'a pas rejoint l'agence régionale de santé, installée au chef-lieu de région, exerce, au niveau régional, entre autres compétences, celles du ministère Jeunesse et Sports.

Il y a 22 DRJSCS.

Avertissement : la mise en place définitive de la RGPP étant à échéance des années 2010-2012, la restructuration des échelons territoriaux (régional et départemental) ne permet pas, à ce jour (décembre 2008) de connaître toutes leurs attributions. C'est pourquoi, nous exposons celles qui existent actuellement en pensant qu'elles peuvent être incluses dans les nouvelles structures envisagées.

Attributions et missions

La formation

La DRJSCS est l'autorité académique dans le système de formation et de certification des secteurs sport et de l'animation.

Elle est la coordination de l'ensemble des formations dispensées dans la région. Elle concourt à la mise en place du service public de formation. Elle s'appuie sur le CREPS en tant qu'opérateur, les directions départementales, l'Université et le mouvement sportif.

Elle cherche à promouvoir ces actions de formation auprès des collectivités et des entreprises.

Ses fonctions principales sont :
- la définition des besoins de formation ;
- l'habilitation des sessions de formation ;
- l'organisation de jurys d'examens et de certifications sportifs (BPJEPS, BEES, BAPAAT, DEJEPS, DESJEPS) et de jeunesse et d'éducation populaire (BAFA, BAFD, BEATEP, DEFA) ;
- la coordination des dispositifs pour l'emploi en relation avec le CREPS.

La gestion

- La DRJSCS assume la gestion et l'animation des BOP régionaux « Sport » et « Jeunesse » (voir LOLF, page 171).

- Au niveau régional, elle gère le CNDS. Le délégué territorial CNDS est le préfet de région, son adjoint est le directeur régional jeunesse, sports et cohésion sociale. La commission territoriale du CNDS s'appuie sur les services de la DRJSCS pour instruire et décider des arrêtés de répartition de la part « territoriale » du CNDS, pour étudier les demandes de subvention renseignées par les associations sportives et pour transmettre les avis au CNDS et aux intéressés.

Les services régionaux et les collectivités décentralisées

La direction régionale est mise en tant que de besoin à la disposition de l'exécutif régional. Elle peut, elle aussi, se voir confier une mission de préparation et d'exécution de la politique menée dans le domaine des activités physiques et sportives par la collectivité décentralisée.

Les modalités à suivre dans l'exécution des missions privilégieront les principes de cohérence du service et de coordination des actions. En ce sens, l'efficacité et l'impact en sont d'autant plus notables que les opérations sont conçues et réalisées dans le cade d'un programme annuel d'actions coordonnées pour le sport.

Autrement dit, la direction régionale doit rechercher la cohérence et la complémentarité entre les initiatives prises par les collectivités, les associations, les établissements scolaires et universitaires.

Les autres missions

- Préparation des programmes d'équipements sportifs ou socioéducatifs et de loisirs par l'État dans la région.
- Élaboration du plan régional de médecine du sport et mise en œuvre des actions de prévention de contrôle du dopage : élaboration d'une pratique du sport de haut niveau.
- Information jeunesse.

La DRJSCS assure une coordination, dans le cadre de la LOLF, de la constitution des BOP territoriaux au niveau régional.

- Les conseillers techniques sportifs : spécialistes d'une discipline (titulaires du BEES 2), ils sont chargés du développement de leur sport en étroite relation avec le comité correspondant.

La direction départementale de la cohésion sociale et de la protection de la population (DDCSPP)

Sous réserve des adaptations particulières à l'Ile-de-France, à la Corse et à l'outre-mer, l'administration départementale sera structurée de la manière suivante (circulaire du Premier ministre n° 5316/SG du 7 juillet 2008) :

- la préfecture ;
- la direction départementale des territoires (DDT) constituée à partir de la DD de l'équipement et de la DD de l'agriculture ;
- l'inspection académique ;
- la direction départementale des finances publiques ;
- la direction départementale de la cohésion sociale et de la protection de la population (DDCSPP) ;
- les services chargés de la sécurité intérieure.

Dans les départements dont l'importance démographique où les nécessités en matière de cohésion sociale ou de politique de la ville le justifieront, une direction départementale de la cohésion sociale (DDCS) sera constituée.

À noter que les missions de la préfecture de département demeurent le représentation et la permanence de l'État, l'exercice des fonctions régaliennes (contrôle administratif et respect des lois), le pilotage des services déconcentrés, l'exercice des prérogatives publiques, la sécurité intérieure et la sécurité civile, la réglementation générale des libertés publiques, la gestion de l'immigration et le fonctionnement de la démocratie locale.

La DDCSPP assure les missions de veille sanitaire et de sécurité dans les domaines de l'alimentation et de la protection des consommateurs et les fonctions liées à la cohésion sociale : politique de la ville, urgences sociales et hébergement, politiques d'insertion, action en faveur du sport, de la jeunesse et de la vie associative, lutte contre les discriminations, les drogues et la toxicomanie, accueil des demandeurs d'asile.

Les missions de la cohésion sociale sont assurées par le regroupement des services de la cohésion sociale de la DDASS, des services de la préfecture chargés des questions sociales, du service départemental pour le droit des femmes et l'égalité et de la DDJS.

La DDCSPP exerce donc, au plan local, les compétences du ministère J.S.

Il y a 96 services départementaux, 4 d'outre-mer, 5 services dans les territoires d'outre-mer.

Avertissement : comme pour le niveau régional, les maquettes des missions n'étant pas définitivement connues, nous exposons les attributions des anciennes directions départementales jeunesse et sports, dont nous pensons qu'elles seront intégrées dans les nouvelles DDCSPP.

Les attributions et les missions

Elles sont axées suivant quatre grandes directions : le contrôle, la gestion, l'animation, la formation.

Le contrôle

La direction départementale a des pouvoirs généraux de réglementation, de contrôle et de police administrative. Même si les associations sportives s'administrent en toute liberté, elle doivent se soumettre à certaines obligations légales : contrôle de l'utilisation des subventions, conditions d'exercice des éducateurs sportifs, conditions d'exploitation des salles (hygiène, salubrité et sécurité).

De plus la direction départementale est consultée pour émettre un avis lors d'organisation de manifestations particulières (comme motocyclisme, automobilisme, parachutisme) et lorsque celles-ci se déroulent sur la voie publique (courses cyclistes, pédestres). Son avis est également sollicité lorsqu'un projet d'équipement sportif est envisagé. En tant que cellule départementale du ministère JS, la DDCSPP assure le contrôle administratif technique et pédagogique des APS, de jeunesse et d'éducation populaire et de loisirs. Elle veille au respect des normes techniques, d'hygiène et de sécurité ainsi que la qualification de ceux qui les encadrent, conditions d'exercice des professions du sport et du loisir des jeunes, accueils collectifs de mineurs, établissements où s'exercent des APS...)

Elle met en œuvre des politiques de prévention et d'insertion et participe à l'élaboration des politiques éducatives territoriales et aux actions d'information des jeunes.

Elle participe au recensement des équipements sportifs, espaces et sites de pratique.

La gestion

Celle-ci s'effectue à différents niveaux.

LES CRÉDITS D'ÉTAT

La LOLF décline les crédits régionaux et départementaux en budgets opérationnels de programme (BOP). La DDCSPP reçoit une délégation de crédits spécifiquement affectés vers des actions préalablement définies. Elles sont l'adaptation locale des missions et programmes du MJS.

Exemple : le BOP « Jeunesse » :

- développement de la vie associative ;
- promotion des actions en faveur de la jeunesse :
• aide au réseau information-jeunesse,
• participation des jeunes à la vie publique,
• dispositif « Envie d'agir » : défi-jeunes, fonds d'aide à l'initiative des jeunes,
• les échanges internationaux des jeunes,
- promotion des actions en faveur de l'éducation populaire :
• soutien aux projets associatifs à dominante culturelle et à dominante sociale,
- protection des jeunes : rénovation des accueils collectifs de mineurs ;
- promotion de l'animation et de l'encadrement associatif ;
• accompagnement de la formation des bénévoles,
• accompagnement de l'emploi.

Les associations sportives, d'éducation populaire et de jeunesse agréées peuvent concevoir un projet déclinant l'un de ces objectifs et prétendre obtenir une subvention.

LES CRÉDITS DU CENTRE NATIONAL DE DÉVELOPPEMENT DU SPORT (CNDS)

La DDCSPP instruit les dossiers de demande de subventions du CNDS et recueille des avis sur les demandes CNDS à la commission territoriale du CNDS.

Pour plus d'informations, voir le chapitre « Le financement des pratiques », dans le paragraphe « Subventions de l'État » page 206.

LES DOSSIERS DE L'EXAMEN

La direction départementale reçoit et instruit tous les dossiers relatifs aux différents diplômes d'éducateurs ou d'animateurs dans les domaines de la jeunesse, du sport et de l'éducation populaire (vérification des pièces, transmission des dossiers aux centres d'examen), ainsi que les demandes d'agrément des associations sportives et d'éducation populaire.

L'animation

Elle est une des missions du service d'animation sportive qui regroupe l'ensemble des personnels exerçant au sein de la direction départementale (conseillers d'animation sportifs).

Le rôle de ce service est la promotion de la vie sportive locale.

Cette promotion peut être recherchée en favorisant les relations entre le sport scolaire et les clubs sportifs locaux, ainsi que le développement des AS de jeunesse et d'éducation populaire. En aménageant le temps scolaire pour favoriser la pratique sportive en relation étroite avec le ministère de l'Éducation nationale.

Cette mission d'animation interagit avec les initiatives prises par les collectivités, les associations, les établissements scolaires, les entreprises. La convergence et la complémentarité sont recherchées.

Notons que l'animation directe des personnels Jeunesse et Sports n'est concevable qu'à titre transitoire, pour inciter et soutenir la constitution et le développement d'associations. La formation de cadres est plus profitable et assure la pérennité des actions entreprises.

La formation

Sous la responsabilité de la DRJSCS, les personnels de la DDCSPP peuvent participer à la mise en place de formations.

Cette formation de cadres est dirigée vers les diplômes d'État permettant rémunération, formation qui relève de la responsabilité du ministère Jeunesse et Sports (BEES, DEFA, BEATEP, BAPAAT, BPJEPS, DEJEPS, DESJEPS).

Elle s'adresse également à la préparation des diplômes fédéraux en liaison avec le mouvement sportif, pour la formation des cadres bénévoles (animateur, initiateur).

Elle peut aussi s'orienter en direction des milieux enseignants, à la demande des services du ministère de l'Éducation nationale (professeurs des écoles, professeurs EPS).

Le personnel de la direction départementale de la cohésion sociale et de la protection de la population

Trois catégories de personnels œuvrent dans les services chargés de la Jeunesse et Sports :
- le personnel d'inspection ;
- le personnel administratif ;
- le personnel d'animation et de formation.

Le personnel d'inspection

Le responsable du service en charge des missions liées au champ de la jeunesse et des sports peut être un inspecteur Jeunesse et Sports. Il est placé sous l'autorité hiérarchique du préfet.

Personnels de catégorie A, il participe à la mise en œuvre et à l'évaluation des politiques publiques arrêtées par le ministre Jeunesse et Sports. Il est chargé de l'inspection ainsi que du contrôle administratif technique et pédagogique des organismes qui concourent à leur mise en œuvre.

En résumé :
- missions de conseil, d'étude de recherche dans les domaines de la jeunesse, l'éducation populaire, les APS, les loisirs collectifs éducatifs et de la vie associative ;
- encadrement dans les services et établissements publics ;
- organisation des examens et des concours.

Le personnel administratif

Composé des secrétaires et agents de bureau, ce service assure l'ensemble du suivi des tâches administratives.

Le personnel d'animation et de formation

Recruté par voie de concours (professeur de sport ou conseiller d'éducation populaire et de jeunesse), il peut comprendre également des fonctionnaires détachés (professeurs EPS, professeurs des écoles, conseillers territoriaux des APS...) :
- les conseillers d'animation sportive sont une des forces vives de la DDCSPP chargés de l'animation et de la formation. Très souvent polyvalents, ils exercent leurs missions suivant leurs qualifications ;
- les conseillers d'éducation populaire et de jeunesse (CEPJ) : sont des personnels polyvalents, chargés de la promotion et de l'animation des loisirs quotidiens, de la formation aux métiers de l'animation, de l'aménagement du temps, des programmes d'insertion des jeunes.

Les services déconcentrés départementaux et les collectivités territoriales

Ils sont mis en tant que de besoin à la disposition des exécutifs départementaux. Ils peuvent se voir confier une mission de préparation et d'exécution de la politique menée dans le domaine des APS par la collectivité décentralisée.

Du fait qu'ils apparaissent comme le point d'application des actions de l'État, de collectivités territoriales, des associations, il leur appartient de favoriser la synergie des actions dans le domaine du sport, de la jeunesse et de l'éducation populaire.

Les communes, ayant acquis de nouvelles compétences, se voient attribuer une dotation globale d'équipement à partir de laquelle elles font un choix d'investissement. Par là même, les subventions ministérielles n'existent plus. La direction départementale a une mission générale de conseils auprès des collectivités locales.

Les autres attributions de la direction départementale chargée de la Jeunesse et des Sports

La direction départementale doit également œuvrer dans le domaine de la vie associative et de la jeunesse.
C'est-à-dire qu'elle est chargée des programmes touchant aux loisirs, aux vacances, à l'information et à l'insertion professionnelle et sociale des jeunes ainsi qu'aux rencontres internationales :
- programme « loisirs quotidiens » ;
- opérations « vacances » pour les jeunes défavorisés qui ne peuvent quitter leur cadre de vie habituel ;
- implantation de centres d'information jeunesse ;
- échanges internationaux ;
- aménagement du temps.

Le MJS développe une politique de soutien à l'emploi associatif et à la formation des bénévoles en s'appuyant sur différents moyens.

1/ Le fonds de coopération de la jeunesse et de l'éducation populaire (FONJEP)
Ce fonds réunit des financeurs publics et des associations dans le but de faciliter la rétribution de personnels remplissant des fonctions d'animation et de gestion (employés par les associations). Le FONJEP est une aide à l'emploi à travers un projet associatif.

Ce fonds (crée en 1964) est aussi à la disposition des collectivités locales et des établissements publics. Il soutient plus de 6 000 emplois dans les associations nationales et locales (dont la moitié attribuée par le MJS).

2/ Le conseil et le développement de la vie associative (CDVA)

3/ Le centre de ressources et d'information des bénévoles (CRIB)
Crée dans chaque département à l'issue des états généraux du sport (2002), le CRIB participe à la mise en réseau des partenaires œuvrant dans le domaine de l'information, du conseil et de l'expertise. Il offre des informations concrètes, un accompagnement de conseils sur l'administration, la vie statutaire, la comptabilité et la fiscalité associatives et toutes les questions relatives à l'emploi.

4/ Le délégué départemental à la vie associative (DDVA)
Le délégué départemental à la vie associative (le DDCSPP en aura certainement la charge) oriente les priorités sur :
- la formation des bénévoles et des dirigeants associatifs ;
- l'engagement et la participation des jeunes ;
- l'emploi associatif,
- l'élargissement de la MAIA (voir ci-après).

5/ La mission d'accueil et d'information des associations (MAIA)

Elle a pour mission, elle aussi, d'informer et d'apporter un appui de proximité aux associations, composée de représentants des services de l'État. Elle est pilotée et animée par le DDVA.
Elle se veut être le centre d'un réseau de lieux-ressources à la disposition des partenaires intervenant dans la vie associative.

6/ Le pôle « vie associative »

La DDCSPP devient le centre d'accueil de déclaration des associations (en lieu et place des anciens services de la préfecture) et sera un lieu d'informations et de renseignements sur la vie associative.

TROISIÈME PARTIE : LES ÉTABLISSEMENTS PUBLICS DE FORMATION

Les établissements publics de formation sont (article R.113-3 du code du sport) :
1 - l'Institut national du sport et de l'éducation physique (INSEP) ;
2 - l'École nationale d'équitation (ENE) ;
3 - l'École nationale de voile et des sports nautiques (ENV) ;
4 - l'École nationale de ski et d'alpinisme (ENSA) ;
5 - les Centres d'éducation populaire et de sport (CREPS).

Ainsi le ministre chargé des Sports dispose de :

- 24 CREPS (22 en métropole), mais la RGPP devrait en revoir le nombre ;
- 3 écoles nationales (ENE, ENSA, ENV) ;
- 2 instituts (INSEP et INJEP) ;
- un musée national du sport ;
- un centre national pour le développement du sport (CNDS) ;
- une agence de lutte contre le dopage.

Ces établissements publics participent à la mise en œuvre de la politique nationale du ministère pour :

- la formation du sport et de l'animation socioéducative ;
- la promotion des APS, de l'éducation populaire et des loisirs ;
- l'accueil des pôles de haut niveau ;
- la préparation des athlètes et leur formation professionnelle ;
- la constitution des « pôles ressources nationaux ».

L'Institut national du sport et de l'éducation physique (INSEP)

Il est situé 11, avenue du Tremblay – 75012 Paris.

L'INSEP a été créé par l'article 8 de la loi du 29 octobre 1975. Il a succédé à l'Institut national des sports (INS) et à l'École normale supérieure d'éducation physique (ENSEP). C'est un établissement public de l'État, placé sous la tutelle du ministre chargé des Sports.

Il est géré par un conseil d'administration et par un directeur, nommé par arrêté ministériel.

Son organisation comprend un secrétariat général et trois départements.

- Le secrétariat général : le secrétaire général est nommé par le ministre, par arrêté. Il assiste le directeur et coordonne les actions des différents départements (sauf la recherche).

- Le département de haut niveau qui a pour missions :
• de contrôler les conditions d'admissions et de maintien à l'INSEP des sportifs présentés par les organismes compétents ;
• de regrouper les athlètes de haut niveau qui veulent poursuivre leurs études ou recevoir une formation professionnelle en bénéficiant des conditions d'entraînements de l'INSEP ;
• d'organiser pour les fédérations sportives, des stages d'entraînement et les regroupements des équipes nationales.

Il traite de l'ensemble des problèmes techniques relatifs aux différentes disciplines et ayant trait à l'entraînement de tous les athlètes en séjour à l'INSEP.

- Le département de la formation, il a pour missions :
• d'assurer la formation générale indispensable à l'insertion professionnelle des athlètes accueillis à l'INSEP ;
• d'organiser les études scolaires des athlètes ;
• d'assurer la préparation générale et technique des athlètes aux diplômes fédéraux, aux diplômes d'État, aux carrières de professeurs de sport ;
• de donner une formation supérieure (diplôme INSEP).

- Le département médical :
• il assure un service de traitement, de traumatologie sportive et de rééducation, un service de surveillance médicale, de direction des aptitudes, de contrôle médical et de prévention ;
• l'environnement médical des athlètes de haut niveau est confié à une équipe spécialisée ;

• le département médical mène des activités de recherche dans le domaine de la médecine du sport.

En outre, il existe un département de recherche scientifique : c'est une mission de recherche scientifique fondamentale et appliquée en matière pédagogique, médicale et technique qui s'exerce au sein de chaque département.

L'Institut national de la jeunesse et de l'éducation populaire (INJEP)

Implanté à Marly-le-Roi, cet établissement public d'État a pour mission, dans le domaine de l'éducation populaire et de la jeunesse, de concourir à la formation et à l'information des responsables professionnels et bénévoles, favoriser le développement de la vie associative, concourir au développement de la coopération internationale et de conduire des activités de recherche.

N.B. : la RGGP vise la fermeture prochaine de cet établissement.

L'École nationale de ski et d'alpinisme (ENSA)

Implantée à Chamonix, elle est le plus ancien des établissements nationaux (arrêté du 25 septembre 1953, JO du 19 janvier 1954).

Elle assure la formation initiale et permanente des cadres professionnels et bénévoles du ski alpin et de l'alpinisme. Elle permet l'accueil, la formation et le perfectionnement des athlètes français et étrangers.

Elle assure, dans l'enseignement des techniques de secours, la formation des pisteurs-secouristes et des sauveteurs en montagne.

Elle mène aussi des activités de recherche appliquée dans le domaine de la médecine des sports de montagne.

Elle développe des échanges internationaux dans le cadre de l'enseignement et du savoir-faire français.

L'École nationale de voile (ENV)

Elle est située à Beg-Rohu, à Saint-Pierre-Quiberon (Morbihan).

Établissement public, il a pour missions :

- l'élaboration d'une doctrine en matière de navigation sportive à la voile et de pédagogie appliquée à la pratique de la voile ;

- la formation et le perfectionnement des personnels d'encadrement et des entraîneurs destinés aux bases régionales, aux clubs et aux écoles, aux clubs et aux écoles de voile ;
- la formation du personnel enseignant du ministère Jeunesse et Sports ;
- le perfectionnement des équipes de France de voile (Pôle France) ;
- la formation et l'entraînement des clubs de bord et des équipages de croisière et de course-croisière représentant la France ;
- la constitution d'un centre de documentation et de recherche dans le domaine de l'enseignement nautique et la pratique de la voile en France.

L'École nationale d'équitation (ENE)

Elle est implantée à Saumur.

Établissement public national placé sous la tutelle du ministre chargé des Sports, il intéresse également les ministères des Armées et de l'Agriculture.

Il a pour missions :
- former et perfectionner les cadres supérieurs de l'équitation ;
- préparer les équipes nationales ;
- constituer un centre de documentation dans le domaine de l'enseignement et la pratique de l'équitation ;
- assurer le maintien et le développement de l'équitation française ;
- les présentations du Cadre Noir de Saumur.

Les CREPS

Les centres d'éducation populaire et de sport, originellement chargés de la formation initiale et continue des enseignants d'EPS ont changé de mission (1982), les 24 CREPS (dont 2 outre-mer) sont devenus :

- un outil de déconcentration de la politique nationale : le sport de haut niveau avec des Pôles France et Espoirs, la formation des cadres sportifs et socioéducatifs, la recherche ;
- un instrument de l'animation et de la promotion sportive régionale par la mise à disposition d'installations et de cadres :
- • aux ligues et comités sportifs ;
- • aux associations sportives de jeunesse et d'éducation populaire pour l'organisation de stages.

La RGGP envisage une révision de l'implantation du nombre de CREPS (fermetures de certains d'entre eux) et un recentrage de leurs missions (notamment la formation).

Les autres établissements

Le Centre national de développement du sport (CNDS)

Établissement public national à caractère administratif placé sous la tutelle du ministre chargé des Sports, il a pour missions :

- le développement de la pratique pour tous publics (au travers de subventions aux AS et groupements sportifs répartis au plan régional et départemental) ;
- l'aménagement du territoire dans le domaine sportif (au travers de subventions d'équipements aux collectivités territoriales et aux AS) ;
- la promotion et le rayonnement international du sport français.

Le musée du sport

Établissement public national à caractère administratif placé sous la tutelle du ministre chargé des Sports, il a pour missions l'étude et la présentation au public du fait sportif et du patrimoine qui s'y rapporte dans les dimensions historique, scientifique, artistique, sociologique ou technique ainsi que la mise à disposition de documentation.

L'agence française de lutte contre la drogue : page 90

Questionnaire

Pouvez-vous répondre aux questions suivantes ?

1 - Relations entre la direction départementale de la cohésion sociale et de la protection de la population et les comités sportifs et départementaux.

2 - Rôles et attributions de l'INSEP.

3 - Rôles et attributions des CREPS.

4 - Missions des services chargés de la jeunesse et des sports dans une DDCSPP.

5 - Organisation schématique du sport en France.

6 - Animateur et principal responsable d'une AS fonctionnant déjà depuis deux ans, faites un inventaire des principaux partenaires pouvant vous aider dans la réalisation des buts.

L'association sportive et ses partenaires

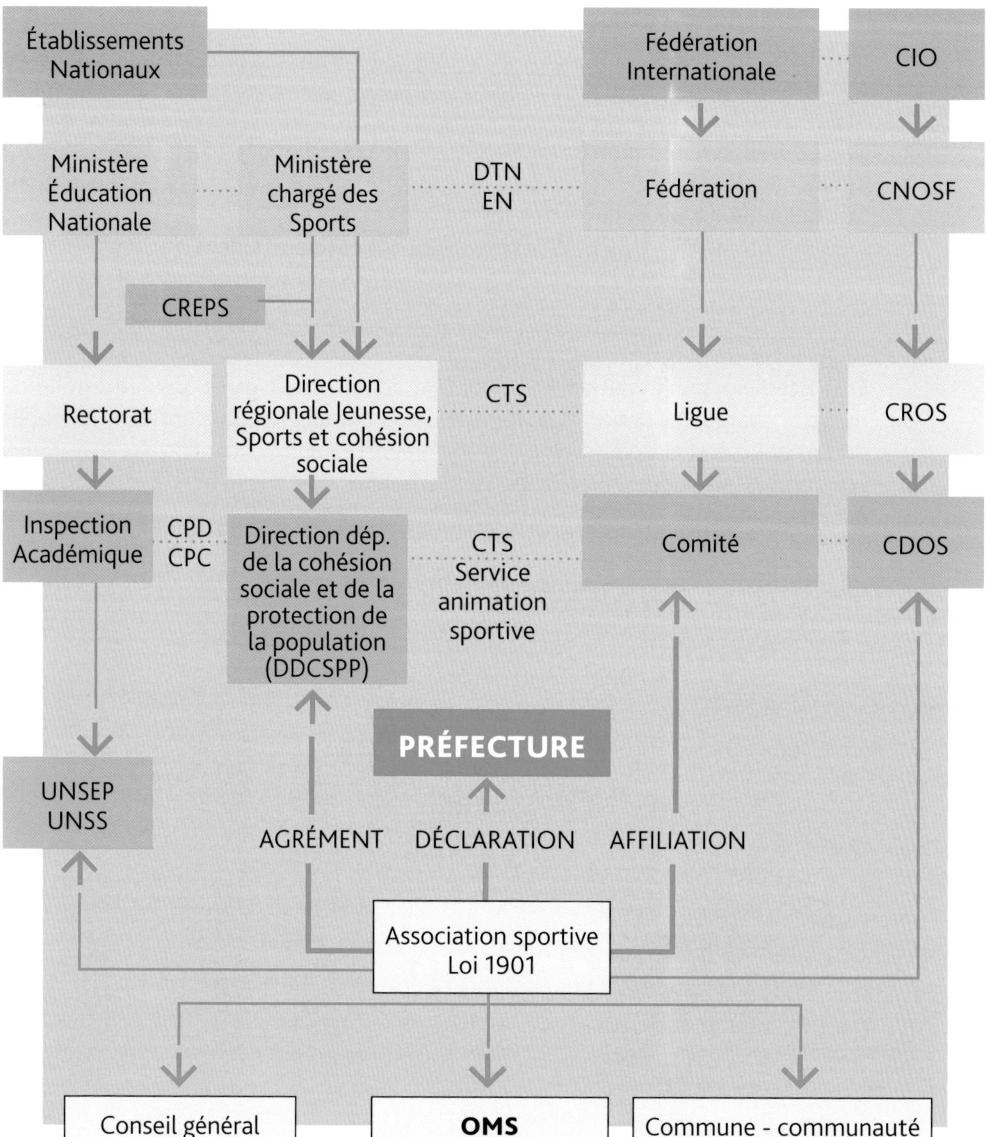

Chapitre 6

les organismes privés

LE SYSTÈME ASSOCIATIF

(Voir « Le mouvement sportif » dans la première partie du chapitre 2 p. 37).

Les associations sont la base de l'ensemble du système sportif français. D'après les récentes estimations réalisées par Fabre et Muller (*12 millions de bénévoles : la vie associative en 2002*, INSEE) le socle de bénévoles du secteur associatif serait de l'ordre de 12 millions. Si l'on ajoute 1,6 millions de salariés dans 120 000 associations-employeurs, le total est de 13,6 millions de citoyens associatifs actifs.

Kaltenbach (*Associations lucratives sans but*, Denoël) explique que la vie associative française s'est développée en quatre vagues successives.

1 - Les premières années du XXe siècle : profitant de la loi 1901, nouvellement créée, de nombreuses activités de charité d'obédiences confessionnelles vont adopter des nouveaux statuts d'association (hospices, hôpitaux, patronages...).

2 - Le Front Populaire : émergence des activités de jeunesse et de groupements collectifs (grands mouvements du monde enseignant et syndical : ligue de l'Enseignement, fédération Léo Lagrange...).

3 - La Libération : c'est le développement associatif tous azimuts concernant sports, parents d'élèves, loisirs récréatifs (pêche, chasse...), administrations... (10 000 à 15 000 associations par an).

4 - Après 1975 : véritable « boum » (70 000 créations d'associations en 1992) dans tous les domaines possibles.

Cette multiplication d'associations a largement contribué au développement des APS et à renforcer les bases du mouvement fédéral sportif. Nous renvoyons le lecteur au chapitre 1 de la section 1 « Organisation du sport en France » p. 37 afin de maîtriser la structure administrative de l'association.

LES SOCIÉTÉS COMMERCIALES

Elles représentent des entreprises gérant de APS à but lucratif, offrant des services à vocation sportive pour une clientèle privée : salle de musculation, club de golf, de tennis...

L'attirance actuelle pour les activités de loisirs sportifs se prolonge naturellement pendant les congés annuels. Il est particulièrement à la mode d'occuper son temps libre à la pratique d'activités physiques. Des entreprises de tourisme, de vacances, de loisirs proposent des séjours alliant détente et sports. Elles permettent l'emploi très souvent saisonnier d'éducateurs sportifs spécialisés, notamment dans le domaine du plein air : ski, voile, plongée, tir à l'arc... (Voir section 4, chapitre 14 p. 257).

*N.B. : *l'utilisation du mot « société » dans la dénomination de la structure n'implique pas que sa forme juridique soit automatiquement dans le champ commercial lucratif.*

Exemple : « société de tir de Châteauroux » → c'est une association de type loi 1901, à but non lucratif. Cette appellation est ancienne puisque le mot « société » était très souvent donné en lieu et place du mot « association », au début du siècle (société de gymnastique, société musicale...) et les plus anciennes de nos associations sportives ont conservé cette dénomination.

Il faut également noter que le public peut se tromper quant à l'origine exacte d'une association.

Exemple : comité départemental de tourisme.

C'est, dans la plupart des cas, un office de tourisme relevant d'un conseil général, d'un syndicat de communes ou d'une commune. Les employés ne sont pas des fonctionnaires territoriaux mais des salariés de l'association loi 1901, support juridique dudit comité de tourisme.

En effet, les collectivités territoriales peuvent organiser l'information, la promotion et l'animation sur leur territoire.

La gestion peut se faire par l'intermédiaire de structures de forme juridique loi 1901, avec des statuts particuliers (membres de droit → élus de la collectivité) et des moyens de fonctionnement issus pour la plus grande part de subventions octroyées par la collectivité.

→ Les sociétés d'économie mixte (SEM)

Ce sont des sociétés de type anonyme dont au moins un des associés est une collectivité territoriale.

Exemple : SEM sportive pour la gestion d'équipes sportives professionnelles.

→ Les autres sociétés

Exemples : Club Méditerranée, Club Aquarius, salles de musculation, salles de culture physique (dites salles privées), clubs de golf, « plages privées »...

Déjà, le terme « club » n'a plus le même sens que dans celui du « petit club de foot rural », mais il retrouve son origine anglaise de « cercle fermé » où l'on se retrouve entre personnes de même niveau de vie, de loisirs ou d'aspirations à se démarquer (le plus souvent grâce à l'argent).

En droit français, le choix de la forme juridique est vaste mais les possibilités les plus courantes décrites ici ont les mêmes obligations :

- déclaration au tribunal de commerce (sociétés civiles) ;
- déclaration à la chambre de commerce et d'industrie (sociétés commerciales) ;
- soumission à la TVA et aux impôts commerciaux, comme les associations loi 1901 qui ne peuvent justifier d'une gestion désintéressée et qui ont une activité commerciale (publicité, coût des prestations) et des bénéfices trop importants hors du champ de l'activité normale.

Les sociétés commerciales

- La *société anonyme (SA)* : le capital est constitué d'actions achetées par les associés. Cette société peut être cotée en bourse.

Exemple : Club Méditerranée.

- La *société à responsabilité limitée (SARL)* : les associés ne sont pas commerçants et sont responsables dans la limite de leurs apports. Le gérant peut être un des associés. Ceux-ci peuvent être salariés de la SARL.

Exemple : club de musculation dont le gérant est un associé titulaire d'un brevet d'État (ce qui permet de s'installer en bénéficiant d'un apport d'argent pour l'équipement et les locaux). Le breveté d'État peut être simple salarié, recruté par le gérant.

- L'*entreprise en nom propre* : c'est, par exemple, un breveté d'État qui commercialise son diplôme et qui, grâce à son capital propre ou son patrimoine, installe son fonds de commerce. Il est seul bénéficiaire et... responsable en cas de difficultés financières.

Exemple : un centre équestre.

- La *société en nom collectif* : c'est une « entreprise en nom propre » comprenant deux ou plusieurs associés solidaires.
- L'*entreprise unipersonnelle à responsabilité limitée (EURL)* : il s'agit en fait d'une SARL avec un seul « associé » dont la responsabilité est limitée au montant de ses apports.

section 3

le financement des pratiques

Chapitre 7 : généralités

Chapitre 8 : le financement public

Chapitre 9 : le financement privé

Chapitre 10 : la mise à disposition de cadres, la mise à disposition de matériels, d'installations

Chapitre 7

généralités

Le développement des pratiques sportives dans la société française a nécessité une évaluation précise des enjeux financiers afin de mieux repérer les dimensions socioéconomiques du sport.

Préalablement aux recherches, l'appréhension des dimensions financières du système sportif a nécessité :

- l'identification des acteurs et la définition de leurs fonctions, de leurs caractéristiques et de leurs positions respectives ;
- la mise à jour des stratégies de chacun ;
- la dissociation de flux financiers en investissements, en dépenses de fonctionnement et en consommations finales des sportifs.

De nombreuses enquêtes ont permis de mesurer l'implication réelle et respective de tous les acteurs impliqués, de faire émerger de nombreux éléments financiers, très utiles pour le mouvement sportif et ses partenaires institutionnels.

La dépense sportive est extraite de « Comptes économiques du sport » - ministère de la Jeunesse, des Sports et de la vie associative – missions statistiques année 2005.

Unités contribuant à la dépense	2000	2001	2002	2003	2004	2005
Ménages	12,3	12,8	13,4	14,1	14,7	15,2
Collectivités locales	7,6	7,8	7,9	7,9	8,6	9,1
État	2,8	2,9	3,1	3,2	3,1	3,0
Entreprises	1,7	2,0	2,3	2,2	2,5	3,1
Parrainage	1,10	1,30	1,50	1,35	1,63	1,72
Médias (droits TV)	0,61	0,69	0,80	0,82	0,87	1,41
Total dépense	**24,4**	**25,5**	**26,7**	**27,4**	**28,9**	**30,4**

La dépense sportive (hors estimation bénévolat) *Unités : milliards d'euros*

Source MJSVA.

Le secteur privé

Il représente 8,6 % du financement du sport.

Les entreprises : 5,6 %

Elles participent à travers le mécénat et le sponsorisme ; elles utilisent l'image du sport de compétition pour promouvoir leurs produits (publicité pour « produits sportifs » ou non). Ce flux financier alimente les finances fédérales et celles des clubs plutôt tournés vers la compétition et le professionnalisme.

Les médias : 3 %

Ils représentent les droits de retransmission TV mais également la part prise dans :

- l'organisation de grandes compétitions (exemple : Le Tour de France et *L'Équipe*) ;
- la participation à la gestion des clubs (Girondins de Bordeaux et M6). Même si les sommes sont importantes, elles ne sont pas (et de loin…) le financement le plus important.

La puissance publique

Elle représente 40,4 % du financement du sport.

Les dépenses publiques (en milliards d'euros)

	2000	2001	2002	2003	2004	2005
Dépense effectuée par l'État	2,80	2,92	3,09	3,15	3,05	3,03
dont						
Ministère Éducation nationale	2,03	2,08	2,20	2,30	2,21	
Ministère des Sports	0,52	0,56	0,60	0,62	0,65	
Autres ministères	0,05	0,05	0,05	0,05	0,05	
Les collectivités territoriales	**7,60**	**7,82**	**7,86**	**7,87**	**8,65**	**9,09**
dont						
Communes	6,88	7,01	6,95	6,91	7,57	8,00
Départements	0,50	0,52	0,57	0,60	0,69	0,70
Régions	0,20	0,27	0,32	0,34	0,37	0,38
Total	**10,40**	**10,74**	**10,95**	**11,02**	**11,70**	

Sources : estimation comptes du sport (MJS)

Les collectivités locales : 29,75 %

Même si la décentralisation n'a pas défini de partage de pouvoir en sport, elle a permis à ces partenaires (et notamment le conseil général) d'investir dans le financement des pratiques par :

- une politique sportive et touristique ;
- une participation à l'effort d'investissement dans les infrastructures et les équipements.

Les communes sont de loin, le premier partenaire des sportifs licenciés ou non. Cette aide est basée sur :

- les installations sportives : 192 597 équipements sportifs (80% du parc national) ;
- les personnels municipaux (entretien, animation) ;
- les subventions (soutien, manifestations).

L'État : 10,7 % de la dépense sportive totale, 25 % de la dépense publique du sport

Bien entendu, cela concerne toutes les mesures prises par l'État en faveur du développement des pratiques des APS et, de manière surprenante ce n'est pas le MJS, le premier ministère concerné.

→ Les ménages : 50 %

Ils représentent les sportifs eux-mêmes.

La consommation des services : 20,5 %

Ces services rendus au sportif lui permettent de pratiquer son activité favorite en compétition ou en loisirs (sans compétition). On peut repérer :

- le droit d'entrée dans une structure (association sportive, club privé) ou billet de spectacle sportif ;
- la cotisation annuelle (cf. licence) mais aussi dans une société commerciale (« club de musculation, aérobic, stretching ») voire animation municipale ;
- l'assurance contre les risques d'accidents ;
- les leçons d'initiation ou de perfectionnement (tennis, ski, natation, golf…) ;
- le coût des déplacements (vacances de neige, déplacement du domicile au lieu de pratique et de compétition).

La consommation des biens : 29,5 %

MATÉRIEL

Il existe de grandes différences de coût suivant les pratiques : de la voile (onéreux) en passant pas le ski ou l'équitation jusqu'à la natation ou la pétanque (peu onéreux).

Mais dans une famille, on achète quelquefois du matériel à usage loisir : raquette de tennis, table de tennis de table, sac à dos…

La vente des bicyclettes diminue, le vélo tout terrain prend le relais ; le skate diminue mais le roller augmente.

TENUE

Même si l'équipement vestimentaire est fourni dans certaines disciplines (sports collectifs), le sportif achète ses tenues d'entraînement et ses chaussures. C'est un marché très ouvert puisqu'il existe une mode vestimentaire sportive où l'acheteur n'est pas obligatoirement pratiquant, (casquettes, maillots, chaussures de sport NBA – (National Basket Association – championnat professionnel de basket-ball nord américain) ou gadgets des clubs (écharpes, tee-shirts… appelé le « merchandising » pour lequel la lutte des équipementiers est sévère).

DIVERS (ALIMENTATION, SOINS...)

- Alimentation : boissons et aliments énergétiques.

Des études commerciales ont montré que les Français n'en étaient encore que de faibles consommateurs en comparaison avec le marché américain. Il faut noter une forte publicité puisque ce marché est loin de la saturation.

- Santé : marché important comprenant :

• le contrôle médical obligatoire précompétitif ;

• les soins : c'est le tube de pommade antalgique, le sparadrap, le bloc réfrigérant… mais aussi les dépenses plus lourdes avec 200 000 accidents sportifs par an, 300 décès, les arrêts de travail, les hospitalisations, la rééducation.

Les ressources de l'association

Pour financer ses projets (de structure, d'encadrement, d'organisation ...) l'association doit mobiliser plusieurs sources combinant stratégiquement :

- l'*autofinancement* : il représente les cotisations des adhérents, les recettes des manifestations (tournois, compétitions) et celles tirées de la buvette, des loteries ou autres tombolas, ainsi que les prestations de service ;
- le *financement externe* : à savoir les subventions publiques des partenaires institutionnels (ministères, collectivités territoriales), les aides privées comme le sponsorisme et le mécenat accordées par les entreprises, les emprunts (auprès des établissements financiers).

N.B. : rappelons que les donations et legs sont réservés aux seules associations déclarées d'utilité publique.

Chapitre 8

le financement public

Dans la plupart des statuts de nos associations sportives, à l'article intitulé « Ressources de l'association », figurent les cotisations, mais aussi les subventions. Ce n'est là qu'une forme possible d'aide aux clubs car du personnel et des locaux peuvent être mis à disposition par les collectivités territoriales et l'État.

La commune

S'intéressant de plus en plus à la mission culturelle et sociale des associations, les municipalités attribuent des subventions de fonctionnement aux clubs sportifs. Chaque année, l'association sportive fait une demande de subvention qui est étudiée par :
- l'office municipal des sports (OMS) s'il en existe un ;
- le service des sports (s'il n'y a pas d'OMS) dans les grandes villes ;
- le conseil municipal lui-même.

Dans tous les cas, la décision est prise par le conseil municipal. Ces subventions sont quelquefois très importantes notamment dans les villes ayant des clubs dont l'équipe-fanion évolue au niveau du championnat de France car les édiles municipaux considèrent que ce sont d'excellents ambassadeurs faisant un bonne « publicité » à la ville.

Fréquemment, cette demande est à effectuer sur un imprimé spécial retiré auprès des services de la collectivité.

Les responsables des clubs renseignent et retournent l'imprimé en fin d'année civile (octobre). Ces subventions sont attribuées le plus souvent après analyse de l'activité de l'association sportive avec comme critères possibles :
- le nombre de licenciés (ou adhérents) ;
- l'effort fait pour accueillir un public jeune, pour former les cadres ;
- les résultats et le niveau des compétitions ;
- l'importance des déplacements en compétition.

D'autre part, des subventions à titre exceptionnel peuvent être accordées pour des projets précis : développement de l'activité, action vers un public défavorisé, compétition finale ou match de gala...

La démarche des responsables est alors différente : préparation d'un dossier prévoyant la description qualitative et quantitative de l'action, son impact sur la vie locale, les moyens d'évaluation et le budget. Le président de l'association peut y associer une demande d'entrevue avec un responsable communal ou un élu suivant l'importance du projet (maire, maire adjoint chargé des Sports, service chargé du suivi du dossier).

Le département

Il n'y a pas de règle générale puisque ce sont les conseillers généraux qui décident de la politique à adopter vis-à-vis du mouvement sportif. Les subventions peuvent prendre plusieurs formes :
- des aides ponctuelles pour des actions extraordinaires ;

Exemple : organisation d'un grand tournoi, d'une finale régionale ou nationale.
- des subventions de fonctionnement accordées à tous les clubs et comités départementaux qui en font la demande sur des critères comme « nombre de licenciés, niveau de compétition, actions de formations… » ;
- des subventions de fonctionnement pour les équipes de sports collectifs évoluant dans les championnats nationaux (des règles spéciales existent pour les clubs professionnels) ;
- des bourses de formation aux métiers du sport : suivant les conventions locales établies entre le conseil général et la direction départementale chargée de la jeunesse et des sports (DDCSPP), l'instruction des dossiers et les propositions peuvent être faites soit par la DDCSPP, soit par les propres services du conseil général. Les décisions d'attribution des subventions seront toujours prises en réunion plénière du conseil général ;
- des aides attribuées aux athlètes inscrits sur les listes du sport de haut niveau ou équipes de clubs évoluant dans des divisions « nationales » de leurs championnats.

La région

Collectivité la plus éloignée de la pratique sportive locale, elle subventionne beaucoup moins les associations sportives que les précédentes mais, suivant les politiques choisies par les conseils régionaux, certaines subventions peuvent être accordées pour :
- les formations professionnelles aux métiers des APS ;
- l'aide à l'emploi dans le cadre de création de poste et sous certaines conditions (âge, chômeur, lieu de résidence…) ;
- les athlètes de haut niveau sous forme de bourses et, notamment, pour ceux inscrits sur la liste « espoirs » ne bénéficiant pas d'aide de l'État ;
- les manifestations sportives exceptionnelles de haut niveau (soit international, soit finale nationale…) ;
- l'acquisition de matériel nécessaire à la pratique et éventuellement des moyens de déplacement.

L'État

L'agrément

Pourquoi l'agrément ?

Article L.121-4 du code du sport

« Les associations sportives ne peuvent bénéficier de l'aide de l'État qu'à la condition d'avoir été agréées.

L'agrément est notamment fondé sur l'existence de dispositions statutaires garantissant le fonctionnement démocratique de l'association, la transparence de sa gestion et l'égal accès des femmes et des hommes à ses instances dirigeantes… »

Lorsqu'un club désire demander une aide de l'État il doit « être agréé ». Les aides provenant des collectivités territoriales, commune et département ne sont pas soumises à cette obligation comme le prescrivait précédemment la loi du 29 octobre 1975 (dite loi Mazeaud). Ce sont les collectivités qui imposent ou non cette obligation.

L'agrément est délivré par le préfet du département où siège l'association et est publié au recueil des actes administratifs de la préfecture.

Les conditions de l'agrément : article R.121-2 du code du sport

L'agrément est fondé sur l'existence des dispositions statutaires suivantes garantissant :

- le fonctionnement démocratique de l'association :
  - participation de chaque adhérent à l'assemblée générale ;
  - désignation du conseil d'administration par l'assemblée générale au scrutin secret et pour une durée limitée,
  - nombre minimum, par an, de réunions de l'assemblée générale et du conseil d'administration,
  - conditions de convocation de l'assemblée générale et du conseil d'administration sur l'initiative d'un certain nombre de membres,
- la transparence de la gestion de l'association :
  - tenue d'une comptabilité complète de toutes les recettes et les dépenses,
  - adoption du budget annuel par le conseil d'administration avant le début de l'exercice,
  - soumission des comptes à l'assemblée générale dans un délai de six mois à compter de la clôture de l'exercice,

• autorisation du conseil d'administration pour tout contrat ou convention conclu entre le groupement, d'une part, et un administrateur, son conjoint ou un proche, d'autre part. L'acte doit être présenté pour information à la plus proche assemblée générale,

- l'égal accès des femmes et des hommes aux instances dirigeantes ;
- le respect des droits de la défense en cas de procédure disciplinaire ;
- l'absence de discrimination au sein de l'association.

Le retrait de l'agrément : article R.121-5 du code du sport

L'agrément peut être retiré par le Préfet :

- en cas de modification des statuts ayant pour effet de porter atteinte aux conditions posées par l'article R.121-3 ;
- pour un motif grave tiré de la violation par l'association de ses statuts ou d'une atteinte à l'ordre public ou à la moralité publique ;
- en cas de méconnaissance des règles d'hygiène et de sécurité ;
- en cas de manquements aux obligations relatives à l'exigence de diplôme pour enseigner contre rémunération.

Le dossier d'agrément : article R.121-4 du code du sport

Liste des pièces à fournir :

- une demande d'agrément (sur papier libre ou à l'aide de l'imprimé officiel) signée par le président/la présidente de l'association ;
- une photocopie du récépissé de déclaration initiale de l'association en préfecture ou sous-préfecture et des déclarations modificatives éventuelles ;
- une photocopie de la page du Journal officiel portant mention de la création de l'association ;
- une copie des statuts et du règlement intérieur de l'association, signés par le président/la présidente ;
- la composition de l'instance dirigeante de l'association (conseil d'administration ou bureau directeur) avec indication des noms, prénoms, date de naissance, profession, adresse et téléphone des membres ;
- les procès-verbaux des trois dernières assemblées générales ;
- les bilans et comptes d'exploitation des trois derniers exercices ; si l'association est constituée depuis moins de trois années, les documents cités ci-dessus doivent être produits pour la période correspondant à sa durée d'existence ;
- une attestation d'affiliation à une fédération sportive agréée pour l'année en cours si l'objet de l'association est la pratique sportive.

Les démarches

Le dossier est déposé et instruit à la direction départementale chargée de la Jeunesse et des Sports (DDCSPP). C'est le préfet, représentant du Gouvernement qui attribue l'agrément et transmet au club le numéro d'agrément.

En contrepartie de l'agrément, les associations sont soumises à un contrôle de l'administration.

Doivent êtres adressées, chaque année, aux services préfectoraux compétents :
- toutes modifications des statuts ou du règlement intérieur ;
- toute modification du siège social ;
- tout changement dans la liste des administrateurs .

Pour être agrée un club doit

Être constitué	Observer	Être affilié	Présenter
Association de type « Loi 1901 ». Articles 21 à 79 du Code Civil local Haut-Rhin, Bas-Rhin, Moselle.	Règles démocratiques. Règles déontologiques du sport. Règles fédérales. Règles d'encadrement, d'hygiène et de sécurité.	À une fédération agréée. À une fédération liée par convention à une fédération agréée. Une fédération n'organisant pas de compétition.	P.V. dernière AG Rapport et bilan financier de l'année précédente. Budget de l'année en cours + statuts et affiliation.

Les subventions de l'État

Ces aides sont issues des budgets opérationnels de programme (BOP « Sport » et BOP « Jeunesse » voir pages 171-172).

Étudions en détail trois d'entre elles : le contrat éducatif local, l'accompagnement éducatif et le CNDS (Centre national de développement du sport).

Le contrat éducatif local (CEL)

Circulaires interministérielles du 9/7/1998 et 25/10/2000

Il est un dispositif interministériel destiné à mettre en cohérence, sur un même territoire, les temps scolaires, périscolaires (horaires autour de la journée d'école) et extrascolaires (vacances). Il vise à mettre en œuvre un projet conçu par les différents partenaires concernés par l'éducation des enfants. Il s'agit d'aborder l'éducation des jeunes dans sa totalité, avec les familles, l'État (les enseignants), le milieu associatif, les collectivités locales pour établir une véritable continuité éducative.

Il s'adresse prioritairement aux enfants et adolescents scolarisés de moins de 16 ans (donc écoles maternelle et élémentaire, collège et lycée).

Après avoir défini ses objectifs, le groupe de pilotage chargé du CEL détermine un ou plusieurs champs d'action privilégiés comme les pratiques physiques ou sportives, les pratiques musicales, l'éducation à l'image, au cinéma et au multimédia, l'éducation à la santé, au développement durable, les activités scientifiques…

C'est un contrat, signé pour trois ans, entre la DDCSPP, l'Inspection académique, la (ou les) communes et les associations sportives et d'éducation populaire locales.

Le financement du CEL peut bénéficier des apports des ministères JS, de l'Éducation nationale, de la Culture et de la Ville avec ceux des collectivités locales, la Caisse d'allocations familiales et le fonds d'action et de soutien pour l'intégration et la lutte contre les discriminations (FASILD).

L'accompagnement éducatif

L'accompagnement éducatif, destiné au départ (2007) aux collèges situés en zone d'éducation prioritaire, étendu à l'ensemble des collèges en 2008-2009 et aux autres établissements (écoles et lycées) d'ici 2010, doit permettre à tous les élèves de pouvoir s'approprier l'enseignement dispensé en classe, réussir leurs études et s'épanouir, quel que soit leur milieu social. C'est le principe de « l'école après l'école », instaurant une aide aux devoirs gratuite. En complément de cette aide, des activités sportives et culturelles, également libres d'accès, peuvent être envisagées. Ce dispositif est l'affaire de tous les acteurs impliqués dans cette réussite : l'institution scolaire, la famille, les élèves.

Le sport est donc l'un des trois pôles de l'accompagnement éducatif et s'inscrit dans le projet scolaire. Le pilote du dispositif est l'équipe de direction de l'établissement scolaire qui impulse et met en cohérence cet accompagnement avec l'ensemble des autres dispositifs déjà offerts dans le temps scolaire. Le volet sportif ne se substitue pas aux pratiques déjà existantes dans l'établissement (EPS et activités de l'UNSS). C'est un projet offert aux élèves volontaires, ciblant primitivement le créneau 16h-18h, mais largement étendu aujourd'hui, et qui peut s'appuyer sur les associations sportives locales.

Les activités sont composées de modules : chaque module comporte une séance sportive hebdomadaire d'une durée de deux heures, conduite pendant un semestre. L'établissement peut mettre en place plusieurs modules avec un effectif de 15 à 20 élèves.

Les associations sportives impliquées sont alors liées par convention avec l'établissement. Les animateurs sportifs doivent être titulaires d'un diplôme d'État de l'activité sportive proposée.

Le financement est assuré dans le cadre du CNDS (14 M d'euros pour l'année 2009-2010) pour la rémunération de l'éducateur sportif (s'il est salarié de l'association), les frais administratifs, l'encadrement, le matériel pédagogique et les déplacements (950 à 1 200 euros par module en 2008).

Les subventions CNDS

Le Parlement, en 1975, a décidé d'augmenter la part du budget du ministère chargé des Sports en direction du mouvement sportif, par des ressources extrabudgétaires inscrites sur un fonds spécial du trésor. Initialement prévu pour le sport de haut niveau uniquement – le fonds national d'aide au sport de haut niveau (FNASHN) – il a été ensuite transformé en fonds national de développement du sport (FNDS).

Par la mise en place de la LOLF, le compte d'affectation spéciale du trésor (FNDS) a été clos.

Un établissement public à caractère administratif a été créé pour prendre le relais en concertation avec le mouvement sportif : le CNDS (centre national pour le développement du sport).

Cet établissement public, placé sous la tutelle du ministre chargé des Sports, fixe les orientations des actions. Des personnels ont été recrutés et mis à disposition avec l'appui logistique des services déconcentrés du MJS pour l'information, le traitement des dossiers, les renseignements statistiques.

* Mission du CNDS

Article R.411-2 du code du sport

« Le Centre national du sport à pour missions, dans le cadre des orientations générales fixées par le ministre chargé des Sports, de :

1 - contribuer au développement de la pratique du sport par le plus grand nombre ;

2 - favoriser l'accès au sport de haut niveau et l'organisation de manifestations sportives ;

3 - promouvoir la santé par le sport ;

4 - améliorer la sécurité des pratiques sportives et la protection des sportifs ;

5 - renforcer l'encadrement de la pratique sportive.

Il exerce ses missions par l'attribution de concours financiers, sous forme de subventions d'équipement ou de fonctionnement au CNOSF, aux associations sportives, aux collectivités territoriales ou à leurs groupements, ainsi qu'aux associations et groupements d'intérêt public qui interviennent dans le domaine des APS. »

L'ORGANISATION ET FONCTIONNEMENT NATIONAUX

La gestion de l'établissement est confiée à un directeur général nommé par le Premier ministre. Un conseil d'administration de 21 membres règle les affaires du CNDS :

- le président nommé par le premier ministre après avis du CNOSF ;
- 4 membres de droit (ministres du budget, des sports, président CNOSF et directeur des sports du MJS) ;
- 5 représentants du mouvement sportif choisis par le CNOSF (dont un président de CROS et un président de CDOS) ;
- 3 représentants des collectivités territoriales (un par type de territoire) ;
- 4 personnes qualifiées nommées par le MJS sur proposition du CNOSF.

Cette répartition marque la volonté du Gouvernement de conserver le caractère paritaire de la gestion (État – partenaires) avec une participation accrue des collectivités territoriales (par rapport au FNDS).

Afin d'assurer la répartition des subventions d'équipements, un comité de programmation, répondant au même souci de parité, a été institué.

LES RECETTES

Article R.411-27

« Les recettes de l'établissement public comprennent :

1 - les ressources qui lui sont affectées par les lois de finances ;

2 - les subventions de l'État, des collectivités territoriales et de tout organisme public ou privé ;

3 - le produit des concessions et des occupations de son domaine ;

4 - les rémunérations des services rendus ;

5 - les produits financiers résultant du placement de ses fonds ;

6 - les revenus des biens meubles et immeubles ;

7 - le produit des cessions et des bonis de liquidation ;

8 - le produit des aliénations ;

9 - les dons et legs ;

10 - tout produit ou remboursement provenant de son activité ou de sa gestion. »

Les ressources prévues au premier alinéa de l'article R.411-27 sont prévues dans le code du sport :

- article L.411-1 : prélèvement sur les sommes misées sur les jeux exploités en France et dans les départements d'outre-mer, par la Française des Jeux ;
- article L.411-2 : droits de diffusion de manifestations ou compétitions sportives (télévision).

Ainsi les lois de finances successives promulguées en fin d'année civile, chaque année, fixent les pourcentages de prélèvement et les recettes envisagées : en 2008, le prélèvement était de 2,5 % sur les sommes misées à la Française des Jeux et de 5% sur les droits télévisuels des manifestations sportives.

Ces prélèvements sont susceptibles de variation en fonction du vote annuel des lois de finances (promulgation entre Noël et le 1er janvier).

N.B.: l'application de certaines règles communautaires concernant les jeux de hasard avec une tentative de remise en cause du monopole de l'État en France afin d'ouvrir le marché économique à la concurrence peut changer les données prochainement (voir paragraphe sur « quelques éléments de réglementation européenne » page 277).

Le montant du budget du CNDS était de 268 millions d'euros en 2008 dont 226 millions prélevés sur la Française des Jeux et 40 millions des droits de diffusion télévisuels.

LES DÉPENSES

Article R.411-28
« Les dépenses de l'établissement public comprennent :
- les frais de personnel de l'établissement ;
- les dépenses de fonctionnement et d'investissement de l'établissement ;
- les subventions de fonctionnement et d'équipement attribuées conformément aux objectifs et procédures définis par le présent décret ;
- les charges qui lui incombent en vertu de la loi ;
- de façon générale, toutes dépenses nécessaires à son activité. »

Le conseil d'administration du CNDS partage les recettes entre :

1/ une part est affectée au fonctionnement de l'établissement public (CNDS 2007 = 1 %) ;

2/ une part « subventions d'équipements » est prévue pour subventionner la réalisation et la rénovation des équipements sportifs (CNDS 2007 = 27 %) répartie en deux niveaux, national et local. Le comité de programmation fixe les critères d'attribution, répartit les subventions aux différents bénéficiaires (État, collectivités territoriales et mouvement sportif). Cette manne financière permet d'exécuter les politiques contractuelles de l'État : contrat plan État-Région, contrat de projet, contrat de développement ;

3/ une part « subventions de fonctionnement » répartie en deux :

- celle destinée aux associations nationales (CNOSF, les fédérations, la préparation olympique et paralympique) est affectée à la promotion et au rayonnement du sport français : aides aux élites sportives, la préparation des compétitions internationales, les pôles… (CNDS 2007 = 14 %),
- celle dite territoriale, est réservée aux associations locales pour la pratique de masse et pour tous les publics (CNDS 2007 = 58 %) qui sont :
- les clubs et associations sportives agréées :
- • affiliées à des fédérations sportives ou groupements sportifs,
- • associations scolaires et universitaires (si actions hors horaires officiels d'enseignement),
- les ligues et comités départementaux,
- les CROS, CDOS et CTOS,
- les groupements d'employeurs intervenant au bénéfice des associations agréées,
- les CRIB,
- les associations locales œuvrant dans le domaine de la santé et les associations support des centres médicosportifs.

CNDS 2008 – prévisions

Recettes : 268 M d'euros		Dépenses : 268 M d'euros	
Sources		Destination	
		Frais de structure	0,9 %
Produits financiers	0,5 %	Promotion, rayonnement international du sport français,	
Prélèvements sur les droits de diffusion TV	15 %	Sport de haut niveau, fédérations	11,9 %
Prélèvement supplémentaire sur la Française des Jeux pour le PNDS (0,45 %)	23,5 %	Aménagement du territoire	
Prélèvement sur la Française des Jeux (1,78 %)	61 %	Établissement de l'État	
		Collectivités territoriales	
		Système fédéral et olympique	31,5 %
		Développement des pratiques pour tous publics	
		Politique fédérale	
		Part régionale	56,7 %

L'ORGANISATION ET FONCTIONNEMENT TERRITORIAUX (ARTICLE R.411-12 ET SUIVANTS)

En région, le CNDS est représenté par un délégué territorial : le préfet de région. Il est institué une commission territoriale du CNDS comprenant : d'une part, le délégué territorial du CNDS, un délégué territorial adjoint, le DRJSCS, les préfets (N) des départements de la région, deux agents des services déconcentrés de l'État chargés des sports (soit N+4 représentants de l'État) ; d'autre part, le Président du CROS, les présidents (N) des CDOS de la région, deux représentants du mouvement sportif désignés par le CROS (soit N+3 représentants du mouvement sportif).

La commission (total des membres = 2N+7) est coprésidée par le préfet de région et le président du CROS.

Exemple de la commission territoriale Centre : préfet de région + DRJSCS + 6 départements + 2 agents = 10 représentants de l'État + le président du CROS +6 présidents CDOS + 2 = 9 représentants du mouvement sportif : 2N+7 = 19 membres.

Les présidents des conseils généraux et du conseil régional (ou leurs représentants) ainsi que deux maires ou adjoints au maire de communes de la région (désignés par l'association des maires de France) sont invités avec voix consultative.

Article R.411-16 du code du sport

« La commission territoriale définit les priorités régionales du Centre national pour le développement du sport en cohérence avec les directives de l'établissement concernant la répartition des subventions attribuées au niveau local.

Elle adopte son règlement intérieur, qui détermine notamment les modalités de recueil et d'examen des demandes de subvention relevant de la compétence territoriale.

Elle émet un avis sur les critères de répartition des crédits dont le montant est notifié au délégué territorial par le directeur général de l'établissement. Ces critères prennent notamment en compte les caractéristiques démographiques, sportives, géographiques et sociales des territoires concernés.

Elle émet un avis sur les demandes de subventions relevant des niveaux régional, départemental et local. »

Le directeur général du CNDS notifie au délégué territorial le montant des crédits à répartir au niveau local.

Le délégué territorial, après avis de la commission territoriale fixe les critères de répartition des crédits.

LE CNDS ET SES BÉNÉFICIAIRES

La commission territoriale reçoit chaque année une affectation des crédits délégués en fonction de critères assurant une répartition homogène sur l'ensemble du territoire (exemples : population, nombre de licences, nombre de jeunes de moins de 26 ans, nombre d'allocataires au RMI, nombre de départements…).

L'échéancier (« traditionnellement établi ces dernières années ») peut globalement se décliner ainsi :

- en février, la commission territoriale, suite à la réception des directives nationales enclenche la campagne d'information auprès des partenaires ;
- établissement d'un calendrier pour les associations sportives éligibles au CNDS : réception de l'imprimé, renseignements du document, retour à la DDCSPP chargée de la jeunesse et des sports (avril), transmission à la commission territoriale (juin) pour acheminement finale à l'échelon national.

Les avis sont communiqués aux clubs, comités et ligues courant juillet et les paiements s'étalent d'août (au mieux) à novembre sauf pour certaines aides conventionnées sur plusieurs années comme pour les plans sport-emploi, les conventions pluriannuelles, DRJSCS – ligues –comités départementaux

Comment se présente le dossier d'aide ?

Depuis quelques années, dans le cadre de la simplification des démarches administratives, un dossier unique de demande de subvention, pour toutes les administrations de l'État, est utilisé avec possibilité d'extension aux collectivités territoriales.

Ce dossier est conforme au modèle commun de subvention (« CERFA n° 12156*02 »), mais peut également être déposé dans le cadre du dispositif interministériel de demande de subvention en ligne « Subv&Net ».

Quel que soit le mode opératoire retenu pour le dépôt du dossier, chaque commission territoriale s'assure de l'accès aux demandes par les représentants du mouvement sportif local.

Le règlement général du CNDS prévoit désormais (en 2009) que les subventions attribuées au titre de la part territoriale ne peuvent être inférieures à 600 euros.

À noter que les aides peuvent être contractualisées dans une convention annuelle pouvant aller jusqu'à quatre ans. Cette convention permet de prévoir le montant minimal de subvention pour chacune des années.

Parmi les aides, on trouve, pour la campagne 2009, les critères suivants :

- les aides à la réalisation de projets spécifiques : développement de la pratique sportive, l'aide aux transports de sélections régionales et départementales de jeunes, l'acquisition de matériels ;
- les aides directes à l'emploi sportif, complémentaires aux aides à l'emploi de droit commun comme le plan sport-emploi et le parcours animation-sport (voir page 216, « Les mesures d'aides à l'emploi ») ;
- les aides directes à la formation organisées par les CROS et les CDOS, les ligues et comités départementaux ;
- les aides à la conduite du projet associatif en général ;
- des thématiques particulières comme pratiques féminines, lutte contre la violence, promotion de la santé, prévention du dopage, pratiques familiales, accès au sport de haut niveau, développement durable et protection de l'environnement, sports de nature, promotion du sport, développement de la pratique dans les clubs ;
- l'accompagnement éducatif dans son volet sportif (voir page 207, « L'accompagnement éducatif »).

En 2006, 46 500 aides accordées (27 % des associations sportives), 2 450 emplois aidés.

Répartition de la part territoriale 2006

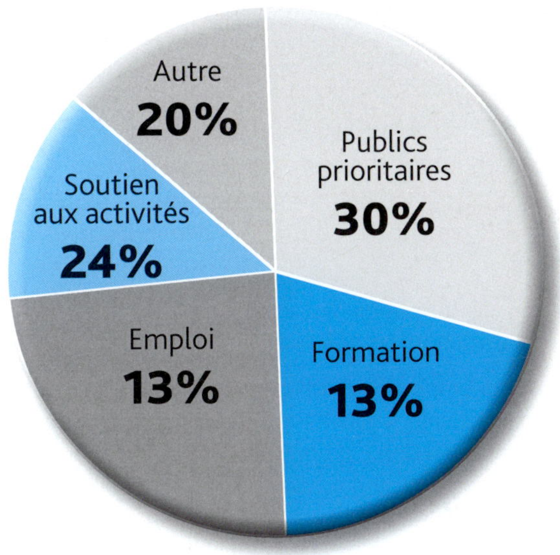

Répartition de la part territoriale par niveau

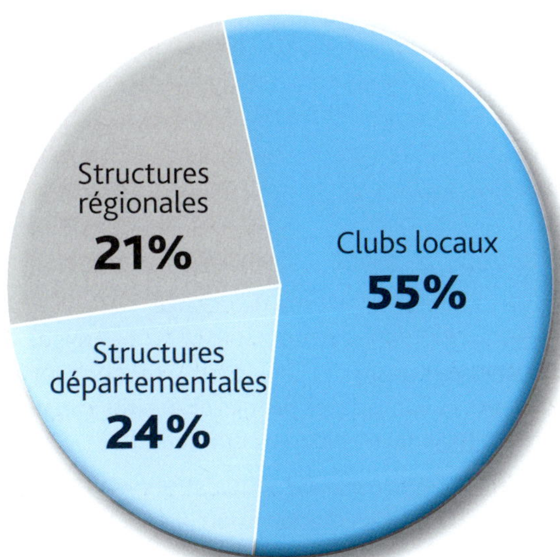

Les mesures d'aides à l'emploi

Depuis 1996, le ministre chargé des Sports a mis en place diverses mesures pour faciliter et développer l'emploi dans le domaine de l'animation sportive.

- La création et la pérennisation des associations « Professions Sports » qui mutualisent les demandes d'emploi et organisent le temps de travail des animateurs. Ces associations peuvent aussi gérer l'emploi d'un club pour un coût modique.
- La création du chèque emploi-service permettant à une association qui est employeur à temps partiel (éventuellement de plusieurs éducateurs), de bénéficier d'un allégement des contraintes administratives en vue du règlement des prestations.
- La création de formation en alternance (notamment l'apprentissage avec les centres de formation des apprentis – CFA) préparant aux métiers du sport.
- Le « plan sport-emploi » (né de l'opération « un club, un emploi ») qui permet, lors de l'embauche d'un salarié [quelles que soient ses tâches (administration, animation, entraînement, direction...)] dans le domaine du sport, avec un employeur bénéficiant de l'agrément du ministre chargé des Sports, de pouvoir bénéficier d'une aide financière dégressive, de la part de l'État. Cette aide est plafonnée (si l'employeur bénéficie déjà d'un allégement, quelconque, de la part de l'État, il vient en réduction de l'aide accordée par le ministre chargé des Sports).

En 2007 (en euros)	**1re année**	**2e année**	**3e année**	**4e année**	**5e année**	**6e année**
Mesure générale	3 500	3 500	3 500	0	0	0
Complément Ministère chargé des Sports	8 500	5 500	3 000	4 500	2 500	0
Total maximum	**12 000**	**9 000**	**6 500**	**4 500**	**2 500**	**0**

Ces aides peuvent être prises soit par le CNDS, soit sur la part budgétaire du ministère chargé des Sports et complétées par des dispositifs locaux d'aide à l'emploi ou aux projets (conseils régional et général, communes).

En 2007, les directives du conseil d'administration du CNDS ont contribué à la mise en place du « Parcours d'Animation Sport » (PAS) avec 2 500 contrats signés qui facilitent l'accompagnement individualisé de jeunes en difficulté, leur permettant ainsi d'obtenir une qualification et un emploi.

D'autres aides : création de 1 000 emplois sportifs qualifiés (en continuité du programme 2006) destinés en particulier aux diplômes de la filière STAPS (crédits provenant du « Plan national du développement du sport » - PNDS). Ce dispositif a permis la création de postes participant à l'organisation d'évènements mondiaux se déroulant en France comme la coupe du monde de rugby, les championnats du monde de handball féminin.

N.B. : depuis plusieurs années, le pourcentage de la part territoriale du FNDS puis du CNDS est prévue à hauteur de 15 %.

Chapitre 9

le financement privé

→ Le sponsorisme

Plusieurs fédérations sportives (football, basket, handball par exemple) ont admis le principe de l'aide du secteur privé aux associations sous forme matérielle (équipements) ou financière. Des contrats lient ainsi des clubs et des sociétés commerciales.

Le sponsorisme se traduit comme un soutien financier ou matériel apporté à une manifestation, une personne, un produit ou une organisation en vue d'en retirer un bénéfice direct.

Le sportif, de par sa notoriété et l'impact du sport sur la vie moderne, devient un agent promotionnel et publicitaire de son sponsor c'est-à-dire de l'image de l'entreprise. Cependant, les sportifs ne peuvent assurer la promotion de n'importe quel produit. La loi n° 87-588 du 30 juillet 1987, portant diverses mesures d'ordre social, précise bien dans son article 97 :

> *« Est également interdite la publicité, sous quelque forme qu'elle se présente, en faveur des boissons alcooliques sur les stades, terrains de sports publics ou privés, dans les lieux où sont installées, des piscines et dans les salles où se déroulent habituellement des manifestations sportives ainsi que dans tous locaux occupés par des associations de jeunesse et d'éducation populaire. »*

La loi n° 91-32 du 10 janvier 1991 relative à la lutte contre le tabagisme et l'alcool (loi Evin), modifiant certains articles de la loi Veil de 1976 avait prévu l'interdiction, à compter du 1er janvier 1993 de :

> *« Toute propagande ou publicité, directe ou indirecte, toute opération de parrainage lorsqu'elle a pour objet ou effet la propagande ou la publicité directe ou indirecte en faveur du tabac ou des produits du tabac et des boissons alcooliques. »*

À l'époque les disciplines sportives ont dû trouver d'autres investisseurs pour pouvoir continuer à organiser certaines manifestations. Les sports mécaniques (autos et motos) ont été particulièrement touchés par le retrait des grands manufacturiers de tabac, mais aussi le golf (Open Suze) et l'équitation (Malesan, Moët et Chandon).

Mais le sponsorisme représente une activité de type « commercial » avec signature (ou non) d'un contrat de publicité. C'est donc une prestation de service qui, comme telle, est soumise à l'impôt (TVA). Cependant, l'on peut considérer que le club « peu huppé » qui bénéficie d'une aide financière ou d'un don de maillots provenant du commerçant local procède plus du « don manuel » ou du mécénat et ne représente pas un véritable contrat publicitaire. La bienveillance des services fiscaux vis-à-vis de l'activité non lucrative et de la gestion bénévole peut alors s'appliquer.

Le mécénat

Paradoxalement, il n'existe pas de définition légale du mécénat. Dans le JO du 22 septembre 2001 relatif à la terminologie économique et financière, on lit : « *Soutien matériel apporté sans contrepartie directe de la part du bénéficiaire, à une œuvre ou à une personne pour l'exercice d'activités présentant un intérêt général, s'étendant aux champs de la culture, de la solidarité et de l'environnement.* »

De son côté, le petit Larousse le définit comme : « *Protection, soutien financier accordé à des activités culturelles, scientifiques, sportives.* »

L'État a pris des mesures afin que le secteur privé vienne en aide au milieu sportif. Ainsi la loi n° 2003-709 du 1er août 2003 (dite loi Aillagon) sur le développement du mécénat permet :

- aux entreprises de faire des dons aux associations sportives. Ces dons peuvent être déduits du résultat dans la limite de 2,25 °/°° de leur chiffre d'affaire (3,25 °/°° si le don est effectué au profit d'une association reconnue d'utilité publique) ;
- aux contribuables de faire de même dans la limite de 20 % du revenu imposable. Ils bénéficient alors d'une réduction d'impôt égale à 66 % du versement.

En 2005, un milliard d'euros était consacré au mécénat d'entreprise. 22 % des entreprises soutiennent des actions dans le domaine du sport (dont 45,7 % de projets à finalité d'éducation et formation, 26,6 % de cohésion sociale, 17 % de santé et nutrition, 11 % de handicap), sources « Admical-répertoire du mécenat d'entreprise 2007 ».

Peuvent également être considérés comme mécénat les « dons manuels » issus des sollicitations faites par les membres d'un club auprès de leurs parents et amis pour lesquels ils « distribuent » carte de membre honoraire, calendrier de rencontre… Il est nécessaire de délivrer un reçu au donateur et de faire figurer ces versements dans les recettes de l'association.

Toujours dans le but de développer le mécénat et le bénévolat, le code général des impôts a été modifié pour permettre aux bénévoles ayant des frais de déplacements, mais que l'association ne peut rembourser, de pouvoir bénéficier d'une réduction d'impôts sur le revenu égale à 66 % des frais réellement engagés (et non remboursés).

Pour pouvoir y prétendre, deux documents sont à fournir (voir documents 1 et 2) :
- l'un par le bénévole, à renseigner et transmettre au club ;
- l'autre par le club, à remettre renseigné au bénévole.

N.B. :

1 – *le document 2 est à joindre à la déclaration de revenus avec les autres reçus éventuels de dons manuels et à conserver pendant quatre ans (délai de prescription fiscale) ;*

2 - *le taux de remboursement du kilomètre a été fixé pour 2008 à 0,284 euro du kilomètre ;*

3 - *le non-remboursement de frais réels occasionnés aux bénévoles dans le cadre des missions confiées est alors considéré comme un don manuel à une œuvre, et comme tel, il doit figurer dans les « charges de l'association » : frais de déplacements et dans les « produits » : dons. Il apparaît dans les comptes du club ;*

4 - *les instances dirigeantes (bureau, CA) doivent avaliser les abandons, les signaler en AG (surtout s'ils concernent les dirigeants élus). Référence : 1° de l'article 200 du code général des Impôts.*

→ Les Fondations

Bien entendu, les Fondations bénéficient des dispositifs fiscaux sur le mécénat.

La Fondation du Sport

Créée en 2003, la Fondation du Sport, entité indépendante à but non lucratif, a pour but de collecter des fonds auprès des entreprises privées pour développer et soutenir des projets sociaux utilisant le sport comme levier d'action. (www.fondationdusport.org).

Deux millions d'euros ont été réunis en 2004 grâce aux dix membres fondateurs : BNP Paribas, Cap Gémini, Coca Cola, Véolia Environnement, Française des Jeux, France Télécom, Géodix, Havas, Mash et Mac Leman, TF1 (aujourd'hui, dix-huit entreprises mécènes).

La première année, cinquante dossiers ont été réceptionnés, trente-cinq instruits et quatorze sélectionnés.

À ce jour, la Fondation accompagne environ quatre-vingts projets concernant une vingtaine de sports et impliquant 400 000 bénéficiaires.

En général, les financements attribués sont pluriannuels et font l'objet d'un versement sur trois ans.

Les autres fondations

Nous citerons :

- la Fondation Décathlon : créée en 2005, elle soutient exclusivement des actions d'éducation et d'insertion par le sport ;
- la Fondation EDF : financement d'actions de solidarité en lien avec l'éducation et l'insertion par le sport (www.edf.fr) ;
- la Fondation Gaz de France : pour la prévention de l'exclusion et l'isolement des jeunes dans les quartiers difficiles et le monde rural (www.fondation.gazdefrance.com) ;
- la Fondation Schneider Electric : soutien des jeunes en difficulté (depuis 2002) (www.fondation.schneider-electric.com) ;
- la Fondation Solidarité SNCF : soutien des actions axées sur la cohésion sociale dont l'éducation par le sport (www.fondation-solidaritesncf.org).

DOCUMENT 1 : À ÉTABLIR PAR LE BÉNÉVOLE ET TRANSMETTRE AU CLUB.

« Je soussigné

....

certifie renoncer au remboursement des frais ci-dessus exposés, détaillés et justifiés, au bénéfice de l'association

....

en tant que dons.

(Dater et signer)

Conserver et/ou joindre les documents sur :

déplacements : compétitions, réunions, calendriers, convocations, formations, autres...

DOCUMENT 2 : FAC SIMILÉ DU DOCUMENT CERFA

cerfa
N° 11580*02

Reçu dons aux oeuvres
(Articles 200 et 238 bis du Code général des impôts)

Numéro d'ordre du reçu

Bénéficiaire des versements

Nom ou dénomination :

....

Adresse :

N° .... Rue ....

Code postal .... Commune ....

Objet :

....

....

....

Cochez la case concernée (1) :

☐ Oeuvre ou organisme d'intérêt général.

☐ Fondation d'entreprise.

☐ Association ou fondation reconnue d'utilité publique par décret en date du............................publié au Journal Officiel du ....

☐ Musée de France

☐ Association cultuelle ou de bienfaisance autorisée à recevoir des dons et legs par décision en date du délivrée par le préfet de ....

☐ Etablissement d'enseignement supérieur ou artistique privé, à but non lucratif, agréé par décision en date du . ...

☐ Association fournissant gratuitement une aide alimentaire ou des soins médicaux à des personnes en difficulté ou favorisant leur logement.

☐ Organisme ayant pour objet exclusif de participer financièrement à la création d'entreprises.

☐ Association située dans le département de la Moselle, du Bas-Rhin ou du Haut-Rhin dont la mission a été reconnue d'utilité publique par arrêté préfectoral en date du ....

☐ Etablissement public des cultes reconnu d'Alsace-Moselle.

☐ Société ou organisme agréé de recherche scientifique ou technique (2)

☐ Organisme ayant pour activité principale l'organisation de festivals (2)

Donateur

Nom :

....

Adresse :

....

Code postal .... Commune ....

Le bénéficiaire reconnaît avoir reçu au titre des versements ouvrant droit à réduction d'impôt, la somme de :

Somme en toutes lettres : ....

Date du paiement : ....

Mode de versement :

☐ Numéraire ☐ Chèque ou virement Date et signature

☐ Autres (3)

(1) ou n'indiquez que les renseignements concernant l'organisme
(2) dons effectués par les entreprises
(3) notamment : abandon de revenus ou de produits ; frais engagés par les bénévoles, dont ils ne demandent pas le remboursement

Chapitre 10

la mise à disposition de cadres

la mise à disposition de matériels, d'installations

LA MISE À DISPOSITION DE CADRES

Les personnels communaux et départementaux

Issus de la « filiale territoriale », ces cadres pour la majorité employés par des communes, peuvent animer des écoles de sport municipale en liaison étroite avec le monde associatif sportif mais il peuvent être également mis à disposition, sur décision du conseil municipal, des établissements scolaires (après agrément de l'inspecteur d'académie pour le premier degré), des clubs pour l'entraînement, le management d'équipes ou l'animation de « sections sportives. » Ainsi le mouvement sportif peut bénéficier d'une aide non négligeable.

Les personnels d'État

Comme à l'échelon national où des fonctionnaires ou contractuels œuvrent pour le mouvement sportif (DTN, EN) les clubs peuvent bénéficier de l'aide des conseillers techniques sportifs (CTS) chargés de missions de formation, d'animation et de promotion du sport concerné.

Dans les directions départementales chargées de la Jeunesse et des Sports (DDCSPP), les conseillers techniques et pédagogiques (professeurs de sport), en contact direct avec la vie associative, peuvent avoir un rôle de soutien et de conseil auprès des clubs.

LA MISE À DISPOSITION DE MATÉRIELS, D'INSTALLATIONS

C'est très certainement l'aide la moins appréciée à sa juste valeur car, lorsqu'une installation sportive est mise gratuitement à disposition de l'association sportive, cela représente une aide très importante, incluant le coût de la construction, de l'entretien, du gardiennage et des éventuelles réparations ou modifications imposées par souci de sécurité ou de normes, fédérales entre autres (tracés de terrains en fonction du niveau de compétition, accueil du public...). Bien entendu, suivant les sports et les installations nécessaires, le coût, donc l'aide indirecte, est différente.

À partir de cette évaluation, certaines communes ont facturé les heures de mise à disposition soit à des établissements scolaires dont le fonctionnement est à la charge d'une autre collectivité territoriale (affaire « ville de Montpellier », décision du Conseil d'État, 16 janvier 1994) soit à des clubs non implantés sur le territoire de la commune.

Voici un exemple de facturation du coût horaire d'utilisation :

- gymnase : 11 euros de l'heure ;
- stade : 7,80 euros de l'heure ;
- piscine : 23,50 euros de l'heure/ligne d'eau dans la limite de 2 lignes d'eau pour 30 élèves ou sportifs.

Ces coûts varient chaque année en fonction de l'indice du coût de la construction publié par l'INSEE.

La mise à disposition gratuite est donc une aide financière indirecte très importante.

Cette aide au mouvement sportif provient des communes (quelquefois également les départements) qui sont les propriétaires en majorité des installations mises à disposition. Exemples : bases nautiques ou de plein air, centres de stages, « maison des sports ».

L'État participe à cette aide (notamment pour le sport de haut niveau) dans les installations dont il est propriétaire : INSEP, CREPS, écoles nationales.

En ce qui concerne le matériel, celui nécessaire à la pratique sportive est acquis par les communes pour équiper les installations : matériel de gymnastique dans un gymnase spécialisé, buts de football démontables pour les plus jeunes ...

Il convient d'ajouter à cet effort des communes, un matériel moins conventionnel devant servir lors d'une manifestation à caractère exceptionnel (barrières de sécurité, bottes de paille, estrades, sonorisation...) qui de surcroît est souvent installé par les services municipaux.

Les aides aux associations sportives

AIDES			Commune	Département	Région	État
Subventions	Investissement Équipement		• •	• •	•	•
	Fonctionnement		• • • •	• • •		
	Projets		•	•		• • • •
	Manifestations exceptionnelles		• •	•	•	•
	Haut niveau	Athlètes		•	• •	• • •
		Clubs sportifs	• • • •	• • •	• •	
	Formation emploi			•	• • •	• • •
	Centre Médico-sportif		• •			•
Mise à disposition	Installations Sportives		• • • •	•		•
	Personnels		• •	•		• • • •

Questionnaire

Pouvez-vous répondre aux questions suivantes ?

1 - Vous êtes dirigeant d'association sportive : de quels types d'aide pouvez-vous bénéficier et auprès de quels organismes ?

2 - Quelles sont les conditions nécessaires pour recevoir une aide de l'État ? Quelles peuvent être ces aides ?

3 - Quelles sont les ressources financières d'une association sportive ?

4 - Que savez-vous du Centre national pour le développement du sport ?

5 - Différences entre affiliation et agrément.

6 - Quelles formes peut prendre l'aide de l'État aux associations sportives ?

7 - Qu'est-ce que l'agrément ministériel aux associations sportives ?

8 - Que représentent les aides matérielles aux clubs ?

9 - Votre association sportive est affiliée à une fédération. Vous avez besoins de moyens supplémentaires. Le ministère chargé des Sports peut vous apporter une aide par le biais du CNDS. Quelle démarche allez-vous entreprendre et quelles formalités vous faudra-t-il satisfaire pour y prétendre ?

10 - Une association sportive vient de se créer. Les responsables vous sollicitent pour les aider à résoudre quelques-unes de leurs difficultés. Après avoir fait un inventaire des aides que peuvent leur apporter les collectivités territoriales, quelles démarches leur conseillerez-vous ?

11 - Votre association a besoin de nouveaux moyens financiers. À quels partenaires peut-elle s'adresser ? Quels éléments doivent être intégrés dans cette démarche pour en assurer le succès ?

12 - Vous avez aidé à la création d'un club sportif. Quels moyens de fonctionnement allez-vous demander à votre partenaire privilégié qui est la commune (et l'OMS s'il en existe un) ? Quelles démarches allez-vous entreprendre ?

13 - Votre association est déclarée depuis bientôt un an, vous en êtes le principal animateur et vous êtes à la recherche de moyens financiers supplémentaires. Après avoir rappelé les aides que vous pouvez attendre de la direction départementale en charge de la Jeunesse et des Sports, vous préciserez les conditions que vous devez remplir pour les obtenir.

section 4

l'éducateur sportif

Chapitre 11

les formations et les diplômes

Ce chapitre ne concerne ni les fonctionnaires d'État, ni les enseignants d'EPS dans les établissements relevant du ministère de l'Éducation nationale, ni les agents titulaires des collectivités territoriales (filière territoriale des APS créée en 1993), ni les professeurs de sports du MJS. Il s'adresse aux éducateurs sportifs exerçant leurs activités contre rétribution, hors du secteur public.

La profession d'éducateur sportif : un peu d'histoire

Comme nous l'avons étudié dans le chapitre « L'association sportive et ses partenaires », l'État n'est intervenu, dans le domaine du sport, par des textes législatifs, qu'en 1940. Avant cette date, il n'avait que très épisodiquement édicté quelques règles, sans jamais vraiment influer sur la réglementation sportive à proprement parler.

Après la Libération, la rapide expansion du mouvement sportif posa quelques problèmes d'encadrement. Les associations firent appel aux anciens pratiquants, dont les capacités techniques passées, conféraient un gage de sérieux. Une véritable profession était en train de naître : éducateur sportif (qu'on appelait plutôt entraîneur).

Afin d'éviter les trop grandes disparités dans les qualifications et toute usurpation de qualité, mais aussi pour protéger les pratiquants, l'État fut amené à prendre des mesures réglementaires tendant à faire respecter les principes d'encadrement de la pratique sportive.

Les premières mesures

Certains sports, réputés dangereux ou comportant des risques, nécessitaient des éducateurs compétents. C'est pourquoi les premières mesures législatives et réglementaires concernèrent l'enseignement de l'alpinisme et du ski, de l'escrime, de la natation et du judo.

Les lois relatives à l'enseignement de l'alpinisme et du ski

(Lois n° 48-268 et 48-269 du 18 février 1948 ; JO du 19 février 1948).

Elles spécifiaient que l'exercice de la profession de guide de montagne et de celle de moniteur de ski était exclusivement réservé aux personnes titulaires d'un brevet ou d'un diplôme délivré par le ministère chargé des Sports après avis d'une commission d'examen.

La loi du 24 mai 1951 relative à la sécurité dans les établissements de natation

Ouverts au public et d'accès payant exigeait que le personnel employé soit titulaire d'un diplôme d'État de maître-nageur sauveteur (loi n° 51-662 ; JO du 31 mai 1951).

Les arrêtés du 4 janvier 1954 instituaient les brevets d'État de maître d'escrime et de natation sportive

(JO du 19 janvier 1954).

La loi du 28 novembre 1955

Réglementait la profession de professeur de judo et de jiu-jitsu et l'ouverture des salles destinées à l'enseignement de ces sports de combat (loi n° 55-1563 ; JO du 2 décembre 1955).

En plus des qualités et capacités techniques requises par l'enseignant, cette loi imposait des conditions d'honorabilité ; pour les locaux utilisés elle imposait de conditions de salubrité, d'hygiène et de sécurité.

La loi n° 63-807 du 6 août 1963

Cette loi réglementait la profession d'éducateur physique ou sportif et les établissements où s'exerçait cette profession et elle imposait des obligations strictes traitant :

- des conditions d'exercice (honorabilité, aptitude physique, qualification) ;
- des conditions d'exploitation des établissements (honorabilité et non-condamnation de l'exploitant ; garantie d'hygiène, de technique et de sécurité des locaux, obligation d'assurance) ;
- des sanctions administratives et pénales en cas d'infraction aux dispositions de cette loi.

Les brevets d'État d'éducateur sportif (BEES)

À la suite de cette réglementation, certaines fédérations demandèrent aux pouvoirs publics une législation en ce qui concernait leurs disciplines : plongée subaquatique (1964), tennis, ski nautique, voile (1965), football, patinage, équitation (1966), golf (1967), boxe (1969).

Naturellement, cette sortie différée dans le temps des textes entraîna une certaine disparité entre les différents diplômes : contenus variables, exigences d'inscription différentes, modalités d'examen variées. Le secrétariat d'État à la Jeunesse, aux Sports et aux Loisirs de l'époque proposa la création d'un brevet d'État unique pour les éducateurs sportifs. Le texte sortit sous la forme d'un décret (n° 72-490) qui parut le 15 juin 1972 : il instituait le brevet d'État d'éducateur sportif à trois degrés (BEES 1 et BEES 2 comportant une formation commune et une formation spécifique).

La loi du 29 octobre 1975

Cette loi, dite loi Mazeaud, relative au développement de l'éducation physique et du sport élargissait les dispositions de la loi du 6 août 1963 à toutes les activités physiques et sportives. En effet, les lois d'enseignement relatives aux sports de montagne, à la natation et au judo étaient abrogées par ce nouveau texte en son article 24.
Seule demeurait la loi du 6 août 1963.

La loi du 16 juillet 1984

Elle a repris une grande partie des dispositions antérieures et a réglementé de manière très précise la profession d'éducateur sportif (articles 43-47-48-49).

Le code du sport

Créé par ordonnance en 2006, le code du sport recense l'ensemble des lois applicables au domaine du sport.
Les articles L.212-1 à L.212-4 réglementent l'enseignement et l'entraînement rémunérés (voir section 6, annexe 1, pages 303 et 304).

→ Les diplômes fédéraux

Afin de permettre l'encadrement bénévole de leurs licenciés, les fédérations font appel à de nombreux cadres qui œuvrent en parallèle des cadres salariés. Si ceux-ci, pour la reconnaissance de leurs compétences professionnelles, doivent être titulaires d'un diplôme ou titre à finalité professionnelle ou certificat de qualification professionnelle (CQP), les cadres bénévoles, basant leur engagement sur la gratuité, ont la possibilité d'obtenir des diplômes fédéraux.

En effet, souvent anciens pratiquants, ils peuvent n'avoir que leur expérience de joueurs comme référence. Pour acquérir plus de connaissances (techniques, pratiques, pédagogiques) les fédérations sportives leur offrent des formations, sanctionnées par des examens → les brevets fédéraux. Ils portent des appellations diverses : animateur, initiateur, moniteur, instructeur, éducateur, à un ou plusieurs degrés.

Ces diplômes fédéraux sont organisés par les fédérations (ligues et comités départementaux) : durée des stages, formation des jurys, sanction et délivrance. Ils permettent d'enseigner ou d'exercer des responsabilités techniques (arbitrage, encadrement, entraînement...) à titre bénévole, activité pratiquée librement dans le cadre des associations.

Un brevet fédéral ne permet pas à son titulaire d'être rétribué.

Les diplômes professionnels

Une refonte complète des diplômes a été entreprise depuis quelques années. Un répertoire national des certifications professionnelles (RNCP) a été créé permettant une information actualisée sur les diplômes et les titres à finalité professionnelle ainsi que sur les certificats de qualification figurant sur les listes établies par les commissions paritaires nationales de l'emploi des branches professionnelles. Dans ce RNCP, on trouve :

1 - la description des activités d'un métier, d'une fonction ou d'un emploi existant ;

2 - une description des compétences, aptitudes et connaissances associées ;

3 - la certification.

Ainsi, l'échelle de qualification s'étend désormais du niveau V (BEP – CAP) au niveau 1 (bac + 5).

Le brevet d'aptitude professionnelle d'assistant-animateur technicien (BAPAAT) : article D.212-11 du code du sport

Il représente le premier niveau de qualification professionnelle pour l'animateur et l'encadrement des APS et des activités socioculturelles. Ce diplôme de niveau équivalent à celui de BEP (brevet d'études professionnelles) de niveau 5 permet d'être salarié au sein de collectivités ou d'organismes privés ou associatifs, sous l'autorité d'un cadre d'un niveau supérieur ou du directeur de l'établissement (accueils collectifs de mineurs, centres de vacances, centres sociaux, structures d'accueil périscolaires, maisons de quartiers et toutes autres structures en charge de l'organisation des loisirs du jeune et de l'enfant).

La préparation de ce diplôme fait alterner enseignement théorique et pratique. Elle dure de 1 500 à 2 000 heures. L'objectif est de former des assistants à l'animation de groupes par le biais d'une technique ou d'une activité précise, socioculturelle (théâtre, vidéo...) ou sportive (escalade, équitation...).

Le titulaire de ce diplôme exerce obligatoirement son activité sous la responsabilité d'un cadre d'un niveau supérieur de qualification (BEATEP, DEFA, BEES, BPJEPS).

Le brevet d'État d'éducateur sportif (BEES) : article D.212-70 et suivants du code du sport

Créé en 1972, le BEES est un diplôme professionnel. Il atteste l'aptitude et la qualification à enseigner les APS sous toutes leurs formes, notamment d'accompagnement, d'animation, d'initiation et d'entraînement.

Le BEES comporte trois degrés correspondant à des niveaux de compétence et des profils d'emplois différents :

- **BEES 1er degré :** organisation et promotion dans une discipline sportive ;

- **BEES 2e degré :** perfectionnement et formation des cadres dans une discipline sportive + qualification approfondie en gestion et promotion des activités sportives ;

- **BEES 3e degré :** expertise et recherche.

Afin de s'adapter au profil des candidats, il existe plusieurs modalités d'obtention :
- examen ;
- formation en contrôle continu des connaissances ;
- formation modulaire ;
- formation pour athlète de haut niveau.

Le brevet professionnel de la jeunesse, de l'éducation populaire et du sport (BPJEPS) : article D.212-20 du code du sport

Les BEES sont progressivement remplacés par un nouveau diplôme : le brevet professionnel de la jeunesse, de l'éducation populaire et du sport (BPJEPS) qui vise à « regrouper » certaines disciplines jusqu'alors gérées par un unique BEES 1er degré. Cette refonte tend à donner une certaine souplesse pour qu'il soit adaptable aux spécificités et aux combinaisons d'activités à un niveau « initiation ».

Aujourd'hui on trouve : activités pugilistiques, activités nautiques, activités physiques pour tous, pêche de loisirs, loisirs tous publics, activités gymniques, golf, sports collectifs...

Des spécialités viennent progressivement s'installer dans le champ de l'animation sportive et d'éducation populaire en remplacement des BEES et BEATEP.

Ce nouveau diplôme, inscrit au niveau IV, bouleverse les formations traditionnelles des BEES avec partie commune et partie spécifique.

Le BPJEPS est articulé en dix unités capitalisables (650 heures de formation en alternance) contribuant à l'individualisation des parcours de formation et dont l'objectif est la reconnaissance de la validation d'acquis de l'expérience (VAE).

Les diplômes d'État (DEJEPS, DESJEPS) : articles D.212-35 et D.212-51 du code du sport

Prolongeant la réforme, le MJS a créé un diplôme de niveau III : le diplôme d'État de la jeunesse, de l'éducation populaire et du sport (DEJEPS) qui atteste de l'acquisition d'une qualification dans l'exercice d'une activité professionnelle de coordination et d'encadrement à finalité éducative dans les domaines d'activités physiques, sportives, socioéducatives ou culturelles.

Il est délivré au titre de la spécialité « perfectionnement sportif » ou de la spécialité « animation socioéducative ou culturelle, et d'une mention relative à un champ disciplinaire ou professionnel.

Exemple : DEJEPS « perfectionnement sportif » mention rugby à 15.

Puis le MJS a complété l'architecture des diplômes avec le diplôme d'État supérieur de la jeunesse, de l'éducation populaire et du sport (DESJEPS) de niveau II dans le RNCP. Il remplacera à terme le BEES 2.

Exemples :

- DESJEPS « performance sportive » mention golf ;
- DESJEPS « animation socioéducative ou culturelle » mention « direction de structure et de projet ».

DEJEPS et DESJEPS sont constitués en unités capitalisables, accessibles à la VAE.

LES DIPLÔMES

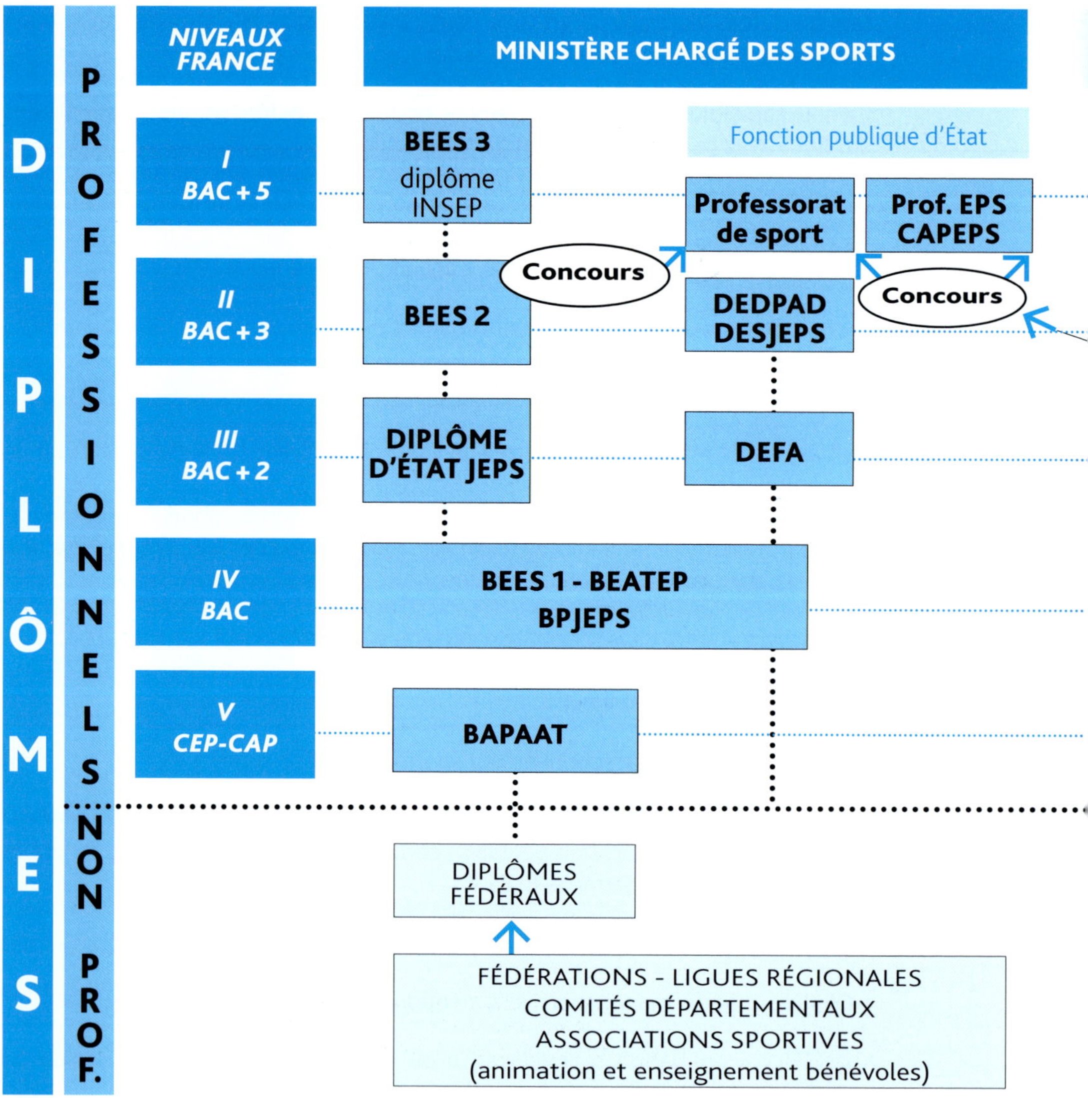

BAPAAT Brevet d'Aptitude Professionnelle d'Assistant Animateur Technicien
BEES Brevet d'État d'Éducateur Sportif
BPJEPS Brevet Professionnel de la Jeunesse, de l'Éducation Populaire et du Sport
CAPEPS Certificat d'Aptitude au Professorat d'Éducation Physique et Sportive
DEDPAD Diplôme d'État de Directeur de projet d'Animation et de Développement

DES APS

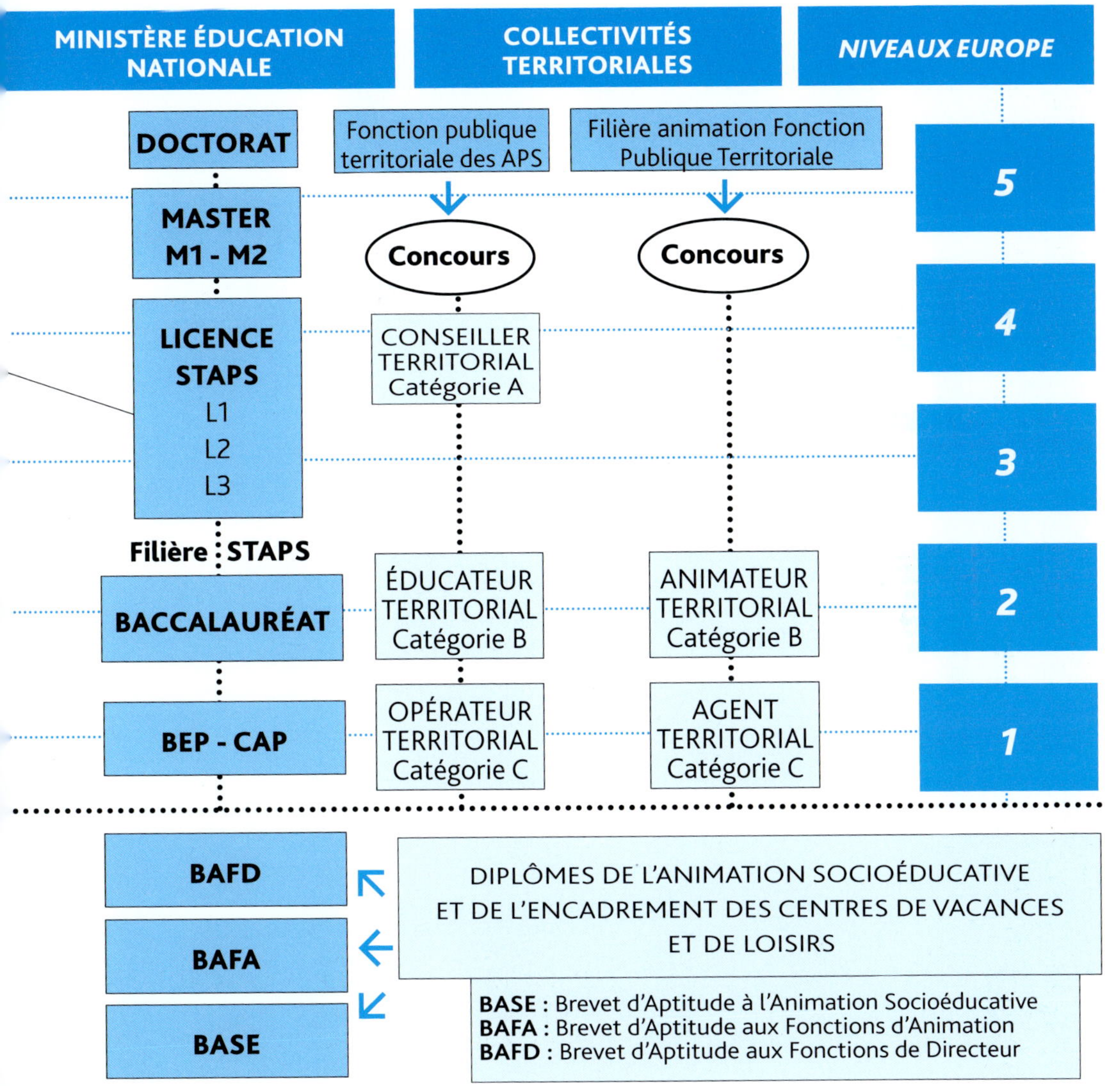

DEFA	Diplôme d'État relatif aux Fonctions d'Animation
BEATEP	Brevet d'État d'Animateur Technicien de l'Éducation Populaire et de la Jeunesse
DJEPS	Diplôme d'État de la Jeunesse, de l'Éducation Populaire et du Sport
DESJEPS	Diplôme d'État Sup. de la Jeunesse, de l'Éducation Populaire et du Sport

Chapitre 12

les conditions d'exercice

Les obligations de l'éducateur sportif

Afin d'exercer la profession d'éducateur sportif, quatre conditions sont nécessaires :
- la qualification ;
- la déclaration administrative ;
- l'honorabilité ;
- l'aptitude physique.

La qualification

Article L.211-1 du code du sport

« Seuls peuvent, contre rémunération, enseigner, animer, ou encadrer une activité physique ou sportive ou entraîner ses pratiquants, à titre d'occupation principale ou secondaire de façon habituelle, saisonnière ou occasionnelle, sous réserve des dispositions du quatrième alinéa du présent article et de l'article L.212-2 du présent code, les titulaires d'un diplôme, titre à finalité professionnelle ou certificat de qualification… »

Pour pouvoir enseigner, animer ou encadrer contre rémunération, l'éducateur sportif doit être qualifié par un diplôme dont la liste est arrêtée par le ministre chargé des Sports (article R.212-2).

La liste mentionne pour chacune des options, mentions ou spécialités de chaque diplôme, titre à finalité professionnelle ou certificat de qualification, ses conditions d'exercice. Certaines activités s'exerçant dans un environnement spécifique impliquant le respect de mesures de sécurité particulières ont été mentionnées dans l'article R.212-7 : la plongée en scaphandre et en apnée, le canoë-kayak, la voile au-delà de 200 milles nautiques d'un abri, le canyonisme, le ski, l'alpinisme, le parachutisme, la spéléologie, le surf de mer, le vol libre.

La déclaration administrative : article L.212-11 du code du sport

Article R.212-85 du code du sport

« Toute personne désirant exercer des fonctions mentionnées à l'article L.212-1… doit en faire préalablement la déclaration au préfet du département dans lequel elle compte exercer son activité… Cette déclaration est renouvelée tous les cinq ans… »

La déclaration est faite à la DDCSPP, service instructeur de la demande. Elle doit être informée de tout changement d'un élément quelconque des informations déclarées.

Dans la déclaration, les éléments à renseigner sont (CERFA n° 12699*01) :

- l'état civil du déclarant : nom, prénom, date de naissance, lieu, domicile, nationalité ;
- la qualification : diplôme, titre à finalité professionnelle ou certificat de qualification, date d'obtention ;
- les activités encadrées : nature des fonctions exercées, conditions d'exercice, lieux d'exercice, type d'établissement, date du début d'exercice ;
- une déclaration sur l'honneur de l'exactitude des renseignements fournis.

La déclaration d'éducateur sportif donne lieu à la délivrance d'une carte professionnelle valable cinq ans (renouvelable).

L'honorabilité

Article L.212-9 du code du sport

« Nul ne peut exercer les fonctions mentionnées au premier alinéa de l'article L.212-1 à titre rémunéré ou bénévole, s'il a fait l'objet d'une condamnation pour crime… »

La DDCSPP fait la demande d'extrait de casier judiciaire (bulletin n° 2) auprès du service du casier judiciaire national pour toute personne procédant à une déclaration.

(Parmi les crimes évoqués à l'article L.212-9 : attentats aux mœurs, trafic de stupéfiants, crimes de sang.)

L'aptitude médicale

Le déclarant doit être en mesure de présenter à l'autorité administrative un certificat médical, de moins d'un an, de non contre-indication à la pratique et à l'enseignement des activités physiques ou sportives.

Les sanctions

Article L.212-12 du code du sport

« Le fait pour toute personne d'exercer contre rémunération une des fonctions mentionnées au premier alinéa de l'article L.212-1 sans avoir procédé à la déclaration prévue à l'article L.212-11 est puni d'un an d'emprisonnement et de 15 000 euros d'amende. »

Les obligations concernant l'exploitant d'un établissement d'APS

Le terme « Établissement d'activités physiques et sportives (EAPS) » doit être entendu dans une acceptation large, comme la réunion :
- d'un équipement qui peut être mobile (bateau, chevaux, parapente...) mais fixé en un lieu ;
- d'une activité physique et sportive ;
- d'une durée d'intervention (permanente, saisonnière, discontinue).

Il n'y a pas de distinction entre établissement à finalité commerciale et établissement à but non lucratif (association sportive).

L'exploitant a des obligations de (articles L.321-7 à 321-9, L.322-1 à L.322.5 du code du sport) :
- déclaration ;
- honorabilité ;
- assurance ;
- hygiène-sécurité ;
- moyens de secours ;
- affichage ;
- déclaration d'accident.

La déclaration : article L.322-3 du code du sport

Comme l'éducateur sportif, l'exploitant d'un EAPS doit se déclarer auprès de la DDCSPP (imprimé CERFA n° 12698*01).

Cet imprimé, déposé deux mois avant l'ouverture, mentionne :
- l'état civil pour les personnes physiques ;
- la dénomination sociale pour les personnes morales ;
- la ou les activités : nature des disciplines enseignées ou pratiquées ;
- le lieu d'enseignement ou de pratique ;
- un descriptif sommaire de l'établissement ;
- des renseignements relatifs aux enseignants et éducateurs sportifs ;
- une déclaration sur l'honneur.

L'honorabilité : article L.322-1 du code du sport

Comme l'éducateur sportif, l'exploitant est tenu aux mêmes conditions.

L'assurance : article L.321-7 du code du sport

L'exploitant doit souscrire un contrat d'assurance couvrant sa responsabilité civile, celle de ses enseignants et de tout préposé ainsi que des personnes habituellement ou occasionnellement admises dans l'établissement pour y exercer les activités qui y sont enseignées.

Les garanties d'hygiène et de sécurité : article L.322-2 du code du sport

Les EAPS sont soumis aux règles générales d'hygiène et de sécurité dont les services responsables sont respectivement la DDCSPP (ex-DASS) et le service départemental de sécurité civile.

Ils doivent se soumettre aux dispositions particulières de certaines APS (exemples : ball-trap, judo). La DDCSPP est responsable de ces contrôles.

Les moyens de secours

Il y a obligation de mettre, à disposition des éducateurs et des utilisateurs, une trousse de secours et un moyen de communication pour alerter les secours.

L'affichage

Chaque EAPS doit comporter un affichage de la copie, en un lieu visible par tous :
- des diplômes et titres des enseignants (photocopie des cartes professionnelles) ;
- du récépissé de déclaration de l'établissement ;
- des garanties d'hygiène, de sécurité et normes applicables à l'activité physique proposée ;
- du contrat d'assurance ;
- du tableau d'organisation des secours.

La déclaration d'accident

En cas d'accidents graves (décès, incapacité) l'exploitant est tenu d'informer le préfet (la DDCSPP) qui ordonne une enquête administrative.

Les sanctions : articles L.121-4, L.212-8, L.322-4 et L.322-5 du code du sport

Peines prévues : un an d'emprisonnement et 15 000 euros d'amende.

Chapitre 13

les lieux d'exercice de la profession d'éducateur sportif

La politique de développement des APS impulsée par les pouvoirs publics trouve un écho favorable dans la population.

L'édification constante d'équipements sportifs, l'augmentation du temps libre et des loisirs, la sollicitation croissante des usagers préfigurent une demande diversifiée d'animateurs vers différents publics.

L'engouement actuel pour le sport et l'activité physique dévoile des horizons intéressants d'encadrement pour les éducateurs sportifs.

D'autre part, la gestion des activités physiques, tant en ce qui concerne l'organisation et l'animation que l'enseignement doit trouver un prolongement au-delà du bénévolat : en d'autres termes, il faut qu'à côté des associations, un relais soit pris par les collectivités publiques et décentralisées (département, commune et région).

Il existe deux grands secteurs permettant l'exercice de la profession d'éducateur sportif : le public et le privé.

Le secteur public

L'État

Pour éviter toute confusion, nous donnons quelques renseignements sur la filière « enseignement scolaire » en rappelant que cette voie est réservée en totale priorité aux enseignants d'EPS de l'Éducation nationale (et aux professeurs des écoles). Cependant, nous allons voir qu'il peut être fait appel aux diplômés professionnels.

L'enseignement de l'EPS

L'ÉCOLE PRIMAIRE

L'enseignement de l'EPS est confié au professeur des écoles qui fait pratiquer à l'enfant des activités motrices sous forme spontanée et globale pour ensuite tendre vers des activités codifiées. Il paraît évident de souligner que l'instituteur ne peut pas enseigner toutes les spécialités sportives.

> *Article L.312-3 du code de l'éducation*
>
> *« Toutefois, un personnel agréé et disposant d'une qualification définie par l'État peut assister l'équipe pédagogique, avec son accord et sous la responsabilité de celle-ci. »*

Le ministère de l'Éducation nationale a précisé les conditions d'intervention de ces animateurs :

> *« À cet égard, les inspecteurs d'académie, sur proposition de l'équipe départementale pour l'EPS, s'attacheront à vérifier dans le cadre des qualifications prévues par la loi, les compétences requises de tout intervenant pour participer à la mission d'enseignement pendant le temps scolaire. Elles sont nécessaires à la délivrance de l'agrément sans lequel il n'est pas possible d'intervenir devant les élèves des écoles. »*

Quelle que soit la compétence des intervenants extérieurs, le maître de la classe reste le responsable de l'organisation pédagogique des interventions dont il assure la mise en œuvre par sa participation et sa présence effective.

Lors d'interventions régulières dans le temps scolaire, une convention est obligatoire lorsque les intervenants sont rémunérés. Cette convention est signée entre, la collectivité publique (autre administration de l'État ou collectivité territoriale) qui les rémunère ou la personne de droit privé (association) à laquelle ils appartiennent, et l'Éducation nationale représentée par l'inspecteur d'académie – le ou les directeurs d'école contresignent la convention.

L'agrément est obligatoire pour les intervenants rémunérés ou non et est accordé par l'inspecteur d'académie qui vérifie les qualifications requises.

Lors d'interventions occasionnelles (découverte de la discipline ou activité promotionnelle), l'autorisation relève du directeur d'école après avis du conseil des maîtres.

L'ENSEIGNEMENT DU SECOND DEGRÉ

L'enseignement des APS dans le cadre de l'Éducation nationale (collèges et lycées) est confié aux enseignants d'EPS. Ils sont recrutés sur concours (certificat d'aptitude au professorat d'EPS → CAPEPS, ou agrégation). Pour s'y présenter, il faut trois années d'études après le baccalauréat et avoir obtenu la licence STAPS (sciences et techniques des APS) dans une université (UFRSTAPS).

Toutefois, si l'enseignant d'EPS demeure responsable de son enseignement des APS, il arrive qu'il fasse appel à des éducateurs sportifs diplômés d'État dans certaines pratiques optionnelles pour lesquelles il n'aurait aucune véritable compétence (surtout dans les activités de plein air).

L'ENSEIGNEMENT SUPÉRIEUR

À l'université, l'organisation des APS est du ressort du service universitaire des APS (SUAPS) animé par du personnel enseignant d'EPS.

Un large appel à la participation d'un personnel complémentaire (éducateurs sportifs titulaires de diplômes d'État) peut permettre une animation dynamique et plus variée des activités sportives.

Le ministère chargé des Sports

Ce ministère regroupe des cadres sportifs qu'il met à la disposition des groupements sportifs (fédérations, ligues, comités).

Ces différents personnels (DTN, EN, CTS) sont des professeurs de sport, des enseignants d'EPS, ou des fonctionnaires détachés mais ils peuvent être aussi des agents contractuels de l'État, recrutés pour des durées déterminées sur des opérations spécifiques (contrat de préparation olympique).

En tous les cas, ils sont des techniciens de haut niveau, au minimum titulaires du brevet d'État deuxième degré.

Le professorat de sport est un concours de recrutement des cadres spécifiques au MJS. Il y a quatre concours :

- externe (réservé aux candidats titulaires d'une licence STAPS, ou d'un BEES 2 ou du diplôme de guide de haute montagne) ;
- interne (réservé aux fonctionnaires ou agents de l'État, d'une collectivité territoriale, ou de la fonction publique hospitalière, depuis au moins trois ans) ;
- 3e voie (réservé aux candidats exerçant une activité professionnelle d'au moins quatre ans dans les huit dernières années, ou ayant un mandat électif, ou exerçant des activités bénévoles) ;
- pour les sportifs de haut niveau (classés sur les listes ad hoc).

La création en 1985 du corps de fonctionnaires Jeunesse et Sports (les professeurs de sport) a correspondu au souci du MJS de se doter de personnels spécifiques, distincts des enseignants d'EPS, pour assurer les missions très diverses qui sont les siennes dans le domaine des APS.

Les professeurs de sport sont affectés dans les services extérieurs et les établissements d'enseignement Jeunesse et Sports (directions départementales, régionales, écoles nationales, CREPS...) leurs compétences peuvent également être mises à disposition des fédérations (DTN, EN, CTS).

Les autres ministères

D'autres ministères recrutent les éducateurs sportifs pour leurs propres actions et établissements.

Exemples :
- le ministère de la Justice recrute des éducateurs sportifs pour ses établissements de formation ou pour les établissements pénitentiaires ;
- le ministère de la Défense recrute des spécialistes pour l'encadrement des armées dans le domaine sportif ;
- le ministère de l'Agriculture a les mêmes impératifs pour ses établissements d'enseignement (prof. EPS détachés).

Généralement, ces éducateurs sont des fonctionnaires détachés (enseignants d'EPS, par exemple) ou sont recrutés par voie de concours parmi les agents titulaires de diplômes d'État.

Les collectivités territoriales

Les lois de décentralisation n'ont pas prévu une répartition des pouvoirs et des responsabilités entre État et collectivités, dans le domaine du sport. Certains conseils généraux et de nombreuses municipalités ont pris à leur compte le développement des APS par la mise en place d'un service départemental ou municipal des sports, très structuré, qui peut s'occuper :
- de la gestion des équipements : prévision, entretien des gymnases, stades, piscines ;
- de l'animation sportive pour tous (découverte d'activités, écoles de sport, sports-vacances...) ;
- de l'animation en milieu scolaire ;
- de l'encadrement des associations.

Le développement des loisirs, la nécessité d'apporter une animation et un encadrement de qualité, l'intérêt porté aux rythmes de vie de l'enfant ont conduit les conseils généraux et les municipalités à employer des animateurs sportifs dans les disciplines les plus diverses.

Ces agents sont maintenant recrutés sur concours dans la « filière sportive territoriale ».

Trois cadres d'emplois sont concernés :
- opérateur territorial des APS : au niveau V (catégorie C). Il assure la surveillance et la sécurité, assiste les éducateurs ;
- éducateur territorial des APS : niveau IV (catégorie B). Recruté au niveau baccalauréat ou BEES 1, il encadre et coordonne les APS ;
- conseiller territorial des APS : niveau III (catégorie A). Diplômé du second cycle des études supérieures ou d'un DESJEPS, il assure la responsabilité et la gestion d'un service des sports.

→ Le secteur privé

Les associations

Elles sont les cellules de base du mouvement sportif, dont l'existence repose sur l'action de bénévoles. Lieux privilégiés de l'encadrement sportif, elles peuvent engager des salariés si leur importance et leurs finances le permettent.

Elles doivent alors assumer leurs choix et respecter la législation propre aux employeurs (charges sociales et fiscales).

Depuis 1990, le MJS a lancé l'opération « Profession Sports ». Étendue à l'ensemble des départements, elle consiste à créer une structure (généralement association de type loi 1901) afin de permettre la mise en relation d'offres d'emplois dans le domaine sportif et des diplômés à la recherche de travail. Les offres, souvent parcellaires, sont regroupées par cette structure qui s'occupe de toutes les démarches administratives liées à l'emploi. Les prestations de service sont facturées à l'utilisateur qui est alors déchargé des contraintes de déclaration. Les secteurs associatif, commercial ou territorial peuvent trouver des animateurs à temps partiel. Ces utilisateurs paient à la prestation, l'association « Profession Sports » recrute les cadres. Elle est l'employeur des éducateurs sportifs.

Le système commercial

Il représente les entreprises commerciales à but lucratif offrant des services à vocation sportive à une clientèle privée : salles de remise en forme, de musculation, d'aérobic, d'éducation physique…

Elles ont été étudiées au chapitre 6 « Les Sociétés commerciales » dans la section 2 « Les acteurs du développement des APS. », page 190.

Dans tous les cas, elles doivent respecter une législation bien définie notamment en ce qui concerne les normes de sécurité, d'hygiène, de salubrité des locaux, de qualifications des éducateurs, de conditions d'assurance et d'honorabilité des exploitants.

Comme toute entreprise, ces établissements sont soumis à certaines obligations sociales et fiscales.

L'attirance pour les APS se prolonge naturellement pendant les congés annuels. Il est particulièrement à la mode d'occuper son temps libre à la pratique physique. Des entreprises privées de tourisme, de vacances, de loisirs proposent des séjours alliant détente et sports. Elles permettent l'emploi, très souvent saisonnier, d'éducateurs sportifs spécialisés (surtout dans le domaine du plein air : ski, voile, plongée, tennis, tir à l'arc).

Les entreprises

La politique des APS au sein de l'entreprise est généralement déterminée par le comité d'entreprise (CE). Il les organise, les développe dans le cadre des activités sociales et culturelles prévues dans le code du travail.

En règle générale, les APS sont confiées à des associations dotées de la personnalité morale.

Article L.121-7 du code du sport

« Dans les établissements mentionnés à l'article L.431-1 du code du travail et dans le cadre des activités sociales et culturelles prévues à l'article L.432-8 du même code, le comité d'entreprise assure ou contrôle, la gestion des activités physiques ou sportives. À ce titre, il peut décider de contribuer au financement de ces activités pour favoriser leur développement. »

Article L.121-8 du code du sport

« L'organisation des activités physiques et sportives est assurée par une association sportive d'entreprise ou commune à plusieurs entreprises. Cette association est constituée conformément à l'article L.121-1 du présent code et à l'article L.432-8 du code du travail. Le comité d'entreprise et l'association sportive conviennent annuellement des objectifs poursuivis et des moyens affectés à leur réalisation. »

Deux possibilités sont à envisager :
- le recrutement extérieur d'un animateur sur titres, ou diplômes professionnels ;
- le recrutement interne d'un salarié de l'entreprise.

Un diplôme spécifique sanctionne cette formation : le certificat d'aptitude à l'animation des APS des entreprises (CAAPSE).

Chapitre 14

l'emploi

Le dernier volet des conditions d'exercice pour l'éducateur sportif représente les différentes options d'emploi. En effet, après l'étude des textes réglementaires et l'inventaire des différents lieux d'exercice de la profession, le cadre sportif peut choisir parmi plusieurs régimes de travail :
- être salarié d'un employeur ;
- être travailleur indépendant.

L'éducateur sportif comme salarié

La notion de salaire

L'existence du salaire est présumée si l'activité est rémunérée et si celui qui reçoit la rémunération se trouve dans un état de subordination ou d'étroite dépendance.

Ainsi, doit être considéré comme salarié, le footballeur professionnel qui, en raison de son activité, est rémunéré de façon régulière par un club sportif, répond aux convocations et ne peut pas décider de l'organisation de cette activité.

En revanche, celui qui exerce une activité dans les conditions excluant tout lien de subordination ne peut être considéré comme un salarié. Tel est le cas, par exemple, des boxeurs et des golfeurs professionnels dont les revenus relèvent de la catégorie des « bénéfices non commerciaux ».

Par cette définition, il apparaît clairement que, par salaire, il faut comprendre « état de subordination » c'est-à-dire dépendance du salarié vis-à-vis de son employeur : ce dernier décide de l'organisation du travail, il en règle les modalités et les horaires, il donne ses instructions et contrôle.

Par ailleurs, salaire signifie versement d'une rémunération de l'employeur au salarié.

Article L.242-1 du code de la sécurité sociale

« Pour le calcul des cotisations des assurances sociales, des accidents du travail et des allocations familiales, sont considérées comme rémunérations toutes les sommes versées aux travailleurs en contrepartie ou à l'occasion du travail, notamment les salaires ou gains, les indemnités de congés payés, le montant des retenues pour cotisations ouvrières, les indemnités, primes, gratifications et tous autres avantages en argent, les avantages en nature, ainsi que les sommes perçues directement ou par l'entremise d'un tiers à titre de pourboire. La compensation salariale d'une perte de rémunéra-

tion induite par une mesure de réduction du temps de travail est également considérée comme une rémunération, qu'elle prenne la forme, notamment, d'un complément différentiel de salaire ou d'une hausse du taux de salaire horaire. »

Donc, la conjugaison des deux éléments, subordination et rémunération détermine le contrat de travail que nous allons étudier plus avant.

Le salaire ne peut être inférieur au salaire minimum interprofessionnel de croissance (SMIC) dont le taux est fixé par l'État (le Gouvernement) ou du salaire minimun conventionné SMC.

L'employeur est tenu de fournir un bulletin de salaire à l'employé.

Le salaire versé correspond au salaire net c'est-à-dire au salaire brut moins les différentes cotisations sociales (part salariale).

En effet, afin de percevoir un certain nombre d'assurances, le salarié et l'employeur doivent cotiser à l'URSSAF (union pour le recouvrement des cotisations de sécurité sociale et des allocations familiales) et à un certain nombre d'organismes sociaux.

1 - Les assurances sociales

- L'assurances maladie qui couvre les risques maladie, maternité, invalidité et décès : à la charge du salarié et de l'employeur.
- L'assurance vieillesse : à la charge des deux.

2 - Les cotisations d'accidents du travail

Elle couvre les risque d'accidents du travail et les maladies professionnelles : à la charge exclusive de l'employeur.

3 - Les cotisations d'allocations familiales

À la charge de l'employeur.

Ces cotisations sont versées chaque mois par l'employeur.

La notion de contrat de travail

Il est nécessaire, pour qu'existe un contrat de travail, que soit établi, entre les parties, un accord portant sur les modalités de la tâche et de la rémunération.

Il existe deux types de contrat :

- à durée déterminée ;
- à durée indéterminée ;

avec, pour chacun d'eux, possibilité de contrat à temps partiel.

Le contrat à durée déterminée

Il est conclu pour une durée déterminée dans les cas suivants :
- absence temporaire ou suppression du contrat de travail d'un salarié ;
- survenance d'un surcroît exceptionnel et temporaire d'activité ;
- exécution d'une tâche occasionnelle, précisément définie et durable ;
- emploi à caractère saisonnier.

Ce contrat doit être écrit (à défaut, il devient à durée indéterminée). Il doit comporter la définition précise de son objet, l'échéance doit être fixée avec précision.

Il est renouvelable autant de fois que les deux parties le souhaitent et que la nécessité le justifie.

Ce type de contrat est courant en pratique sportive (entraîneur de football, toutes les embauches saisonnières comme moniteur de ski ou maître-nageur sauveteur).

Le contrat à durée indéterminée

Ce type de contrat ne requiert pas de forme particulière. Mais, toutefois, il paraît plus opportun de l'établir par écrit afin d'éviter toute contestation ultérieure.

Il est nécessaire qu'un accord portant sur les modalités de la tâche et de la rémunération soit établi entre les deux parties contractantes.

Cet accord bilatéral explicite le contenu relatif aux éléments suivants :
- les fonctions exercées (pour déterminer la catégorie de la CCNS) ;
- les horaires et la durée du travail (durée légale : 35 heures hebdomadaires) ;
- le montant du salaire ;
- les éventuelles heures supplémentaires ;
- les primes, indemnités, frais d'équipement, frais de déplacements ;
- les congés payés :
• le repos hebdomadaire (24 heures) ;
• les congés annuels (deux jours et demi ouvrables par mois de travail).

Ce contrat peut être rompu unilatéralement par :
- la décision du salarié ;
- le licenciement par l'employeur.

Cependant le licenciement est strictement défini par le code du travail et doit répondre à des critères très spécifiques.

Le contrat à temps partiel

Il doit être écrit. Il doit mentionner la durée hebdomadaire du temps de travail (inférieur à 35 heures) ainsi que les conditions dans lesquelles sa répartition est établie.

Le montant du salaire est proportionnel aux heures effectuées.

La convention collective nationale du sport (CCNS)

Une convention collective est un contrat privé entre des employeurs et des employés dans un corps de métier, une branche professionnelle. Dans le domaine du sport, il en existait trois qui concernaient le golf, les activités équestres et les « administratifs du football ». Souvent, les employeurs du système fédéral convenaient avec leurs salariés d'appliquer une autre convention collective, dite de l'animation (elle est plus socioculturelle que sportive et est en vigueur dans les maisons de jeunes, les centres de loisirs, les écoles de musique et d'arts plastiques...).

Il a fallu d'abord réunir les partenaires sociaux (syndicats de salariés) et le mouvement sportif (qui a dû créer le COSMOS). Une convention fut signée en 2005 mais les sports équestres, la branche « animation » et les « espaces de loisirs, d'attraction et culturels » (ayant leur propre convention incluant les activités sportives comme des parcs découverte, des parcs aquatiques, des salles de fitness – remise en forme, des piscines et des patinoires...) s'étaient retirés des discussions.

Une convention collective est toujours plus favorable au salarié que la stricte application du code du travail mais, en aucun cas, elle ne peut y déroger. C'est pourquoi afin qu'elle soit applicable à toute la branche professionnelle, il faut qu'elle soit « étendue » par arrêté du ministre du travail. La CCNS le fut par arrêté du 21 novembre 2006.

Dès lors, la CCNS règle les obligations, les avantages des métiers du sport, de l'administratif à l'animateur, de l'entraîneur au joueur professionnel.

Elle définit notamment :

- le *champ d'application* : organisation, gestion et encadrement des APS, gestion d'installations sportives, enseignement et formation des APS ou aux métiers du sport, promotion et organisation de manifestations sportives ;
- le *dialogue social et le paritarisme* avec la création de la Commission paritaire nationale de l'emploi et de la formation (CPNEF) chargée d'émettre un avis sur la création de nouvelles qualifications ;
- le *droit syndical* ;

- le *contrat de travail* : période d'essai, ruptures de contrat (démission, licenciement, retraite), différents types de contrat – notamment le « contrat de travail intermittent », CDI pouvant excéder 1 250 heures sur une période de 36 semaines maximum, conclu afin de pourvoir des postes permanents qui, par nature, comportent une alternance régulière ou non, de période travaillées et des périodes non travaillées… article 4-5-1 de la CCNS ;
- le *temps de travail* : les heures supplémentaires, le mode de calcul lors de l'accompagnement de groupes et le travail de nuit, les compensations (repos, rémunération) ;
- l'*hygiène, la santé, la sécurité des conditions de travail* : visites médicales d'embauche et du travail (tous les deux ans) ;
- les *congés* ;
- la *formation professionnelle* ;
- les *classifications, les rémunérations* : article 9-1-1 de la CCNS.

> *« Pour effectuer le classement des salariés dans les différents groupes retenus de classification et de salaires, il convient de s'attacher aux caractéristiques de l'emploi réellement occupé et, dans ce cadre, aux* ***degrés de responsabilité, d'autonomie et de technicité*** *exigés du salarié. La qualification professionnelle est déterminée en fonction des compétences et aptitudes des salariés nécessaires pour occuper le poste.*
>
> *Les partenaires sociaux rappellent que la* ***possession d'un titre, d'un diplôme ou d'une certification professionnelle*** *ne peut en soi servir de prétention à une classification, à l'exception des cas où ce titre ou diplôme a été requis par l'employeur. »*

Il y a donc huit catégories : employé-ouvier 1re et 2e, techniciens 3e, 4e et 5e, cadres 6e, 7e et 8e.

Le plancher de rémunération de ces catégories est fixé en fonction de la valeur du salaire minimum conventionné (SMC). Des primes d'ancienneté sont prévues :

- la *prévoyance* : la CCNS a rendu obligatoire le versement de cotisations patronales et salariales (pourcentage du salaire brut) pour incapacité temporaire de travail, capital-décès, invalidité… ;
- le *sport professionnel* (notamment le contrat d'usage) ;
- l'*épargne salariale* ;
- les *avenants* (modifications aux articles étendus) mais aussi la création de certificats de qualification professionnelle (CQP) inscrits au répertoire national des

certifications professionnelles (RNCP) par arrêté du ministre chargé des Sports permet la rémunération sous certaines conditions.

Exemple : avenant n° 1 étendu du 20 décembre 2005 créant « l'assistant moniteur de voile ».

Comme tous les CQP créés par la branche professionnelle, ils ont une durée de validité de trois années reconductibles. Si le besoin d'encadrement ne justifie plus la délivrance d'autres CQP dans une spécialité, les formations seront interdites sans nouvelle délivrance de ces CQP.

Les conséquences pour l'éducateur sportif

L'éducateur sportif salarié doit connaître ces différents types de contrat afin de pouvoir défendre au mieux ses intérêts.

Comme tout salarié, il doit être attentif au respect des textes régissant le code du travail, c'est-à-dire les droits et devoirs de l'employeur mais aussi de l'employé, et s'informer sur la convention collective nationale du sport.

Exemple :

> *Article 4.1.1.1 – Égalité professionnelle entre hommes et femmes*
>
> *« Les employeurs s'engagent à respecter les dispositions législatives relatives à l'égalité professionnelle entre les hommes et les femmes et s'interdisent en conséquence de prendre les décisions concernant les relations du travail, notamment l'emploi, la rémunération, l'exécution du contrat de travail d'un salarié, en considération du sexe ou de la situation de famille, ou sur la base de critères de choix différents selon le sexe ou la situation de famille. »*

Les éventuels litiges ou conflits sont examinés au préalable par l'inspecteur du travail ; en second lieu il peut y avoir saisine du conseil de Prud'hommes. La compétence prud'homale s'étend à tous les litiges relatifs à la validité, à l'interprétation et à l'exécution du contrat de travail (c'est au salarié à rapporter la preuve d'un contrat de travail le liant à l'employeur).

→ L'éducateur sportif comme travailleur indépendant

Si le salarié a un lien de subordination avec son employeur, le travailleur indépendant gère lui-même ses activités en toute liberté.

Nous pourrions écrire qu'il est son propre patron.

Il organise son travail sans aucune contrainte hiérarchique. Il doit en premier lieu tenir compte de la disponibilité de sa clientèle. Il fixe lui-même le montant des honoraires versés par ses clients en contrepartie des différentes prestations qu'il dispense.

Le travailleur indépendant doit respecter la législation relative à l'exploitation des salles d'éducation physique (voir chapitre précédent).

Au plan fiscal, il doit déclarer ses revenus comme bénéfices non commerciaux. Il doit faire obligatoirement une déclaration aux services fiscaux ainsi qu'aux organismes sociaux comme :
- la caisse d'assurance maladie-maternité ;
- la caisse d'assurance-vieillesse ;
- la caisse d'allocations familiales.

(Il est recommandé de cotiser à une caisse de retraite complémentaire).

Ce régime de travail se pratique couramment dans quelques disciplines permettant l'ouverture de salles privées ; entre autres activités citons le tennis, le ski, la musculation et la culture physique, les activités de pleine nature… sans que, bien sûr, ce soit l'activité qui détermine le statut.

Questionnaire

Pouvez-vous répondre aux questions suivantes ?

1 - Titulaire du BEES 1, que vous permet ce diplôme ?

2 - Quelles conditions requiert l'exploitation d'un établissement d'activités physiques et sportives ?

3 - Que savez-vous du contrôle médical des éducateurs sportifs ?

4 - Quelles sanctions encoure quiconque enfreint la loi sur la réglementation de l'exploitation des salles et établissements d'activités physiques et sportives ?

5 - Quels débouchés ouvre le brevet d'État d'éducateur sportif ?

6 - L'éducateur sportif peut-il œuvrer dans l'enseignement scolaire ? Sous quelles conditions ?

7 - Qu'est-ce qu'un salaire ?

8 - Qu'est-ce qu'un contrat de travail ?

9 - Qu'est-ce qu'un travailleur indépendant ?

10 - Vous désirez créer une salle de « remise en forme » où seront enseignées les activités physiques et sportives contre rémunération. Exposez les démarches administratives nécessaires à l'ouverture de cet établissement. Quelles personnes devez-vous employer ?

11 - Vous allez exercer la profession d'éducateur sportif. Après avoir exposé les caractéristiques des statuts de salarié et de travailleur indépendant, précisez quels sont les éléments qui orienteront votre choix vers l'un ou l'autre de ces statuts.

12 - Actuellement animateur bénévole dans une association, vous désirez parfaire votre formation. Après avoir comparé les diplômes fédéraux et les diplômes d'État, quel choix faites-vous ? Pourquoi ?

section 5

la législation sportive

Dans cette partie, le lecteur trouvera :

1) la table des matières du code du sport ;

2) quelques éléments de réglementation européenne.

Le code du sport

La partie législative a été créée par l'ordonnance n°2006-596 du 23 mai 2006, JO du 25 mai 2006 [la partie réglementaire est parue à l'annexe du n° 170 du 25 juillet 2007 et complétée par l'arrêté du 28 février 2008, JO du 29 avril 2008].

Le code du sport a été élaboré à partir des principaux textes législatifs (articles en L) et des textes réglementaires (soit articles en R pour les décrets pris en Conseil d'État, soit articles D pour les simples décrets, soit articles en A pour les arrêtés). Ce travail de codification s'est traduit par :

1 - Le regroupement en partie législative des trois principaux textes concernant le sport à savoir :

- la loi de 1984 relative au développement des APS ;
- la loi de 1989 relative à la lutte contre le dopage des animaux dans le sport ;
- la loi de 1999 relative à la prévention de la santé des sportifs et la lutte contre le dopage.

2 - Le choix des textes (certains bien qu'intéressant le sport avaient été intégrés dans d'autres codes).

3 - Un souci d'allégement et de simplification (exemple : le CNAPS – article 33 de la loi de 1984 – disparaît de la partie législative pour réapparaître en partie réglementaire – R. 142-1).

4 - Un souci de cohérence et de clarification de nomenclature.

Exemple : les articles L.122 sur les sociétés sportives ont leurs articles d'application R ou D en référence 122 également.

C'est ainsi que, à part certaines dispositions fiscales (code générale des impôts pour le sport professionnel), code de sécurité sociale pour certains dispositifs dérogeant aux règles générales, code du travail pour certaines règles non incluses dans le code du sport (et non prévues dans la CCNS), l'assise législative et réglementaire des APS est inscrite dans ce nouveau code du sport.

Son champ est vaste, c'est pourquoi nous ne reproduirons ici que le plan général et les principaux thèmes abordés avec les références (pour la consultation in extenso voir l'annexe 1 de la partie 6).

PARTIE LÉGISLATIVE	PARTIE RÉGLEMENTAIRE
Livre 1er ● ORGANISATION DES ACTIVITÉS PHYSIQUES ET SPORTIVES	
➤ **Titre préliminaire**	
Principes généraux	
(articles L.100-1 à L.100-4)	
➤ **Titre 1er**	
Personnes publiques	
CHAPITRE I	
États (Articles L.111-1 à L.111-3)	Les établissements publics nationaux R.112-1 à R.112-25
CHAPITRE III	
Collectivités territoriales (Articles L.113-1 à L.113-3)	R.113-1 à R.113-6
CHAPITRE IV	
Groupements d'intérêt public (Article L.114-1)	R.121-1 à R.121-6
➤ **Titre II**	
Associations et sociétés sportives	
CHAPITRE I	
Associations sportives	A.121-1
Section 1	
Dispositions générales (Articles L.121-1 à L.121-5)	R.121-1 à R.121-6
Section 2	
Associations sportives sur le lieu de travail (Articles L.121-6 à L.121-9)	
CHAPITRE II	
Sociétés sportives	
Section 1	
Dispositions générales (Articles L.122-1 à L.122-11)	R.122-1 à R.122-12

Section 2
Sociétés d'économie mixte
(Articles L.122-12 à L.122-13)

Section 3
Relations entre associations et sociétés sportives
(Articles L.122-14 à L.122-19)

➤ Titre III
Fédérations sportives et ligues professionnelles

CHAPITRE I
Fédérations sportives

Section 1
Dispositions générales
(Articles L.131-1 à L.131-7) — R.131-1 et R.131-2
A.131-1 à 131-6

Section 2
Fédérations agréées
(Articles L.131-8 à L.131-13) — R.131-3 à R.131-24 dont missions des CTS auprès des fédérations sportives

Section 3
Fédérations délégataires
(Articles L.132-14 à L.134-21) — R.131-125 à R.131-36

CHAPITRE 2
Ligues professionnelles
(Articles L.132-1 à L.132-2) — R.132-1 à R.132-17

➤ Titre IV
Organismes de représentation et de conciliation

CHAPITRE I
Comité national olympique et sportif français — R.141-1 à R.141-25 - A.141-1
(Articles L.141-1 à L.141-5)

CHAPITRE II
Autres organismes — CNAPS : Art. R. 142-1 à R. 142-25
A.142-1 à R.142-10

Livre II ● ACTEURS DU SPORT

➤ Titre 1er
Formation et enseignement

Chapitre I Formation aux professions du sport (Articles L.211-1 à L.211-7)	INSEP : D.211-1 à 211-18 - A.211-1 à 26 ENE : D.211-19 à 211-35 - A.211-27 à 38 ENV : D.211-36 à 211-53 - A.211-39 à 49 ENSA : D.211-54 à 211-68 - A.211-50 à 63 CREPS : D.211-69 à 211-82 - A.211-64 à 70 Centres de formation des sportifs professionnels : D.211-83 à 100
Chapitre II **Enseignement du sport contre rémunération**	
Section 1 Obligation de qualification (Articles L.212-1 à L.212-8)	A.212-1 à 212-208
Section 2 Obligation d'honorabilité (Articles L.212-9 à L.212-10)	
Section 3 Obligation de déclaration d'activité (Articles L.212-11 à L.212-12)	R. 212-1 à R.212-95 Diplômes, déclaration de l'activité
Section 4 Police des activités d'enseignement (Articles L.212-13 à L.212-14)	

➤ Titre II
Sportifs

Chapitre I Sport de haut niveau (Articles L.221-1 à L.221-13)	R.221-1 à R.221-39 Acteurs, listes, filières d'accès et commission nationale de haut niveau

CHAPITRE II Sport professionnel (Articles L.222-1 à L.222-12)	A.222-1 à 15 R.222-1 à R.222-22 Agent sportif
CHAPITRE III Autres dispositions applicables aux sportifs (Articles L.223-1 à L.223-3)	
Titre III **Santé des sportifs et lutte contre le dopage**	
CHAPITRE PRÉLIMINAIRE (Article L.230-1)	
CHAPITRE I Suivi médical des sportifs (Article L.231-1)	A.231-1 à 8
Section 1 Certificat médical (Articles L.231-2 à L.231-4)	R.231-1 à R.231-11
Section 2 Rôle des fédérations sportives (Articles L.231-5 à L.231-8)	
CHAPITRE II Lutte contre le dopage	D. 232-1 à R. 232-98
Section 1 Prévention (Articles L.232-1 à L.232-4)	
Section 2 Agence française de lutte contre le dopage (Articles L.232-5 à L.232-8)	
Section 3 Agissements interdits et contrôles (Articles L.232-9 à L.232-20)	
Section 4 Sanctions administratives (Articles L.232-21 à L.232-24)	
Section 5 Dispositions pénales (Articles L.232-25 à L.232-31)	

➤ Titre IV	
Lutte contre le dopage animal	
CHAPITRE UNIQUE (Articles L.241-1 à 241-10)	R.241-1 à 241-26

Livre III ● PRATIQUE SPORTIVE

➤ Titre 1er	
Lieux de pratiques sportives	
CHAPITRE I Sports de nature (Articles L.311-1 à L.311-6)	R.311-1 à R.311-3 CDESI
CHAPITRE II Équipements sportifs	R.312-1 à R.312.26 Commission nationale de sécurité des enceintes sportives Commission départementale de sécurité et d'accessibilité
Section 1 Dispositions communes (Articles L.312-1 à L.312-4)	A.312-1
Section 2 Installations fixes (Articles L.312-5 à L.312-11)	A.312-2 à 12
Section 3 Installations provisoires (Articles L.312.12 à L.312-13)	
Section 4 Dispositions pénales (Articles L.312-14 à L.312-17)	
➤ Titre II	
Obligations liées aux activités sportives	
CHAPITRE I Obligation d'assurance (Articles L.321-1 à L.321-9)	D.321-1 à D.321-5

Chapitre II	
Garanties d'hygiène et de sécurité	A.322-1 à 3
<u>*Section 1*</u>	
Dispositions générales (Articles L.322-1 à L.322-6)	R.322-4 à R.322-38
<u>*Section 2*</u>	
Dispositions relatives aux baignades et piscines ouvertes au public (Articles L.322-7 à L.322-9)	A.322-4 à 175

➤ Titre III
Manifestations sportives

Chapitre I	
Organisation des manifestations sportives	D.331-1 à R.331-52
<u>*Section 1*</u>	
Rôle des fédérations (Articles L.331-1 à L.331-4-1)	
<u>*Section 2*</u>	
Autorisations préalables (Articles L.331-5 à L.331-8)	A.331-1 à 23
<u>*Section 3*</u>	
Obligation d'assurance des organisateurs de manifestations sportives (Articles L.331-9 à L.331-12)	A.331-24 à 36
Chapitre II	
Sécurité des manifestations sportives (Articles L.332-1 à L.332-21)	R.332-1 à R.332-13 A.331-37
Chapitre III	
Retransmission des manifestations sportives	R.333-1 à R.333-3
<u>*Section 1*</u>	
Droit d'exploitation (Articles L.333-1 à L.333-5)	
<u>*Section 2*</u>	
Liberté de diffusion (Articles L.333-6 à L.333-9)	

Livre IV • DISPOSITIONS DIVERSES

➤ Titre 1er

Financement du sport

Chapitre unique

Section unique

Financements affectés à l'établissement public chargé de développement du sport (Articles L.411-1 à L.411-2)	R.411-1 à R.411-28 : CNDS A.411-1 à 7

➤ Titre II

Dispositions applicables à l'outre-mer

Chapitre I Dispositions applicables à Mayotte (Articles L.421-1 à L.421-3)	A.421-1 à 4
Chapitre II Dispositions particulières à Saint-Pierre-et-Miquelon (Articles L.422-1 à L.422-3)	A.421-5 à 422-1
Chapitre III Dispositions applicables à Wallis et Futuna (Articles L.423-1)	A.423-1 à 5
Chapitre IV Dispositions applicables en Polynésie française (Articles L.424-1)	A.424-1 à 4

Chapitre V

Dispositions relatives à la Nouvelle-Calédonie

Section 1

Dispositions générales (Articles L.425-1) A.425-1 - à 5

Section 2

Infractions en matière de lutte contre le dopage et de protection de la santé des sportifs

Sous-section 1

Contrôle et constat des infractions (Articles L.425-2 à L.425-8)

Sous-section 2

Dispositions pénales (Articles L.425-9 à L.425-12)

En annexes de la partie réglementaire, on trouve :

- les statuts types des EURSL, SASP, SADS ;
- les dispositions obligatoires des statuts des fédérations sportives agréées ;
- le règlement disciplinaire type des fédérations agréées ;
- le règlement disciplinaire type des fédérations agréées relatif à la lutte contre le dopage ;
- des normes de sécurité des équipements et des établissements recevant du public ;
- la liste des diplômes permettant la rémunération.

Le code du sport est le socle de l'organisation du sport en France. Son importance n'échappe à aucun dirigeant, éducateur ou sportif car il est censé régler tous les problèmes générés par la pratique des APS dans notre société. Il est notre référence pour cet ouvrage.

Mais le droit étant un texte « vivant », même si la lecture peut sembler rébarbative, ces textes sont le reflet de ce que la société française a mis en place pour organiser le loisir sportif, développer l'éducation par le sport, briller et rayonner sur le plan des résultats des rencontres internationales sportives. Son côté « vivant » induit inévitablement des modifications permanentes liées aux nouveaux problèmes apparus dans la société, pour tendre vers une société plus égalitaire, plus respectueuse de l'individu et de l'environnement.

Le code du sport est le texte à consulter… dans sa dernière version.

La législation européenne

Dans le traité de Rome de 1957 (créant la Communauté Économique Européenne – CEE), dans l'acte unique européen de 1986 ou dans le traité de Maastricht de 1992, nulle part ne figure le mot SPORT.

Ce qui signifie, a priori, que le domaine du sport relève de la seule compétence des États membres.

Étant avant tout une communauté d'origine économique, il n'y a pas de « règles sportives » mais seulement une application de décisions plus générales pouvant influencer règlement, actions et habitudes des États membres, des unions européennes sportives et des fédérations nationales.

La libre circulation des travailleurs

Ainsi donc, le sport n'est pris en compte que dès lors qu'il constitue une activité économique, donc quand il s'agit du sport professionnel.

Les principes généraux de libre circulation des personnes, des services et des biens, et de libre concurrence sont pleinement applicables.

L'arrêt Bosman du 15 décembre 1995

Cet arrêt rendu par le Cour de justice des communautés européennes stipule et réaffirme la libre circulation des travailleurs (article 48 du traité de Rome). Ainsi les règles sportives qui l'entravent (primes de transfert, quotas de joueurs liés à la nationalité) sont illégales.

Une équipe professionnelle d'un État membre de l'Union européenne (UE), dans quelque sport que ce soit, peut fait appel, sans limitation, à des joueurs d'origine communautaire, sans considération de leur nationalité.

Mais depuis, la Cour européenne a élargi cette possibilité à d'autres pays que les États membres. L'arrêt Kolpak, du nom du joueur de handball slovaque désirant jouer en Allemagne et qui s'était vu refuser ce droit, étend la possibilité de pratiquer sans restriction de nationalité comme les joueurs issus des États membres. La Cour européenne s'est prononcé sur le principe de non-discrimination contenu dans les accords signés pour l'UE avec les États tiers. Ce type d'accord a été signé avec 24 pays de l'Est et du Maghreb, à Cotonou, avec 77 pays d'Afrique – Caraïbes – Pacifique. Soit 119 pays pouvant prétendre à cette non-discrimination, ce qui représente un milliard d'individus (en attendant les prochains traités économiques...).

L'éducateur sportif

De la même manière, les principes de liberté de circulation, d'établissement et de prestation de service influent sur l'emploi sportif.

Le principe est : à qualification égale, travail et salaires égaux, sans discrimination nationale.

Mais peu de pays de la Communauté réglementent, contrôlent et délivrent les diplômes de l'encadrement sportif comme en France.

Actuellement, l'étude est en cours pour classer les diplômes de tous les pays, en évaluant les niveaux d'exigence. Ce qui permettrait d'établir une grille européenne basée sur les qualifications :

Grille européenne de qualifications

Qualification	Grille Européenne	Grille Française	Diplômes Français	Diplômes sportifs français
Travail d'exécution	Niveaux 1 - 2	Niveau V	CAP BEP	BAPAAT aide-moniteur Opérateur territorial
Encadrement Coordination	Niveau 3	Niveaux III et IV	Baccalauréats	BEES 1- DEJEPS Éducateur territorial
Conception Direction Gestion	Niveau 4	Niveau II	Licence	DESJEPS BEES 2 Conseiller territorial
	Niveau 5	Niveau I	Licence et plus	BEES 3

Mais cette harmonisation des qualifications aux métiers du sport n'est pas réalisée.

Des directives européennes rappellent que toute qualification permettant à une personne d'exercer réglementairement un métier dans un État membre doit pouvoir être acceptée dans n'importe quel autre État membre.

C'est ainsi que les réglementations du pays d'origine prévalent. Bien sûr, dès lors que des différences importantes quant au contenu de formation apparaissent, l'État membre qui accueille un éducateur sportif étranger peut lui imposer un test d'aptitude ou un stage d'adaptation préalable, d'une durée maximale d'un an.

Les aides publiques aux clubs sportifs

- Pour diminuer les risques encourus par les collectivités territoriales qui subventionnent des clubs professionnels en « responsabilité de fait » lors de retentissantes liquidations judiciaires ;
- pour responsabiliser au civil et au pénal des dirigeants d'associations trop peu réalistes (voire mégalomanes) ;
- pour se mettre en conformité avec les accords européens sur la libre circulation des travailleurs, des produits et des spectacles (même sportifs) excluant tout protectionnisme ;

le code du sport et les lois le constituant prévoient que :

- un club (loi 1901) dépassant 1 200 000 euros en recettes (hors taxes) des droits d'entrée aux manifestations sportives, des recettes publicitaires et des droits d'exploitation audiovisuels ou 800 000 euros en dépenses salariales perçues par les sportifs employés, allégées des charges sociales et fiscales (articles R.122-1 à R.122-3 du code du sport) doit constituer une société pour gérer ces activités ;

- les sociétés sportives : elles peuvent prendre quatre formes différentes.

1) La société d'économie mixte sportive locale (SEMSL) : c'est une société anonyme à objet sportif (SAOS) dans laquelle un ou plusieurs actionnaires sont des collectivités territoriales. Elle doit adopter des statuts types. Elle ne peut ni verser des dividendes, ni être cotée en bourse. Elle ne peut plus être créée actuellement.

2) L'entreprise unipersonnelle professionnelle sportive à responsabilité limitée (EUPSRL) : c'est une société anonyme avec un seul « propriétaire » qui ne peut être que le club d'origine. Elle ne peut que « constituer des fonds de réserve » en cas de bénéfice et elle ne peut pas être cotée en bourse.

3) La société à objet sportif ou société anonyme à objet sportif (SOS ou SAOS) : ce groupement libre de ses statuts répondant aux exigences des tribunaux de commerce est une association d'actionnaires dont l'un est l'association sportive qui doit détenir un tiers du capital social et des droits de vote. Cette société ne peut que constituer des fonds de réserves lors de bénéfices, sauf si la SOS a fait appel à l'épargne publique, cas dans lequel elle peut alors distribuer des dividendes.

4) La société anonyme sportive professionnelle (SASP) : c'est une véritable société anonyme pouvant être cotée en bourse (sur la pression de la commission européenne le 24 janvier 2007). Ainsi l'Olympique Lyonnais (football) a pu créer une holding : « OL Groupe » maintenant cotée en bourse et qui peut (comme toutes ses SASP) distribuer des dividendes (cf. articles L.122-1 à L.122-9 du code du sport).

Cependant, il restait un problème à résoudre : peut-on, par les aides publiques, fausser la libre concurrence des pays constituant l'Union européenne (surtout dans un domaine comme le sport professionnel qui représente l'activité économique et commerciale par excellence) ? La législation française a dû composer et s'adapter. Elle prévoit trois cas (articles L.113-1 à L.113-3) :

- les collectivités territoriales ou leurs groupements (EPCI) ne peuvent accorder de garanties d'emprunt ou de cautionnement aux sociétés sportives ci-dessus décrites. Mais les associations dont le montant annuel des recettes ne dépasse pas 75 000 euros peuvent en bénéficier ;

- pour des missions d'intérêt général, les sociétés sportives ne peuvent percevoir plus de 2,3 millions d'euros pour :
• soit des centres de formation de jeunes sportifs agréés (perfectionnement, insertion, scolaire et professionnelle),
• soit pour des actions d'intégration sociale, d'éducation ou de cohésion sociale,
• soit pour améliorer la sécurité du public et la prévention de la violence dans les stades (articles R.113-1 à R.113-5 du code du sport),

ces seuils s'entendent toutes subventions des collectivités (ou de leurs groupements) confondues,

- les prestations de services ou conventions signées avec ces sociétés ne peuvent dépasser 30 % du total des produits du compte de résultat (plafonné à 1,6 M d'euros par an).

Conclusion

D'un financement majoritaire des clubs par les adhérents au départ, l'évolution montre qu'on est ensuite passé par celui des recettes laissées aux guichets par les spectateurs acquittant leurs droits d'entrée, puis à celui des aides accordées par les collectivités territoriales, pour enfin atteindre aujourd'hui un financement prioritairement abondé par les médias (la télévision en majeure partie) et de la publicité, et le « merchandising » avec des sociétés liées commercialisant les produits dérivés (maillots, écharpes, fanions...).

section 6

annexes

Annexe 1
Le code du sport
Partie législative

Annexe 2
Loi du 1er juillet 1901
Décret du 16 août 1901

Annexe 3
Un modèle de règlement intérieur

Annexe 1

le code du sport partie législative

LIVRE I

ORGANISATION DES ACTIVITÉS PHYSIQUES ET SPORTIVES

Titre préliminaire

PRINCIPES GÉNÉRAUX (ARTICLES L.101 À L.104)

Article L.100-1

Les activités physiques et sportives constituent un élément important de l'éducation, de la culture, de l'intégration et de la vie sociale.

Elles contribuent notamment à la lutte contre l'échec scolaire et à la réduction des inégalités sociales et culturelles, ainsi qu'à la santé.

La promotion et le développement des activités physiques et sportives pour tous, notamment pour les personnes handicapées, sont d'intérêt général.

Article L.100-2

L'État, les collectivités territoriales et leurs groupements, les associations, les fédérations sportives, les entreprises et leurs institutions sociales contribuent à la promotion et au développement des activités physiques et sportives.

L'État et les associations et fédérations sportives assurent le développement du sport de haut niveau, avec le concours des collectivités territoriales, de leurs groupements et des entreprises intéressées.

Article L.100-3

L'organisation et le développement des activités physiques et sportives dans les établissements spécialisés et les entreprises accueillant des personnes handicapées font l'objet d'adaptations à la situation de ces personnes.

Article L.100-4

Les sportifs exerçant une activité professionnelle salariée bénéficient des dispositions de l'article L.3122-28 du code du travail, ci-après reproduit :

« Art. L.3122-28. Tout salarié peut, compte tenu des possibilités de l'entreprise, bénéficier d'aménagements de son horaire de travail pour la pratique régulière et contrôlée d'un sport. »

Titre I

PERSONNES PUBLIQUES

Chapitre I

État (Article L.111-1 à L.111-3)

Article L.111-1

I. L'État assure ou contrôle, en liaison avec toutes les parties intéressées, l'organisation des formations conduisant aux différentes professions des activités physiques et sportives et la délivrance des diplômes correspondants.

Il concourt à la formation des cadres sportifs spécialisés dans l'encadrement des activités physiques et sportives des personnes handicapées.

II. L'État exerce la tutelle des fédérations sportives.

Il veille au respect des lois et règlements en vigueur par les fédérations sportives.

III. Il peut conclure avec les collectivités territoriales des conventions portant sur des concours particuliers dans le domaine des activités physiques et sportives, dans les conditions définies à l'article 7 de la loi n° 92-125 du 6 février 1992 relative à l'administration territoriale de la République.

Article L.111-2

Le schéma de services collectifs du sport, élaboré conformément aux articles 2 et 10 de la loi n° 95-115 du 4 février 1995 d'orientation pour l'aménagement et le développement du territoire, définit les objectifs de l'État pour développer l'accès aux services, aux équipements, aux espaces, sites et itinéraires relatifs aux pratiques sportives sur l'ensemble du territoire national, en cohérence avec le schéma de services collectifs des espaces naturels et ruraux, et favoriser l'intégration sociale des citoyens.

À cette fin, il identifie des territoires d'intervention prioritaire et évalue l'ensemble des moyens nécessaires en prenant en compte l'évolution des pratiques et les besoins en formation.

Il coordonne l'implantation des pôles sportifs à vocation nationale et internationale et guide la mise en place des services et équipements structurants. Il offre un cadre de référence pour une meilleure utilisation des moyens publics et des équipements sportifs.

Il favorise la coordination des différents services publics impliqués dans le développement des pratiques sportives en relation avec les politiques de développement local, économique, touristique et culturel.

Il assure l'information du public sur les services, les équipements et les pratiques sportives en s'appuyant sur les réseaux existants et l'usage des nouvelles technologies de l'information et de la communication.

Les contrats passés entre l'État, les collectivités territoriales intéressées et les associations sportives qui bénéficient de subventions de l'État tiennent compte des objectifs du schéma.

Article L.111-3

Outre les officiers et agents de police judiciaire agissant conformément aux dispositions du code de procédure pénale, les fonctionnaires relevant du ministre chargé des Sports habilités à cet effet par le même ministre et assermentés dans des conditions fixées par décret en Conseil d'État peuvent rechercher et constater par procès-verbal les infractions prévues par les dispositions du présent code à l'exception de celles mentionnées aux articles L.232-11, L. 241-5 et L.322-8.

Les fonctionnaires relevant du ministre chargé des Sports mentionnés au premier alinéa peuvent accéder aux établissements mentionnés à l'article L.322-2 en vue de rechercher et de constater les infractions, demander la communication de tout document professionnel et en prendre copie, recueillir, sur convocation ou sur place, les renseignements et justifications. Les fonctionnaires ne peuvent accéder à ces établissements que pendant leurs heures d'ouverture au public et, s'ils ne sont pas ouverts au public, qu'entre 8 heures et 20 heures. Ils ne peuvent accéder aux locaux qui servent pour partie de domicile aux intéressés.

Le procureur de la République est préalablement informé par les fonctionnaires mentionnés au deuxième alinéa des opérations envisagées en vue de la recherche des infractions.

Les procès-verbaux font foi jusqu'à preuve contraire et sont transmis au procureur de la République dans les cinq jours suivant leur établissement. Une copie en est également remise à l'intéressé.

Le fait de s'opposer, de quelque façon que ce soit, à l'exercice des fonctions dont sont chargés les agents mentionnés au présent article est puni de 7 500 euros d'amende et d'un an d'emprisonnement.

Chapitre II

Le présent chapitre ne comprend pas de dispositions législatives.

Chapitre III

Collectivités territoriales (Articles L.113-1 à L.113-3)

Article L.113-1

Les collectivités territoriales ou leurs groupements ne peuvent accorder de garanties d'emprunt ni leur cautionnement aux associations sportives et aux sociétés anonymes mentionnées aux articles L.121-1 et L.122-2.

Toutefois, les collectivités territoriales ou leurs groupements peuvent accorder leur garantie aux emprunts contractés en vue de l'acquisition de matériels ou de la réalisation d'équipements sportifs par des associations sportives dont le montant annuel des recettes n'excède pas 75 000 euros.

Article L.113-2

Pour des missions d'intérêt général, les associations sportives ou les sociétés sportives peuvent recevoir des subventions publiques. Ces subventions font l'objet de conventions passées, d'une part, entre les collectivités territoriales, leurs groupements ainsi que les établissements publics de coopération intercommunale et, d'autre part, les associations sportives ou les sociétés qu'elles constituent.

Un décret en Conseil d'État détermine les conditions dans lesquelles sont versées ces subventions et fixe le montant maximum de celles-ci.

Article L.113-3

Les sommes versées par les collectivités territoriales ou leurs groupements aux sociétés sportives en exécution de contrats de prestation de services, ou de toute convention dont l'objet n'entre pas dans le cadre des missions d'intérêt général visées à l'article L.113-2, ne peuvent excéder un montant fixé par décret.

Chapitre IV

Groupements d'intérêt public (Article L.114-1)

Article L.114-1

Des groupements d'intérêt public dotés de la personnalité morale et de l'autonomie financière peuvent être constitués soit entre des personnes morales de droit public, soit entre une ou plusieurs d'entre elles et une ou plusieurs personnes morales de droit privé pour exercer ensemble, pendant une durée déterminée, des activités d'intérêt commun en matière de sport.

Ces activités doivent relever de la mission ou de l'objet social de chacune des personnes morales composant le groupement.

Les dispositions des articles L.341-1 à L.341-4 du code de la recherche sont applicables aux groupements prévus au présent article.

Titre II

ASSOCIATIONS ET SOCIÉTÉS SPORTIVES

CHAPITRE I

ASSOCIATIONS SPORTIVES

Section 1

Dispositions générales (Articles L.121-1 à L.121-5)

Article L.121-1

Les associations sportives sont constituées conformément aux dispositions de la loi du 1er juillet 1901 relative au contrat d'association ou, lorsqu'elles ont leur siège dans les départements du Bas-Rhin, du Haut-Rhin et de la Moselle, conformément au code civil local.

Article L.121-2

Les associations sportives scolaires et universitaires sont soumises aux dispositions du présent code ainsi qu'aux livres V et VIII du code de l'éducation.

Article L.121-3

Les associations sportives qui promeuvent et organisent des activités physiques et sportives à l'intention des personnes handicapées peuvent bénéficier, sous réserve de l'agrément mentionné à l'article L.121-4, d'aides des pouvoirs publics, notamment en matière de pratique sportive, d'accès aux équipements sportifs, d'organisation des compétitions, de formation des éducateurs sportifs et d'adaptation des transports.

Les associations sportives, notamment scolaires, universitaires et d'entreprise sont ouvertes aux personnes handicapées.

Article L.121-4

Les associations sportives ne peuvent bénéficier de l'aide de l'État qu'à la condition d'avoir été agréées.

L'agrément est notamment fondé sur l'existence de dispositions statutaires garantissant le fonctionnement démocratique de l'association, la transparence de sa gestion et l'égal accès des femmes et des hommes à ses instances dirigeantes.

L'autorité administrative peut prononcer le retrait de l'agrément d'une association sportive si elle emploie des personnes ne satisfaisant pas aux obligations des articles L.212-1, L.212-2 et L.212-9 ou si elle méconnaît les obligations des articles L.322-1 et L.322-2.

Les conditions de l'agrément et du retrait de l'agrément sont déterminées par décret en Conseil d'État.

Article L.121-5

Les dirigeants d'une association sportive, titulaires d'une licence délivrée par une fédération agréée, qui, à titre bénévole, remplissent des fonctions de gestion et d'encadrement au sein de leur fédération ou d'une association qui lui est affiliée peuvent bénéficier de congés, dans les conditions fixées à l'article L.931-1 du code du travail, afin de suivre la formation liée à leur fonction de bénévoles.

Section 2

Associations sportives sur le lieu de travail (Articles L.121-6 à L.121-9)

Article L.121-6

Dans les administrations et établissements publics, l'organisation et la gestion des activités physiques et sportives peuvent être confiées à une ou plusieurs associations sportives auxquelles les personnels participent dans le cadre de l'article 9 de la loi n° 83-634 du 13 juillet 1983 portant droits et obligations des fonctionnaires.

Article L.121-7

Dans les établissements mentionnés à l'article L.431-1 du code du travail et dans le cadre des activités sociales et culturelles prévues à l'article L.432-8 du même code, le comité d'entreprise assure ou contrôle la gestion des activités physiques ou sportives. À ce titre, il peut décider de contribuer au financement de ces activités pour favoriser leur développement.

Article L.121-8

L'organisation des activités physiques et sportives est assurée par une association sportive d'entreprise ou commune à plusieurs entreprises. Cette association est constituée conformément à l'article L.121-1 du présent code et à l'article L.432-8 du code du travail.

Le comité d'entreprise et l'association sportive conviennent annuellement des objectifs poursuivis et des moyens affectés à leur réalisation.

Article L.121-9

En l'absence de comité d'entreprise, les missions mentionnées aux articles L.121-7 et L.121-8 sont assurées par les délégués du personnel conjointement avec le chef d'entreprise, en application de l'article L.422-5 du code du travail.

Chapitre II

Sociétés sportives

Section 1

Dispositions générales (Articles L.122-1 à L.122-11)

Article L.122-1

Toute association sportive affiliée à une fédération sportive, qui participe habituellement à l'organisation de manifestations sportives payantes qui lui procurent des recettes d'un montant supérieur à un seuil fixé par décret en Conseil d'État ou qui emploie des sportifs dont le montant total des rémunérations excède un chiffre fixé par décret en Conseil d'État, constitue pour la gestion de ces activités une société commerciale soumise au code de commerce.

Une association sportive dont le montant des recettes et le montant des rémunérations mentionnées au premier alinéa sont inférieurs aux seuils visés au même alinéa peut également constituer une société sportive pour la gestion de ses activités payantes, dans les conditions prévues à la présente section.

Article L.122-2

La société sportive prend la forme :
1. soit d'une société à responsabilité limitée ne comprenant qu'un associé, dénommée entreprise unipersonnelle sportive à responsabilité limitée ;
2. soit d'une société anonyme à objet sportif ;
3. soit d'une société anonyme sportive professionnelle.

Article L.122-3

Les statuts des sociétés constituées par les associations sportives sont conformes à des statuts types définis par décret en Conseil d'État.

Article L.122-4

Toute association sportive qui répond à l'un au moins des critères du premier alinéa de l'article L.122-1 constitue une société sportive dans un délai d'un an à compter de la date à laquelle elle satisfait à cette condition.

Toute association sportive qui ne se conforme pas aux dispositions du premier alinéa est exclue des compétitions organisées par les fédérations sportives.

Article L.122-5

Le capital de la société anonyme à objet sportif est composé d'actions nominatives.

Toutefois, il peut être composé d'actions au porteur lorsque la société fait appel public à l'épargne

Les membres élus des organes de direction de cette société ne peuvent recevoir aucune rémunération au titre de leurs fonctions. Le remboursement des frais est autorisé, sur justification.

Article L.122-6

L'association sportive doit détenir au moins un tiers du capital social et des droits de vote à l'assemblée générale de la société anonyme à objet sportif qu'elle a créée.

Sauf en cas de succession ou de liquidation de communauté de biens entre époux, l'autorité administrative peut s'opposer à toute cession de titres conférant un droit de vote ou donnant accès au capital d'une société anonyme à objet sportif dont les conditions ou les effets seraient contraires aux dispositions de la présente section.

Article L.122-7

Il est interdit à une même personne privée de détenir le contrôle, au sens de l'article L.233-16 du code de commerce, de plus d'une société sportive dont l'objet social porte sur une même discipline sportive.

Article L.122-8

En vue de l'émission ou de la cession dans le public d'instruments financiers donnant accès au capital ou aux droits de vote, les sociétés anonymes mentionnées à l'article L.122-2 sont tenues d'insérer dans le document prévu par l'article L.412-1 du code monétaire et financier, les informations relatives à leur projet de développement d'activités sportives et d'acquisitions d'actifs destinés à renforcer leur stabilité et leur pérennité, tels que la détention d'un droit réel sur les équipements sportifs utilisés pour l'organisation des manifestations ou compétitions sportives auxquelles elles participent.

Article L.122-9

Il est interdit à toute personne privée porteuse de titres donnant accès au capital ou conférant un droit de vote dans une société sportive :

1. de consentir un prêt à une autre société sportive dès lors que son objet social porterait sur la même discipline sportive ;
2. de se porter caution en faveur d'une telle société sportive ou de lui fournir un cautionnement.

Toute personne physique, ainsi que le président, l'administrateur ou le directeur d'une personne morale, qui aura contrevenu aux dispositions du présent article sera punie d'une amende de 45 000 euros et d'un an d'emprisonnement.

Article L.122-10

Le bénéfice, au sens de l'article L.232-11 du code de commerce, de l'entreprise unipersonnelle sportive à responsabilité limitée et de la société anonyme à objet sportif est affecté à la constitution de réserves qui ne peuvent donner lieu à aucune distribution.

Par exception aux dispositions du premier alinéa, les sociétés anonymes à objet sportif qui font appel public à l'épargne peuvent distribuer leurs bénéfices.

Article L.122-11

Les sociétés sportives ne peuvent bénéficier des aides prévues par les dispositions du titre 1er du livre V de la première partie du code général des collectivités territoriales ainsi que par les articles L.2251-3 et L.3231-3 du même code.

Section 2

Sociétés d'économie mixte (Articles L.122-12 à L.122-13)

Article L.122-12

Par dérogation aux dispositions de l'article L.122-2, les sociétés d'économie mixte sportives locales constituées avant le 29 décembre 1999 peuvent conserver leur régime juridique antérieur. Les dispositions des articles L.122-3, L.122-5, L.122-10 et L.122-11 leur sont applicables.

Article L.122-13

Les règles de participation majoritaire des collectivités territoriales et de leurs groupements au capital des sociétés d'économie mixte sportives sont fixées par les articles L.1522-1 et L. 1525-1 du code général des collectivités territoriales.

Section 3

Relations entre associations et sociétés sportives (Articles L.122-14 à L.122-19)

Article L.122-14

L'association sportive et la société qu'elle a constituée définissent leurs relations par une convention approuvée par leurs instances statutaires respectives.

Article L.122-15

La convention prévue à l'article L.122-14 entre en vigueur après son approbation par l'autorité administrative.

Elle est réputée approuvée si l'autorité administrative n'a pas fait connaître son opposition dans un délai de deux mois à compter de sa transmission.

Article L.122-16

L'association sportive conserve la disposition à titre gratuit des signes distinctifs utilisés par la société sportive ou cédés à elle.

Article L.122-17

L'association sportive qui constitue une société anonyme sportive professionnelle est destinataire des délibérations des organes dirigeants de la société.

Elle peut exercer les actions prévues aux articles L. 225-230 à L. 225-232 du code de commerce.

Article L.122-18

Lorsqu'une association sportive est soumise aux dispositions du livre VI du code de commerce relatif aux difficultés des entreprises, la société sportive constituée par elle est tenue solidairement d'exécuter le plan de sauvegarde ou de redressement judiciaire.

Article L.122-19

Un décret en Conseil d'État précise les stipulations que doit comporter la convention prévue à l'article L.122-14, notamment les conditions d'utilisation par la société ou de cession à celle-ci des dénominations, marque ou autres signes distinctifs de l'association.

Titre III

FÉDÉRATIONS SPORTIVES ET LIGUES PROFESSIONNELLES

CHAPITRE I

FÉDÉRATIONS SPORTIVES

Section 1

Dispositions générales (Articles L.131-1 à L.131-7)

Article L.131-1

Les fédérations sportives ont pour objet l'organisation de la pratique d'une ou de plusieurs disciplines sportives.

Elles exercent leur activité en toute indépendance.

Article L.131-2

Les fédérations sportives sont constituées sous forme d'associations, conformément à la loi du 1er juillet 1901 relative au contrat d'association ou, dans les départements du Haut-Rhin, du Bas-Rhin et de la Moselle, au code civil local.

Les fédérations et unions scolaires et universitaires sont soumises aux dispositions du présent code et des livres V et VIII du code de l'éducation.

Article L.131-3

Les fédérations sportives regroupent des associations sportives.

Elles peuvent regrouper en qualité de membres, dans des conditions prévues par leurs statuts :

1. les personnes physiques auxquelles elles délivrent directement des licences ;
2. les organismes à but lucratif dont l'objet est la pratique d'une ou de plusieurs de leurs disciplines et qu'elles autorisent à délivrer des licences ;
3. les organismes qui, sans avoir pour objet la pratique d'une ou de plusieurs de leurs disciplines, contribuent au développement d'une ou de plusieurs de celles-ci ;
4. les sociétés sportives.

Article L.131-4

À l'exception des fédérations sportives scolaires et universitaires, les fédérations sportives sont dirigées par une ou plusieurs instances élues par les membres de la fédération.

Article L.131-5

Les organismes mentionnés aux 2° et 3° de l'article L.131-3 élisent en leur sein des représentants dans les instances dirigeantes de la fédération sportive dans les conditions prévues par les statuts de celle-ci et dans les limites suivantes :

1. le nombre des représentants des organismes mentionnés au 2° de l'article L.131-3 est au plus égal à 20 % du nombre total de membres des instances dirigeantes de la fédération ;
2. le nombre des représentants des organismes mentionnés au 3° de l'article L.131-3 est au plus égal à 10 % du nombre total de membres des instances dirigeantes de la fédération.

Article L.131-6

La licence sportive est délivrée par une fédération sportive ou en son nom. Elle ouvre droit à participer aux activités sportives qui s'y rapportent et, selon des modalités fixées par ses statuts, à son fonctionnement.

Les statuts des fédérations sportives peuvent prévoir que les membres adhérents des associations affiliées doivent être titulaires d'une licence sportive.

Article L.131-7

Afin de favoriser l'accès aux activités sportives sous toutes leurs formes, les fédérations sportives et les associations de jeunesse et d'éducation populaire agréées par le ministre chargé de la Jeunesse peuvent mettre en place des règles de pratiques adaptées et ne mettant pas en danger la sécurité des pratiquants.

Section 2

Fédérations agréées (Articles L.131-8 à L.131-13)

Article L.131-8

Un agrément peut être délivré par le ministre chargé des Sports aux fédérations qui, en vue de participer à l'exécution d'une mission de service public, ont adopté des statuts comportant certaines dispositions obligatoires et un règlement disciplinaire conforme à un règlement type.

Les dispositions obligatoires des statuts et le règlement disciplinaire type sont définis par décret en Conseil d'État pris après avis du Comité national olympique et sportif français.

Article L.131-9

Les fédérations sportives agréées participent à la mise en œuvre des missions de service public relatives au développement et à la démocratisation des activités physiques et sportives.

Elles ne peuvent déléguer tout ou partie de l'exercice des missions de service public qui leur sont confiées si ce n'est au bénéfice des ligues professionnelles constituées en application de l'article L.132-1.

Toute convention contraire est réputée nulle et non écrite.

Article L.131-10

Les fédérations agréées peuvent exercer les droits reconnus à la partie civile en ce qui concerne les infractions portant un préjudice direct ou indirect aux intérêts collectifs de leurs licenciés et de leurs associations sportives.

Article L.131-11

Les fédérations agréées peuvent confier à leurs organes nationaux, régionaux ou départementaux une partie de leurs attributions conformément aux dispositions obligatoires prévues au deuxième alinéa de l'article L. 131-8. Elles contrôlent l'exécution de cette mission et ont notamment accès aux documents relatifs à la gestion et à la comptabilité de ces organes.

Article L.131-12

Des personnels de l'État ou des agents publics rémunérés par lui peuvent exercer auprès des fédérations agréées des missions de conseillers techniques sportifs, selon des modalités définies par décret en Conseil d'État.

Article L.131-13

Les fédérations agréées peuvent conclure, au profit de leurs associations affiliées ou de certaines catégories d'entre elles et avec l'accord de celles-ci, tout contrat d'intérêt collectif relatif à des opérations d'achat ou de vente de produits ou de services.

Les contrats mentionnés au premier alinéa ne peuvent être conclus sans appel préalable à la concurrence. Leur durée est limitée à quatre ans.

Section 3

Fédérations délégataires (Articles L.131-14 à L.131-21)

Article L.131-14

Dans chaque discipline sportive et pour une durée déterminée, une seule fédération agréée reçoit délégation du ministre chargé des Sports.

Un décret en Conseil d'État détermine les conditions d'attribution et de retrait de la délégation, après avis du Comité national olympique et sportif français.

Article L.131-15

Les fédérations délégataires :

1. organisent les compétitions sportives à l'issue desquelles sont délivrés les titres internationaux, nationaux, régionaux ou départementaux ;
2. procèdent aux sélections correspondantes ;
3. proposent l'inscription sur les listes de sportifs, d'entraîneurs, d'arbitres et juges de haut niveau, sur la liste des sportifs Espoirs et sur la liste des partenaires d'entraînement.

Article L.131-16

Les fédérations délégataires édictent :

1. les règles techniques propres à leur discipline ;
2. les règlements relatifs à l'organisation de toute manifestation ouverte à leurs licenciés.

Un décret en Conseil d'État, pris après avis du Conseil national des activités physiques et sportives, fixe les conditions d'entrée en vigueur des règlements fédéraux relatifs aux normes des équipements sportifs requises pour la participation aux compétitions sportives organisées par les fédérations délégataires.

Article L.131-17

À l'exception des fédérations sportives agréées à la date du 16 juillet 1992, seules les fédérations sportives délégataires peuvent utiliser l'appellation « Fédération française de » ou « Fédération nationale de » ainsi que décerner ou faire décerner celle d'« Équipe de France » et de « Champion de France », suivie du nom d'une ou plusieurs disciplines sportives et la faire figurer dans leurs statuts, contrats, documents ou publicités.

Le fait pour le président, l'administrateur ou le directeur de toute personne morale d'utiliser ces appellations en violation des dispositions du premier alinéa est puni d'une peine d'amende de 7 500 euros.

Article L.131-18

Le fait d'organiser, sans être détenteur de la délégation prévue à l'article L.131-14, des compétitions à l'issue desquelles est décerné un titre de champion international, national, régional ou départemental ou un titre susceptible de créer une confusion avec l'un de ces titres en infraction aux dispositions de l'article L.131-17 est puni d'une peine d'amende de 7 500 euros.

Toutefois, les fédérations sportives agréées peuvent délivrer des titres de champion national ou fédéral et des titres régionaux ou départementaux en faisant suivre ces titres de la mention de la fédération. La liste des titres visés au présent alinéa est fixée par décret en Conseil d'État.

Article L.131-19

Lorsque, dans une discipline sportive, aucune fédération sportive n'a reçu de délégation, les compétences attribuées aux fédérations délégataires par la présente section et par les articles L.311-2 et L.331-4 à L.331-7 peuvent être exercées, pour une période déterminée et avec l'autorisation du ministre chargé des Sports, par une commission spécialisée mise en place par le Comité national olympique et sportif français.

Article L.131-20

Lorsque le ministre chargé des Sports défère à la juridiction administrative les actes pris en vertu de la délégation mentionnée à l'article L.131-14 qu'il estime contraires à la légalité, il peut assortir son recours d'une demande de suspension.

Il est fait droit à cette demande si l'un des moyens invoqués paraît, en l'état de l'instruction, propre à créer un doute sérieux quant à la légalité de l'acte attaqué. Il est statué sur cette demande dans un délai d'un mois.

Article L.131-21

Sans préjudice des recours directs dont elle dispose, toute personne physique ou morale qui s'estime lésée par une décision individuelle prise dans le cadre de la délégation mentionnée à l'article L.131-14 peut, dans le délai de deux mois à compter de la notification de la décision, demander au ministre chargé des Sports de mettre en œuvre la procédure prévue à l'article L.131-20.

Chapitre II

Ligues professionnelles (Articles L.132-1 à L.132-2)

Article L.132-1

Les fédérations sportives délégataires peuvent créer une ligue professionnelle, pour la représentation, la gestion et la coordination des activités sportives à caractère professionnel des associations qui leur sont affiliées et des sociétés sportives.

Lorsque, conformément aux statuts de la fédération, la ligue professionnelle est une association dotée d'une personnalité juridique distincte, ses statuts doivent être conformes aux dispositions édictées par un décret en Conseil d'État pris après avis du Comité national olympique et sportif français. Ce décret détermine également les relations entre la ligue et la fédération.

Article L.132-2

Chaque fédération disposant d'une ligue professionnelle crée un organisme assurant le contrôle juridique et financier des associations et sociétés sportives.

Cet organisme est notamment chargé de contrôler que les associations et les sociétés qu'elles ont constituées répondent aux conditions fixées pour prendre part aux compétitions organisées par la fédération.

Titre IV

ORGANISMES DE REPRÉSENTATION ET DE CONCILIATION

Chapitre I

Comité national olympique et sportif français (Articles L.141-1 à L.141-5)

Article L.141-1

Les associations sportives et les sociétés sportives qu'elles ont constituées, les fédérations sportives et leurs licenciés sont représentés par le Comité national olympique et sportif français.

Les statuts du Comité national olympique et sportif français sont approuvés par décret en Conseil d'État.

Article L.141-2

Le Comité national olympique et sportif français peut exercer les droits reconnus à la partie civile en ce qui concerne les infractions mentionnées aux titres II et III du livre Ier, aux titres Ier et II du livre II ainsi qu'au titre II du livre III.

Article L.141-3

Le Comité national olympique et sportif français veille au respect de la déontologie du sport définie dans une charte établie par lui après avis de la Commission nationale du sport de haut niveau.

Article L.141-4

Le Comité national olympique et sportif français est chargé d'une mission de conciliation dans les conflits opposant les licenciés, les associations et sociétés sportives et les fédérations sportives agréées, à l'exception des conflits mettant en cause des faits de dopage.

Il constitue une conférence des conciliateurs dont il nomme les membres.

Tout conciliateur est tenu de garder secrète toute information dont il a connaissance, en raison de l'application du présent article, sous peine des sanctions prévues à l'article 226-13 du code pénal.

Les conditions d'application du présent article sont fixées par décret en Conseil d'État.

Article L.141-5

Le Comité national olympique et sportif français est propriétaire des emblèmes olympiques nationaux et dépositaire de la devise, de l'hymne, du symbole olympique et des termes « Jeux olympiques » et « olympiade ».

Le fait de déposer à titre de marque, de reproduire, d'imiter, d'apposer, de supprimer ou de modifier les emblèmes, devise, hymne, symbole et termes mentionnés au premier alinéa, sans l'autorisation du Comité national olympique et sportif français, est puni des peines prévues aux articles L.716-9 et suivants du code de la propriété intellectuelle.

LIVRE II

ACTEURS DU SPORT

TITRE I

FORMATION ET ENSEIGNEMENT

Chapitre I

Formation aux professions du sport (Articles L.211-1 à L.211-7)

Article L.211-1

Les établissements publics de formation relevant de l'État assurent la formation initiale des personnes qui gèrent, animent, encadrent et enseignent les activités physiques et sportives et contribuent à leur formation continue.

Toutefois, la formation des personnels des collectivités territoriales et de leurs établissements publics s'effectue conformément aux dispositions statutaires qui leur sont applicables.

Article L.211-2

Les fédérations sportives agréées assurent la formation et le perfectionnement de leurs cadres. Elles peuvent bénéficier, à cet effet, de l'aide des établissements publics de formation mentionnés à l'article L.211-1.

Lorsqu'ils concernent des fonctions exercées contre rémunération, les diplômes qu'elles délivrent répondent aux conditions prévues à l'article L.212-1.

Les diplômes concernant l'exercice d'une activité à titre bénévole, dans le cadre de structures ne poursuivant pas de buts lucratifs, peuvent être obtenus soit à l'issue d'une formation, soit par validation des expériences acquises.

Article L.211-3

Les fédérations agréées assurent, dans des conditions définies par leurs statuts respectifs, la formation et le perfectionnement des arbitres et juges de leurs disciplines.

Article L.211-4

Les centres de formation relevant d'une association sportive ou d'une société sportive sont agréés par l'autorité administrative, sur proposition de la fédération délégataire compétente et après avis de la Commission nationale du sport de haut niveau.

Article L.211-5

L'accès à une formation dispensée par un centre mentionné à l'article L.211-4 du présent code est subordonné à la conclusion d'une convention entre le bénéficiaire de la formation ou son représentant légal et l'association ou la société sportive.

La convention détermine la durée, le niveau et les modalités de la formation.

Elle prévoit qu'à l'issue de la formation, s'il entend exercer à titre professionnel la discipline sportive à laquelle il a été formé, le bénéficiaire de la formation peut être dans l'obligation de conclure, avec l'association ou la société dont relève le centre, un contrat de travail défini au 3. de l'article L.122-1-1 du code du travail, dont la durée ne peut excéder trois ans.

Si l'association ou la société sportive ne lui propose pas de contrat de travail, elle est tenue d'apporter à l'intéressé une aide à l'insertion scolaire ou professionnelle, dans les conditions prévues par la convention.

Les stipulations de la convention sont déterminées pour chaque discipline sportive dans des conditions définies par décret en Conseil d'État, conformément à des stipulations types.

Article L.211-6

Les stages destinés à la formation des éducateurs et animateurs sportifs nécessaires à l'encadrement des activités physiques et sportives dans l'entreprise peuvent être organisés conformément aux dispositions du livre IX du code du travail.

Article L.211-7

Les programmes de formation des professions des activités physiques et sportives comprennent un enseignement sur le sport pour les handicapés.

Chapitre II

Enseignement du sport contre rémunération

Section 1

Obligation de qualification (Articles L.212-1 à L.212-8)

Article L.212-1

I. Seuls peuvent, contre rémunération, enseigner, animer ou encadrer une activité physique ou sportive ou entraîner ses pratiquants, à titre d'occupation principale ou secondaire, de façon habituelle, saisonnière ou occasionnelle, sous réserve des dispositions du quatrième alinéa du présent article et de l'article L.212-2 du présent code, les titulaires d'un diplôme, titre à finalité professionnelle ou certificat de qualification :

1. garantissant la compétence de son titulaire en matière de sécurité des pratiquants et des tiers dans l'activité considérée ;

2. et enregistré au répertoire national des certifications professionnelles dans les conditions prévues au II de l'article L.335-6 du code de l'éducation.

Peuvent également exercer contre rémunération les fonctions mentionnées au premier alinéa ci-dessus les personnes en cours de formation pour la préparation à un diplôme, titre à finalité professionnelle ou certificat de qualification conforme aux prescriptions des 1. et 2. ci-dessus, dans les conditions prévues par le règlement de ce diplôme, titre ou certificat.

II. Le diplôme mentionné au I peut être un diplôme étranger admis en équivalence.

III. Les dispositions du I s'appliquent à compter de l'inscription des diplômes, titres à finalité professionnelle ou certificats de qualification sur la liste des diplômes, titres à finalité professionnelle ou certificats de qualification répondant aux conditions prévues aux paragraphes I et II, au fur et à mesure de cette inscription.

IV. Les personnes qui auront acquis, dans la période précédant l'inscription mentionnée au III et conformément aux dispositions législatives en vigueur, le droit d'exercer contre rémunération une des fonctions mentionnées au I conservent ce droit.

V. Un décret en Conseil d'État détermine les conditions d'application du présent article. Il fixe notamment les modalités selon lesquelles est établie la liste mentionnée au III.

Article L.212-2

Lorsque l'activité mentionnée au premier alinéa de l'article L. 212-1 s'exerce dans un environnement spécifique impliquant le respect de mesures de sécurité particulières, seule la détention d'un diplôme permet son exercice. Ce diplôme, inscrit sur la liste mentionnée au III de l'article L. 212-1, est délivré par l'autorité administrative dans le cadre d'une formation coordonnée par les services du ministre chargé des Sports et assurée par des établissements relevant de son contrôle pour les activités considérées.

Un décret en Conseil d'État fixe la liste des activités mentionnées au premier alinéa et précise, pour cette catégorie d'activités, les conditions et modalités particulières de la validation des acquis de l'expérience.

Article L.212-3

Les dispositions des articles L.212-1 et L 212-2 ne sont pas applicables aux militaires, aux fonctionnaires relevant des titres II, III et IV du statut général des fonctionnaires dans l'exercice des missions prévues par leur statut particulier ni aux enseignants des établissements d'enseignement publics et des établissements d'enseignement privés sous contrat avec l'État dans l'exercice de leurs missions.

Article L.212-4

La mise à disposition de matériel destiné aux pratiquants ou, hors le cas des activités s'exerçant dans un environnement spécifique, la facilitation de la pratique de l'activité à l'intérieur d'un établissement classé relevant de la réglementation du tourisme ne sauraient être assimilées aux fonctions désignées au premier alinéa de l'article L.212-1.

Article L.212-5

Dans les disciplines sportives relevant des arts martiaux, nul ne peut se prévaloir d'un dan ou d'un grade équivalent sanctionnant les qualités sportives et les connaissances techniques et, le cas échéant, les performances en compétition s'il n'a pas été délivré par la commission spécialisée des dans et grades équivalents de la fédération délégataire ou, à défaut, de la fédération agréée consacrée exclusivement aux arts martiaux.

Un arrêté du ministre chargé des Sports, fixe la liste des fédérations mentionnées au premier alinéa.

Article L.212-6

Les commissions spécialisées des dans et grades équivalents, dont la composition est fixée par arrêté du ministre chargé des Sports après consultation des fédérations concernées, soumettent les conditions de délivrance de ces dans et grades au ministre chargé des Sports qui les approuve par arrêté.

Article L.212-7

Les fonctions mentionnées au premier alinéa de l'article L.212-1 peuvent être exercées sur le territoire national par les ressortissants des États membres de la Communauté européenne ou des États parties à l'accord sur l'Espace économique européen qui sont qualifiés pour les exercer dans l'un de ces États.

Ces fonctions peuvent également être exercées de façon temporaire et occasionnelle par tout ressortissant légalement établi dans un État membre de la Communauté européenne ou dans un autre État partie à l'accord sur l'espace économique européen. Toutefois, lorsque l'activité concernée ou la formation y conduisant n'est pas réglementée dans l'État d'établissement, le prestataire doit l'avoir exercée dans cet État pendant au moins deux années au cours des dix années qui précèdent la prestation.

Un décret en Conseil d'État fixe les conditions d'application du présent article et notamment les conditions auxquelles cet exercice est soumis lorsqu'il existe une différence substantielle de niveau entre la qualification dont les intéressés se prévalent et celle requise en application du I de l'article L.212-1.

Ce décret précise notamment la liste des activités dont l'encadrement, même occasionnel, peut être subordonné, si la sécurité des personne l'exige compte tenu de l'environnement spécifique et des conditions dans lesquelles elles sont pratiquées, au contrôle préalable de l'aptitude technique des demandeurs et de leur connaissance du milieu naturel, des règles de sécurité et des dispositifs de secours.

Article L.212-8

Est puni d'un an d'emprisonnement et de 15000 euros d'amende le fait pour toute personne :

1. d'exercer contre rémunération l'une des fonctions de professeur, moniteur, éducateur, entraîneur ou animateur d'une activité physique ou sportive ou de faire usage de ces titres ou de tout autre titre similaire sans posséder la qualification requise au I de l'article L.212-1 ou d'exercer son activité en violation de l'article L.212-7 sans avoir satisfait aux tests auxquels l'autorité administrative l'a soumise ;

2. - d'employer une personne qui exerce les fonctions mentionnées au premier alinéa de l'article L.212-1 sans posséder la qualification requise ou d'employer un ressortissant d'un État membre de la Communauté européenne ou d'un État partie à l'accord sur l'Espace économique européen qui exerce son activité en violation de l'article L.212-7 sans avoir satisfait aux tests auxquels l'autorité administrative l'a soumise.

Section 2

Obligation d'honorabilité (Articles L.212-9 à L.212-10)

Article L.212-9

I. Nul ne peut exercer les fonctions mentionnées au premier alinéa de l'article L.212-1 à titre rémunéré ou bénévole, s'il a fait l'objet d'une condamnation pour crime ou pour l'un des délits prévus :

1. au paragraphe 2 de la section 1 du chapitre II du titre II du livre II du code pénal ;

2. au paragraphe 2 de la section 3 du chapitre II du titre II du livre II du même code ;

3. à la section 4 du chapitre II du titre II du livre II du même code ;

4. à la section 1 du chapitre III du titre II du livre II du même code ;

5. à la section 2 du chapitre V du titre II du livre II du même code ;

6. à la section 5 du chapitre VII du titre II du livre II du même code ;

7. aux articles L.3421-1 et L.3421-4 du code de la santé publique ;

8. aux articles L.232-25 à L.232-29 du présent code ;

9. à l'article 1750 du code général des impôts.

II. En outre, nul ne peut enseigner, animer ou encadrer une activité physique ou sportive auprès de mineurs s'il a fait l'objet d'une mesure administrative d'interdiction de participer, à quelque titre que ce soit, à la direction et à l'encadrement d'institutions et d'organismes soumis aux dispositions législatives ou réglementaires relatives à la protection des mineurs accueillis en centre de vacances et de loisirs, ainsi que de groupements de jeunesse ou s'il a fait l'objet d'une mesure administrative de suspension de ces mêmes fonctions.

Article L.212-10

Le fait pour toute personne d'exercer contre rémunération l'une des fonctions de professeur, moniteur, éducateur, entraîneur ou animateur d'une activité physique ou sportive ou de faire usage de ces titres ou de tout autre titre similaire en méconnaissance de l'article L.2129 est puni d'un an d'emprisonnement et de 15 000 euros d'amende.

Section 3

Obligation de déclaration d'activité (Articles L.212-11 à L.212-12)

Article L.212-11

Les personnes exerçant contre rémunération les activités mentionnées au premier alinéa de l'article L.212-1 déclarent leur activité à l'autorité administrative.

Un décret en Conseil d'État fixe les modalités de cette déclaration.

Article L.212-12

Le fait pour toute personne d'exercer contre rémunération une des fonctions mentionnées au premier alinéa de l'article L.212-1 sans avoir procédé à la déclaration prévue à l'article L.212-11 est puni d'un an d'emprisonnement et de 15 000 euros d'amende.

Section 4

Police des activités d'enseignement (Articles L.212-13 à L.212-14)

Article L.212-13

L'autorité administrative peut, par arrêté motivé, prononcer à l'encontre de toute personne dont le maintien en activité constituerait un danger pour la santé et la sécurité physique ou morale des pratiquants l'interdiction d'exercer, à titre temporaire ou définitif, tout ou partie des fonctions mentionnées à l'article L. 212-1.

L'autorité administrative peut, dans les mêmes formes, enjoindre à toute personne exerçant en méconnaissance des dispositions du I de l'article L.212-1 et de l'article L.212-2 de cesser son activité dans un délai déterminé.

Cet arrêté est pris après avis d'une commission comprenant des représentants de l'État, du mouvement sportif et des différentes catégories de personnes intéressées. Toutefois, en cas d'urgence, l'autorité administrative peut, sans consultation de la commission, prononcer une interdiction temporaire d'exercice limitée à six mois.

Un décret en Conseil d'État fixe les conditions d'application du présent article.

Article L.212-14

Est puni d'un an d'emprisonnement et de 15 000 euros d'amende le fait pour toute personne d'enseigner, d'animer ou d'encadrer une activité physique ou sportive en méconnaissance d'une mesure prise en application de l'article L.212-13.

TITRE II

SPORTIFS

Chapitre I

Sport de haut niveau (Articles L.221-1 à L.221-13)

Article L.221-1

La Commission nationale du sport de haut niveau est composée de représentants de l'État, du Comité national olympique et sportif français et des collectivités territoriales, ainsi que de personnalités qualifiées désignées parmi des sportifs, entraîneurs, arbitres et juges sportifs de haut niveau. Elle a pour mission :

1. de déterminer, après avis des fédérations sportives délégataires, les critères permettant de définir, dans chaque discipline, la qualité de sportif, d'entraîneur, d'arbitre et juge sportif de haut niveau ;

2. de définir les critères de sélection des sportifs aux compétitions organisées sous la responsabilité du Comité international olympique.

Un décret en Conseil d'État fixe les conditions d'application du présent article.

Article L.221-2

Le ministre chargé des Sports arrête, au vu des propositions des fédérations et après avis de la Commission nationale du sport de haut niveau, la liste des sportifs, entraîneurs, arbitres et juges sportifs de haut niveau.

Il arrête dans les mêmes conditions la liste des sportifs Espoirs et celle des partenaires d'entraînement.

Un décret en Conseil d'État fixe les conditions d'application du présent article.

Article L.221-3

Les sportifs de haut niveau figurant sur la liste mentionnée au premier alinéa de l'article L. 221-2 peuvent se présenter aux concours d'accès aux emplois de l'État, des collectivités territoriales, de leurs établissements publics ainsi que de toute société nationale ou d'économie mixte, sans remplir les conditions de diplôme exigées des candidats.

Article L.221-4

Les limites d'âge supérieures fixées pour l'accès aux grades et emplois publics de l'État et des collectivités territoriales ne sont pas opposables aux sportifs de haut niveau figurant sur la liste mentionnée au premier alinéa de l'article L.221-2.

Les candidats n'ayant plus la qualité de sportif de haut niveau peuvent bénéficier d'un recul de ces limites d'âge égal à la durée de leur inscription sur la liste mentionnée au premier alinéa de l'article L.221-2. Cette durée ne peut excéder cinq ans.

Article L.221-5

Le statut particulier du corps des professeurs de sport peut fixer une proportion d'emplois réservés aux sportifs de haut niveau, même n'appartenant pas à l'administration, ayant figuré pendant trois ans au moins sur la liste mentionnée au premier alinéa de l'article L.221-2. Les candidats doivent satisfaire aux épreuves d'un concours de sélection spécifique.

Article L.221-6

Un sportif, juge, arbitre ou entraîneur de haut niveau, recruté en qualité d'agent non-titulaire, peut bénéficier dans les deux années suivant sa radiation de la liste des sportifs de haut niveau, selon des modalités fixées par décret en Conseil d'État, de conditions particulières d'emploi visant à faciliter sa formation et la préparation de concours d'accès à la fonction publique, sans que celles-ci aient d'effet sur la durée du contrat.

Article L.221-7

S'il est agent de l'État ou d'une collectivité territoriale ou de leurs établissements publics, le sportif, l'arbitre ou le juge de haut niveau figurant sur la liste mentionnée au premier alinéa de l'article L. 221-2 bénéficie, afin de poursuivre son entraînement et de participer à des compétitions sportives, de conditions particulières d'emploi, sans préjudice de carrière, dans des conditions fixées par décret en Conseil d'État.

Article L.221-8

Le ministre chargé des Sports peut, après avis du comité d'entreprise ou, à défaut, des délégués du personnel, conclure avec une entreprise publique ou privée une convention destinée à faciliter l'emploi d'un sportif de haut niveau et sa reconversion professionnelle. Cette convention a également pour objet de définir les droits et devoirs de ce sportif au regard de l'entreprise, de lui assurer des conditions d'emploi compatibles avec son entraînement et sa participation à des compétitions sportives et de favoriser sa formation et sa promotion professionnelle. Les conditions de reclassement du sportif à l'expiration de la convention sont également précisées.

Le comité d'entreprise ou, à défaut, les délégués du personnel sont informés des conditions d'application de la convention. Ils sont associés au suivi de sa mise en œuvre et ils contribuent à l'insertion du sportif au sein de l'entreprise.

Article L.221-9

Les règles relatives à la préparation des élèves en vue de la pratique sportive de haut niveau dans les établissements d'enseignement du second degré sont fixées par l'article L.331-6 du code de l'éducation, ci-après reproduit :

« Art. L.331-6. Les établissements scolaires du second degré permettent, selon des formules adaptées, la préparation des élèves en vue de la pratique sportive de haut niveau. »

Article L.221-10

Les sportifs de haut niveau poursuivant des études dans un établissement d'enseignement supérieur bénéficient des dispositions de l'article L.611-4 du code de l'éducation, ci-après reproduit :

« Art. L.611-4. Les établissements d'enseignement supérieur permettent aux sportifs de haut niveau de poursuivre leur carrière sportive par les aménagements nécessaires dans l'organisation et le déroulement de leurs études. »

« Ils favorisent l'accès des sportifs de haut niveau, qu'ils possèdent ou non des titres universitaires, à des enseignements de formation ou de perfectionnement, dans les conditions définies par les articles L.612-2 à L.612-4 et L.613-3 à L.613-5. »

Article L.221-11

Un décret pris après avis de la Commission nationale du sport de haut niveau précise les droits et obligations des sportifs de haut niveau, des sportifs Espoirs et des partenaires d'entraînement. Il définit notamment :

1. les conditions d'accès aux formations aménagées définies en liaison avec les ministères compétents ;
2. les modalités d'insertion professionnelle ;
3. la participation à des manifestations d'intérêt général.

Article L.221-12

Le décret prévu à l'article L.221-11 précise les droits et obligations des arbitres et juges de haut niveau figurant sur les listes établies dans les conditions fixées à l'article L.221-2.

Article L.221-13

Les fonds attribués aux sportifs de haut niveau inscrits sur une liste mentionnée à l'article L. 221-2 du présent code, en vue de financer leur formation professionnelle au sens du livre IX du code du travail, dans le cadre de stages agréés par l'État, dans la perspective d'une insertion ou d'une conversion professionnelle, sont assimilés à des frais professionnels à déduire de l'assiette des cotisations de sécurité sociale. La déduction effective est subordonnée à la production de pièces justificatives.

Chapitre II

Sport professionnel (Articles L.222-1 à L.222-11)

Article L.222-1

Les fonctionnaires et agents des collectivités territoriales ou de leurs établissements publics occupant un emploi pour une durée inférieure à la moitié de la durée légale du travail peuvent être autorisés par l'autorité territoriale à cumuler cet emploi avec l'exercice rémunéré d'une activité sportive dans une association sportive ou une société sportive. Les rémunérations afférentes à ces activités peuvent être cumulées dans la limite d'un montant fixé par référence à celui de la rémunération perçue au titre de leur emploi public.

Un décret en Conseil d'État fixe les modalités d'application du présent article ainsi que le mode de calcul du montant mentionné à l'alinéa premier.

Article L.222-2

I. N'est pas considérée comme salaire la part de la rémunération versée à un sportif professionnel par une société soumise aux articles L.122-2 et L.122-12 et qui correspond à la commercialisation par ladite société de l'image collective de l'équipe à laquelle le sportif appartient.

Pour l'application du présent article, sont seules considérées comme des sportifs professionnels les personnes ayant conclu, avec une société mentionnée au premier alinéa, un contrat de travail dont l'objet principal est la participation à des épreuves sportives.

II. Des conventions collectives conclues, pour chaque discipline sportive, entre les organisations représentatives des sportifs professionnels et les organisations représentatives des sociétés employant des sportifs professionnels déterminent :

1. la part de rémunération définie au I ci-dessus, laquelle ne peut excéder 30 % de la rémunération brute totale versée par la société au sportif professionnel ;

2. les modalités de fixation de cette part de rémunération en fonction du niveau des recettes commerciales générées par l'exploitation de l'image collective de l'équipe sportive, et notamment des recettes de parrainage, de publicité et de marchandisage ainsi que de celles provenant de la cession des droits de retransmission audiovisuelle des compétitions ;

3. Le seuil au-delà duquel les dispositions du I ci-dessus s'appliquent à cette part de rémunération, lequel ne peut être inférieur au double du plafond fixé par le décret pris en application de l'article L. 241-3 du code de la sécurité sociale.

III. En l'absence d'une convention collective pour une discipline sportive, contenant l'ensemble des stipulations mentionnées au 2° du II, un décret détermine la part de rémunération prévue au 1° du II.

IV. Ces dispositions s'appliquent aux rémunérations versées jusqu'au 30 juin 2012.

Article L.222-2-1

Les stipulations des conventions collectives en vigueur prévoyant un seuil inférieur au montant fixé par le décret mentionné au 3° du II de l'article L.222-2 cessent de produire leurs effets à compter du 1er juillet 2010.

Article L.222-2-2

Pour l'application de l'article L.131-7 du code de la sécurité sociale, l'Agence centrale des organismes de sécurité sociale transmet annuellement à l'autorité administrative compétente les données rendues anonymes relatives au montant de la rémunération de chaque sportif professionnel qui lui sont transmises par les sociétés mentionnées aux articles L.122-2 et L.122-12 du présent code, en précisant la discipline pratiquée par le sportif. Les modalités d'application du présent article sont fixées par voie réglementaire.

Article L.222-3

Les dispositions de l'article L.125-3 du code du travail ne sont pas applicables à l'opération mentionnée à cet article lorsqu'elle concerne le salarié d'une association sportive ou d'une société mentionnée aux articles L.122-2 et L.122-12 du présent code mis à disposition de la fédération sportive délégataire intéressée en qualité de membre d'une équipe de France, dans des conditions définies par la convention conclue entre ladite fédération et la ligue professionnelle qu'elle a constituée, et alors qu'il conserve pendant la période de mise à disposition sa qualité de salarié de l'association ou de la société sportive ainsi que les droits attachés à cette qualité.

Article L.222-4

Le versement prévu à l'article L.931-20 du code du travail n'est pas dû en cas de contrat à durée déterminée conclu, en application du 3. de l'article L.122-1-1 du code du travail, dans le secteur d'activité du sport professionnel.

Article L.222-5

Les dispositions des articles L. 7124-9 à L. 7124-12 du code du travail s'appliquent aux rémunérations de toute nature perçues pour l'exercice d'une activité sportive par des enfants de seize ans et moins soumis à l'obligation scolaire.

La conclusion d'un contrat relatif à l'exercice d'une activité sportive par un mineur ne donne lieu à aucune rémunération ou indemnité ni à l'octroi de quelque avantage que ce soit au bénéfice :
1. d'une personne exerçant l'activité définie au premier alinéa de l'article L.222-6 ;
2. d'une association sportive ou d'une société sportive ;
3. ou de toute personne agissant au nom et pour le compte du mineur. Toute convention contraire aux dispositions du présent article est nulle.

Article L.222-6

Toute personne exerçant à titre occasionnel ou habituel, contre rémunération, l'activité consistant à mettre en rapport les parties intéressées à la conclusion d'un contrat relatif à l'exercice rémunéré d'une activité sportive doit être titulaire d'une licence d'agent sportif. La licence est délivrée pour trois ans par la fédération délégataire compétente et doit être renouvelée à l'issue de cette période.

Les modalités d'attribution, de délivrance et de retrait de la licence d'agent sportif par la fédération sont définies par décret en Conseil d'État.

Article L.222-7

Nul ne peut obtenir ou détenir une licence d'agent sportif :

1. s'il exerce, directement ou indirectement, en droit ou en fait, à titre bénévole ou rémunéré, des fonctions de direction ou d'encadrement sportif soit dans une association ou une société employant des sportifs contre rémunération ou organisant des manifestations sportives, soit dans une fédération sportive ou un organe qu'elle a constitué ou s'il a été amené à exercer l'une de ces fonctions dans l'année écoulée ;
2. s'il a fait l'objet d'une condamnation pénale figurant au bulletin n° 2 du casier judiciaire pour crime ou pour l'un des délits prévus :

a) aux sections 3 et 4 du chapitre II du titre II du livre II du code pénal,

b) à la section 2 du chapitre V du titre II du livre II du même code,

c) au chapitre II du titre Ier du livre III du même code,

d) à la section 1 du chapitre III du titre Ier du livre III du même code,

e) à la section 1 du chapitre IV du titre Ier du livre III du même code,

f) aux articles L.232-25 à L.232-29 du présent code,

g) à l'article 1750 du code général des impôts.

Article L.222-8

Sont soumis aux incompatibilités et incapacités prévues à l'article L.222-7 les préposés d'un agent sportif ainsi que, lorsque la licence a été délivrée à une personne morale, ses dirigeants et, s'il s'agit d'une société en nom collectif, d'une société en commandite simple ou d'une société à responsabilité limitée, ses associés.

Article L.222-9

L'exercice à titre occasionnel de l'activité d'agent sportif par un ressortissant d'un État membre de la Communauté européenne ou d'un État partie à l'accord sur l'Espace économique européen non établi sur le territoire national est subordonné au respect des conditions de moralité définies aux articles L.222-7 et L.222-8.

Article L.222-10

Un agent sportif ne peut agir que pour le compte d'une des parties au même contrat, qui lui donne mandat et peut seule le rémunérer. Le mandat précise le montant de cette rémunération, qui ne peut excéder 10 % du montant du contrat conclu. Toute convention contraire aux dispositions du présent article est réputée nulle et non écrite.

Au titre de la délégation de pouvoir qui leur est concédée, les fédérations délégataires veillent à ce que les contrats mentionnés au premier alinéa préservent les intérêts des sportifs et de la discipline concernée. À cet effet, les contrats et les mandats sont communiqués aux fédérations. Les fédérations édictent des sanctions en cas de non communication des contrats ou des mandats.

Article L.222-11

Est puni d'un an d'emprisonnement et de 15 000 euros d'amende le fait d'exercer l'activité définie à l'article L.222-6 :

1. sans avoir obtenu la licence d'agent sportif ou en méconnaissance d'une décision de non-renouvellement ou de retrait de cette licence ;

2. ou en violation des dispositions des articles L.222-7 à L.222-9.

Article L. 222-12

Est puni d'un an d'emprisonnement et de 15 000 euros d'amende le fait d'exercer l'activité définie à l'article L. 222-6.

Les infractions aux règles de rémunération mentionnées au 1er alinéa de l'article 222-5 sont punies des peines prévues par les articles L.7124-27 et L.7124-34 du Code du travail.

Chapitre III

Autres dispositions applicables aux sportifs

Article L. 223-1

Les arbitres et juges exercent leur mission arbitrale en toute indépendance et impartialité, dans le respect des règlements édictés par la fédération sportive mentionnée à l'article L. 131-14, compétente pour la discipline et auprès de laquelle ils sont licenciés. Cette fédération assure le contrôle de l'exercice de cette mission selon les règles et procédures préalablement définies conformément à ses statuts.

Article L. 223-2

Les arbitres et juges sont considérés comme chargés d'une mission de service public au sens des articles 221-4, 222-3, 222-8, 222-10, 222-12, 222-13 et 433-3 du code pénal et les atteintes dont ils peuvent être victimes dans l'exercice ou à l'occasion de l'exercice de leur mission sont réprimées par les peines aggravées prévues par ces articles.

Article L. 223-3

Les arbitres et les juges ne peuvent être regardés, dans l'accomplissement de leur mission, comme liés à la fédération par un lien de subordination caractéristique du contrat de travail au sens de l'article L. 121-1 du code du travail.

Titre III

SANTÉ DES SPORTIFS ET LUTTE CONTRE LE DOPAGE

Chapitre préliminaire (Article L.230-1)

Article L.230-1

Le ministre chargé des Sports, en liaison avec les autres ministres et organismes intéressés, engage et coordonne les actions de prévention, de surveillance médicale, de recherche et d'éducation mises en œuvre avec le concours, notamment, des fédérations sportives agréées dans les conditions définies à l'article L.131-8, pour assurer la protection de la santé des sportifs et lutter contre le dopage.

Une formation à la prévention du dopage est dispensée aux médecins du sport, aux enseignants et aux membres des professions définies au premier alinéa de l'article L. 212-1.

Chapitre I

Suivi médical des sportifs (Article L.231-1)

Article L.231-1

Les médecins de santé scolaire, les médecins du travail, les médecins militaires et les médecins généralistes contribuent, en liaison avec les médecins spécialisés, aux actions de prévention concernant la pratique des activités physiques et sportives grâce à une formation initiale nécessaire à la pratique des examens médicosportifs, contenue dans le deuxième cycle des études médicales et grâce à une formation continue adaptée.

Section 1

Certificat médical (Articles L.231-2 à L.231-4)

Article L.231-2

La première délivrance d'une licence sportive mentionnée à l'article L.131-6 est subordonnée à la production d'un certificat médical attestant l'absence de contre-indication à la pratique de l'activité physique ou sportive pour laquelle elle est sollicitée. Un renouvellement régulier du certificat médical peut être exigé par la fédération en fonction de l'âge du sportif et de la discipline.

Pour certaines disciplines, dont la liste est fixée par arrêté des ministres chargés des Sports et de la santé au regard des risques qu'elles présentent pour la sécurité ou la santé des pratiquants, ce certificat médical ne peut être délivré que dans les conditions prévues au même arrêté. L'arrêté précise la fréquence du renouvellement de ce certificat médical.

La délivrance de ce certificat est mentionnée dans le carnet de santé prévu à l'article L. 2132-1 du code de la santé publique.

Article L.231-3

La participation aux compétitions sportives organisées ou autorisées par les fédérations sportives est subordonnée à la présentation d'une licence sportive mentionnée à l'article L. 131-6 portant attestation de la délivrance d'un certificat médical mentionnant l'absence de contre-indication à la pratique sportive en compétition ou, pour les non-licenciés auxquels ces compétitions sont ouvertes, à la présentation de ce seul certificat ou de sa copie, qui doit dater de moins d'un an.

Le médecin chargé, au sein de la fédération sportive, de coordonner les examens requis dans le cadre de la surveillance médicale particulière prévue à l'article L.231-6 peut établir un certificat de contre-indication à la participation aux compétitions sportives au vu des résultats de cette surveillance médicale.

Ce certificat est transmis au président de la fédération, qui suspend la participation de l'intéressé aux compétitions sportives organisées ou autorisées par ladite fédération jusqu'à la levée par le médecin de la contre-indication

Article L.231-4

Sont définies par les dispositions de l'article L.2336-3 du code de la défense les conditions que doivent remplir la délivrance, le renouvellement ou la validation de la licence de tir pour que la présentation de ce document supplée le certificat médical mentionné audit article.

Section 2

Rôle des fédérations sportives (Articles L.231-5 à L.231-8)

Article L.231-5

Les fédérations sportives veillent à la santé de leurs licenciés et prennent à cet effet les dispositions nécessaires, notamment en ce qui concerne les programmes d'entraînement et le calendrier des compétitions et manifestations sportives qu'elles organisent ou qu'elles autorisent.

Elles développent auprès des licenciés et de leur encadrement une information de prévention contre l'utilisation des substances et procédés dopants avec l'appui des antennes médicales de prévention du dopage.

Les programmes de formation destinés aux cadres professionnels et bénévoles qui interviennent dans les fédérations sportives, les clubs, les établissements d'activités physiques et sportives et les écoles de sport comprennent des actions de prévention contre l'utilisation des substances et procédés dopants.

Article L.231-6

Les fédérations sportives délégataires assurent l'organisation de la surveillance médicale particulière à laquelle sont soumis leurs licenciés inscrits sur la liste des sportifs de haut niveau mentionnée au premier alinéa de l'article L. 221-2 du présent code ainsi que des licenciés inscrits dans les filières d'accès au sport de haut niveau.

Un arrêté des ministres chargés de la Santé et des sports définit la nature et la périodicité des examens médicaux qui sont assurés dans le cadre de cette surveillance.

Les résultats de ces examens sont mentionnés dans le livret prévu à l'article L.231-7 du présent code.

Cette surveillance médicale ne dispense pas les employeurs des sportifs professionnels titulaires d'un contrat de travail au titre du 3. de l'article L.122-1-1 du code du travail de satisfaire aux obligations qui leur incombent en application du titre IV du livre II du même code.

Article L.231-7

Un livret individuel est délivré à chaque sportif mentionné à l'article L.231-6 ou à son représentant légal, par la fédération sportive dont il relève. Ce livret ne contient que des informations à caractère sportif et des informations médicales en rapport avec les activités sportives.

Seuls les médecins agréés en application de l'article L.232-11 sont habilités à se faire présenter ce livret lors des contrôles prévus à l'article L. 232-12.

Article L.231-8

Lorsqu'un sportif sanctionné en application de l'article L.232-21 ou L.232-22 sollicite la restitution, le renouvellement ou la délivrance d'une licence sportive, la fédération compétente subordonne cette restitution, ce renouvellement ou cette délivrance à la production d'une attestation délivrée par une antenne médicale de prévention du dopage à l'issue d'un entretien entre un médecin et l'intéressé. À l'occasion de cet entretien, le médecin peut proposer au sportif le suivi mentionné à l'article L.232-1.

Chapitre II

Lutte contre le dopage

Section 1

Prévention (Articles L.232-1 à L.232-4)

Article L.232.1

Des antennes médicales de prévention du dopage sont agréées par arrêté des ministres chargés de la Santé et des sports. Elles organisent des consultations ouvertes aux personnes ayant eu recours à des pratiques de dopage ou susceptibles d'y recourir. Ces consultations sont anonymes à la demande des intéressés.

Elles leur proposent, si nécessaire, la mise en place d'un suivi médical.

Les personnes mentionnées à l'article L.231-8 doivent bénéficier d'au moins un entretien avec un médecin dans l'une de ces antennes. Cet entretien est validé par la délivrance d'une attestation.

Les conditions d'agrément et de fonctionnement des antennes médicales de prévention contre le dopage sont fixées par décret.

Chaque antenne est dirigée par un médecin, qui en est le responsable.

Article L.232-2

Le sportif participant à des compétitions ou manifestations mentionnées au 2. du I de l'article L.232-5 fait état de sa qualité lors de toute consultation médicale qui donne lieu à prescription.

L'utilisation ou la détention des substances ou procédés mentionnés sur la liste visée à l'article L. 232-9 n'entraîne ni sanction disciplinaire ni sanction pénale si cette utilisation ou cette détention est conforme soit à l'autorisation qui a été accordée au sportif pour usage à des fins thérapeutiques par l'Agence française de lutte contre le dopage après avis conforme d'un comité composé de médecins placé auprès de l'agence, soit à l'autorisation pour usage à des fins thérapeutiques dont la validité a été reconnue par l'agence, conformément au 7. du I de l'article L. 232-5.

Lorsque la liste mentionnée à l'article L.232-9 le prévoit, cette autorisation est réputée acquise dès réception de la demande par l'agence, sauf décision contraire de sa part.

Article L.232-3

Le médecin qui est amené à déceler des signes évoquant une pratique de dopage :
1. est tenu de refuser la délivrance d'un des certificats médicaux définis aux articles L. 231-2 et L. 231-3 ;
2. informe son patient des risques qu'il court et lui propose soit de le diriger vers l'une des antennes médicales mentionnées à l'article L. 232-1, soit en liaison avec celle-ci et en fonction des nécessités, de lui prescrire des examens, un traitement ou un suivi médical ;
3. transmet obligatoirement au médecin responsable de l'antenne médicale mentionnée à l'article L. 232-1 les constatations qu'il a faites et informe son patient de cette obligation de transmission. Cette transmission est couverte par le secret médical.

Article L.232-4

La méconnaissance par le médecin de l'obligation de transmission prévue à l'article L.232-3 ou des prohibitions mentionnées à l'article L.232-10 est passible de sanctions disciplinaires devant les instances compétentes de l'ordre des médecins.

Section 2

Agence française de lutte contre le dopage (Articles L.232-5 à L.232-8)

Article L.232-5

I. L'Agence française de lutte contre le dopage, autorité publique indépendante dotée de la personnalité morale, définit et met en œuvre les actions de lutte contre le dopage. À cette fin, elle coopère avec l'Agence mondiale antidopage et avec les fédérations sportives internationales.

À cet effet :

1. elle définit un programme national annuel de contrôles ;

2. elle diligente les contrôles dans les conditions prévues aux articles L.232-12 à L.232-15 :

a) pendant les compétitions et manifestations sportives visées à l'article L. 232-9, à l'exception des compétitions internationales visées à l'article L.131-15,

b) pendant les entraînements préparant aux compétitions ou manifestations sportives ;

3. elle peut, en coordination et avec l'accord de l'organisme international chargé de la lutte contre le dopage reconnu par le Comité international olympique ou d'une fédération sportive internationale, diligenter des contrôles dans les conditions prévues à l'article L.232-16 ;

4. elle est informée des faits de dopage portés à la connaissance de l'administration ou des fédérations sportives ;

5. elle réalise ou fait réaliser l'analyse des prélèvements effectués lors de contrôles ; dans ce cadre, elle peut effectuer des analyses pour le compte de tiers ;

6. elle exerce un pouvoir disciplinaire dans les conditions prévues aux articles L.232-22 et L. 232-23 ;

7. elle délivre les autorisations prévues par l'article L.232-2 ; elle peut reconnaître la validité des autorisations d'usage à des fins thérapeutiques délivrées conformément à l'annexe II de la convention internationale contre le dopage dans le sport adoptée à Paris le 19 octobre 2005 ;

8. elle est consultée sur tout projet de loi ou de règlement relatif à la lutte contre le dopage ;

9. elle participe aux actions de prévention, d'éducation et de recherche mises en œuvre en matière de lutte contre le dopage ;

10. elle est associée aux activités internationales dans le domaine de la lutte contre le dopage et apporte son expertise à l'État, notamment lors de l'élaboration de la liste des produits interdits mentionnée à l'article L.232-9 ;

11. elle peut être consultée par les fédérations sportives sur les questions relevant de ses compétences ;

12. elle adresse aux fédérations sportives des recommandations dans les matières relevant de sa compétence ;

13. elle remet chaque année un rapport d'activité au Gouvernement et au Parlement. Ce rapport est rendu public.

Les missions de l'agence sont exercées par le collège, sauf disposition contraire.

II. Les missions de contrôle, les missions d'analyse et les compétences disciplinaires de l'Agence française de lutte contre le dopage ne peuvent être exercées par les mêmes personnes.

Pour l'exercice de ses missions de contrôle, l'agence peut faire appel aux services du ministre chargé des Sports, dans des conditions définies par voie conventionnelle.

III. Pour l'établissement du programme national annuel de contrôles mentionné au I, les administrations compétentes, les fédérations, associations et sociétés sportives et établissements d'activités physiques ou sportives, ainsi que, sur sa demande, les sportifs, communiquent à l'agence toutes informations relatives à la préparation, à l'organisation et au déroulement des entraînements, compétitions et manifestations sportives ; elle est informée des décisions prises par les fédérations en application de l'article L.232-21.

Le programme national annuel de contrôles comprend des contrôles individualisés, mis en œuvre dans les conditions prévues à l'article L.232-15.

Article L.232-6

Le collège de l'Agence française de lutte contre le dopage comprend neuf membres nommés par décret.

1. Trois membres des juridictions administrative et judiciaire :
- un conseiller d'État, président, désigné par le vice-président du Conseil d'État ;
- un conseiller à la Cour de cassation, désigné par le premier président de cette cour, qui exerce les attributions du président en cas d'absence ou d'empêchement de celui-ci ;
- un avocat général à la Cour de cassation désigné par le procureur général près ladite cour.

2. Trois personnalités ayant compétence dans les domaines de la pharmacologie, de la toxicologie et de la médecine du sport désignées respectivement :
- par le président de l'Académie nationale de pharmacie ;
- par le président de l'Académie des sciences ;
- par le président de l'Académie nationale de médecine.

3. Trois personnalités qualifiées dans le domaine du sport :
- une personne inscrite ou ayant été inscrite sur la liste des sportifs de haut niveau fixée en application du premier alinéa de l'article L.221-2, désignée par le président du Comité national olympique et sportif français ;

- un membre du conseil d'administration du Comité national olympique et sportif français désigné par son président ;
- une personnalité désignée par le président du Comité consultatif national d'éthique pour les sciences de la vie et de la santé.

Le président du collège, président de l'agence, est nommé pour six ans.

Le mandat des membres du collège de l'agence est de six ans. Il n'est pas révocable et peut être renouvelé une fois. Il n'est pas interrompu par les règles concernant la limite d'âge éventuellement applicables aux intéressés. Un membre, dont l'empêchement est constaté par le collège de l'agence statuant à la majorité des deux tiers de ses membres, est déclaré démissionnaire d'office.

Les membres du collège de l'agence prêtent serment dans des conditions fixées par décret.

Article L.232-7

Le collège de l'agence se renouvelle par tiers tous les deux ans. En cas de vacance survenant plus de six mois avant l'expiration du mandat, il est pourvu à la nomination d'un nouveau membre dont le mandat expire à la date à laquelle aurait expiré le mandat de la personne qu'il remplace.

Le collège de l'agence ne peut délibérer que lorsque six au moins de ses membres sont présents. Le président a voix prépondérante en cas de partage égal des voix.

Le collège de l'agence établit son règlement intérieur.

Le collège de l'agence peut délibérer en formation disciplinaire composée d'au moins quatre membres et présidée par l'un des membres mentionnés au 1. de l'article L.232-6 du présent code.

Les membres et les agents de l'agence sont tenus au secret professionnel dans les conditions et sous les peines prévues à l'article L.226-13 du code pénal.

Article L.232-8

L'agence française de lutte contre le dopage dispose de l'autonomie financière.

Les dispositions de la loi du 10 août 1922 relative à l'organisation du contrôle des dépenses engagées ne sont pas applicables à sa gestion.

L'agence française de lutte contre le dopage peut recruter des agents contractuels de droit public et des salariés de droit privé.

Pour l'accomplissement de ses missions, l'agence peut faire appel à des experts ou à des personnes qualifiées.

Section 3

Agissements interdits et contrôles (Articles L.232-9 à L.232-20)

Article L.232-9

Il est interdit, à tout sportif participant à une compétition ou manifestation sportive organisée ou autorisée conformément au titre III du livre 1er du présent code, ou se préparant à y participer :

1. de détenir, sans raison médicale dûment justifiée, une ou des substances ou procédés interdits par la liste mentionnée au dernier alinéa du présent article, pour lesquels l'appendice 1 à la convention internationale contre le dopage dans le sport, adoptée à Paris le 19 octobre 2005, ne prévoit la possibilité de sanctions réduites qu'en cas de circonstances exceptionnelles ;

2. d'utiliser une ou des substances et procédés interdits par la liste mentionnée au dernier alinéa du présent article.

L'interdiction prévue au 2. ne s'applique pas aux substances et procédés pour lesquels le sportif dispose d'une autorisation pour usage à des fins thérapeutiques conformément aux modalités prévues par l'article L. 232-2.

La liste des substances et procédés mentionnée au présent article est celle qui est élaborée en application de la convention internationale contre le dopage dans le sport précitée ou de tout autre accord ultérieur qui aurait le même objet et qui s'y substituerait. Elle est publiée au Journal officiel.

Article L.232-10

Il est interdit à toute personne de :

1. prescrire, céder, offrir, administrer ou appliquer aux sportifs participant aux compétitions et manifestations mentionnées à l'article L. 232-9, ou se préparant à y participer, une ou plusieurs substances ou procédés mentionnés à cet article, ou de faciliter leur utilisation ou d'inciter à leur usage ;

2. produire, fabriquer, importer, exporter, transporter, détenir ou acquérir, aux fins d'usage par un sportif sans raison médicale dûment justifiée, une ou des substances ou procédés figurant sur la liste mentionnée au dernier alinéa de l'article L. 232-9 ;

3. se soustraire ou s'opposer par quelque moyen que ce soit aux mesures de contrôle prévues par le présent titre.

Le 1. ne s'applique pas aux substances et procédés destinés à l'usage d'un sportif se trouvant dans le cas prévu à l'article L. 232-2.

Article L.232-11

Outre les officiers et agents de police judiciaire agissant dans le cadre des dispositions du code de procédure pénale, sont habilités à procéder aux contrôles diligentés par l'Agence française de lutte contre le dopage ou demandés par les fédérations à l'agence pour les entraînements, manifestations et compétitions mentionnées au 2. du I de l'article L.232-5 du présent code et à rechercher et constater les infractions aux dispositions prévues aux articles L.232-9 et L.232-10 les agents relevant du ministre chargé des Sports et les personnes agréés par l'agence et assermentées dans des conditions fixées par décret en Conseil d'État.

Ces agents et personnes sont tenus au secret professionnel, dans les conditions prévues à l'article 226-13 du code pénal.

Article L.232-12

Les opérations de contrôle sont diligentées par le directeur du département des contrôles de l'Agence française de lutte contre le dopage. Les personnes mentionnées à l'article L.232-11 ayant la qualité de médecin peuvent procéder à des examens médicaux cliniques et à des prélèvements biologiques destinés à mettre en évidence l'utilisation de procédés prohibés ou déceler la présence dans l'organisme des substances interdites. Les personnes mentionnées à l'article L.232-11 qui n'ont pas la qualité de médecin peuvent également procéder à ces prélèvements biologiques. Seules celles des personnes mentionnées à l'article L.232-11 qui ont la qualité de médecin ou d'infirmier peuvent procéder à des prélèvements sanguins.

Les contrôles donnent lieu à l'établissement de procès-verbaux qui sont transmis à l'agence et à la fédération intéressée. Un double en est laissé aux parties intéressées.

Article L.232-13

Les contrôles sont réalisés dans les conditions suivantes :

1. dans le cadre du programme national annuel de contrôles mentionné au 1. du I de l'article L.232-5, ou à la demande d'une fédération sportive :

a) dans tout lieu où se déroule un entraînement, une compétition ou une manifestation mentionnés au 2. du I de l'article L.232-5, dans tout établissement dans lequel sont pratiquées des activités physiques ou sportives mentionné à l'article L.322-2, ainsi que dans leurs annexes,

b) lorsque l'entraînement du sportif ne se déroule pas habituellement dans l'un des lieux mentionnés au a, dans tout autre lieu choisi avec l'accord du sportif permettant d'assurer le respect de son intimité ou, à sa demande, à son domicile,

2. dans les cas prévus au 1., le sportif licencié est convoqué par la personne chargée de procéder au prélèvement. Lorsque le sportif ne s'entraîne pas dans un lieu fixe, la convocation peut être adressée par tout moyen permettant de garantir son origine et sa réception, pendant les périodes d'entraînement.

Article L.232-14

Dans l'exercice de leur mission de contrôle, les personnes mentionnées à l'article L.232-11 ne peuvent accéder aux lieux mentionnés à l'article L.232-13 qu'entre 6 heures et 21 heures, ou à tout moment dès lors que ces lieux sont ouverts au public ou qu'une compétition ou une manifestation sportive ou un entraînement y préparant est en cours. Un contrôle réalisé au domicile d'un sportif ne peut avoir lieu qu'entre 6 heures et 21 heures.

Elles peuvent être assistées, à leur demande, par un membre délégué de la fédération sportive compétente.

Elles peuvent demander la communication de toute pièce ou de tout document utile, en prendre copie et recueillir les observations des intéressés.

Seuls des médecins peuvent recueillir les informations à caractère médical.

Dans le cas où les opérations de contrôle sont envisagées en vue de la recherche d'infractions, le procureur de la République en est préalablement informé et peut s'y opposer. Les procès-verbaux établis à la suite de ces opérations de police judiciaire lui sont remis dans les cinq jours suivant leur établissement. Une copie des procès-verbaux est également remise à l'intéressé.

Article L.232-15

Pour mettre en œuvre les contrôles individualisés mentionnés au III de l'article L.232-5, le directeur des contrôles désigne les personnes qui doivent transmettre à l'Agence française de lutte contre le dopage les informations propres à permettre leur localisation pendant les périodes d'entraînement ainsi que le programme des compétitions ou manifestations mentionnées au 2. du I de l'article L.232-5 auxquelles elles participent. Ces informations peuvent faire l'objet d'un traitement informatisé par l'agence, en vue d'organiser des contrôles. Ce traitement automatisé portant sur les données relatives à la localisation individuelle des sportifs est autorisé par décision du collège de l'agence prise après avis motivé et publié de la Commission nationale de l'informatique et des libertés.

Ces personnes sont choisies parmi, d'une part, celles qui sont inscrites sur les listes de sportifs de haut niveau fixées en application de l'article L.221-2 et, d'autre part, les sportifs professionnels licenciés des fédérations sportives agréées.

Article L.232-16

L'Agence française de lutte contre le dopage peut, en coordination et avec l'accord de l'organisme international chargé de la lutte contre le dopage reconnu par le Comité international olympique ou d'une fédération sportive internationale, diligenter des contrôles à l'occasion des compétitions ou des manifestations sportives organisées ou autorisées par une fédération sportive autres que celles mentionnées au 2. du I de l'article L.232-5. Dans ce cas, les contrôles sont réalisés dans les conditions prévues à l'article L.232-12, au a du 1. de l'article L.232-13 et à l'article L.232-14. Ils ne peuvent donner lieu à l'engagement d'une procédure disciplinaire de la part de l'agence ou de la fédération sportive délégataire.

Article L.232-17

I - Le refus de se soumettre aux contrôles prévus aux articles L.232-12 à L.232-15, ou de se conformer à leurs modalités, est passible des sanctions administratives prévues par les articles L.232-21 à L.232-23.

II - Les manquements aux obligations de localisation prévues par l'article L.232-15 sont également passibles des sanctions admistratives prévues par les articles L.232-21 à L.232-23.

Article L.232-18

Les analyses des prélèvements effectués par l'Agence française de lutte contre le dopage sont réalisées sous la responsabilité scientifique et technique du directeur du département des analyses.

Pour ces analyses, l'agence peut faire appel à d'autres laboratoires dans des conditions prévues par décret en Conseil d'État.

Le département des analyses assure également des activités de recherche.

Article L.232-19

Dans l'ensemble des lieux mentionnés à l'article L.232-13 auxquels elles ont accès, pour l'exercice des missions de police judiciaire, diligentées dans les conditions définies à l'article L.232-14, les agents relevant du ministre chargé des Sports et les personnes agréées par l'agence mentionnées à l'article L.232-11 ne peuvent saisir des objets et documents se rapportant aux infractions aux dispositions du présent titre que sur autorisation judiciaire donnée par ordonnance du président du tribunal de grande instance dans le ressort duquel sont situés ces objets et documents, ou d'un juge délégué par lui.

La demande doit comporter tous les éléments d'information de nature à justifier la saisie. Les agents munis de cette ordonnance peuvent en tant que de besoin requérir la force publique. Les opérations s'effectuent sous l'autorité et le contrôle du juge qui les a autorisées.

L'ordonnance est notifiée sur place, au moment de la saisie, au responsable des lieux ou à son représentant, qui en reçoit copie. Elle n'est susceptible que d'un pourvoi en cassation. Ce pourvoi n'est pas suspensif.

Les éléments saisis sont immédiatement inventoriés, en présence du responsable des lieux ou locaux, ou de son représentant.

L'inventaire est annexé au procès-verbal relatant le déroulement des opérations dressé sur place. Les originaux dudit procès-verbal et l'inventaire sont transmis au juge qui a autorisé la saisie. Une copie est remise à l'intéressé.

Le président du tribunal de grande instance ou le juge délégué par lui peut à tout moment ordonner la mainlevée de la saisie.

Les personnes mentionnées à l'article L.232-11 constatent les infractions mentionnées à la section 4 du présent chapitre par des procès-verbaux qui font foi jusqu'à preuve contraire. Ces procès-verbaux sont transmis au procureur de la République, sous peine de nullité, dans les cinq jours qui suivent la clôture des opérations. Une copie en est remise dans le même délai à l'intéressé. Les agents relevant du ministre chargé des Sports et les personnes agréées par l'agence mentionnés à l'article L.232-11 peuvent être requis par le procureur de la République, le juge d'instruction ou les officiers ou agents de police judiciaire afin de leur prêter assistance. Elles prêtent alors serment, sauf lorsqu'elles sont assermentées dans les conditions prévues par l'article L.232-11.

Article L.232-20

Les agent des douanes, les agents de la direction générale de la concurrence, de la consommation des fraudes, les agents relevant du ministre chargé des Sports, les agents de l'administration des impôts et les agents de l'AFLD, les officiers et agents de police judiciaire sont habilités à se communiquer entre eux tous renseignements obtenus dans l'accomplissement de leur mission respective et relatifs aux substances et procédés mentionnés à l'article L.232-9, à leur emploi et à leur mise en circulation dans le respect des dispositions de la loi n° 78-17 du 6 janvier 1978 relative à l'informatique, aux fichiers et aux libertés.

Les modalités d'application du présent article sont déterminées par décret.

Section 4

Sanctions administratives (Articles L.232-21 à L.232-24)

Article L.232-21

Les sportifs licenciés ou les membres licenciés de groupements sportifs affiliés à des fédérations sportives qui, soit à l'occasion des entraînements, compétitions ou manifestations mentionnés au 2. du I de l'article L.232-5, soit à l'occasion du contrôle individualisé mentionné au 1. du I du même article, ont contrevenu aux dispositions des articles L.232-9, L.232-10 et L.232-17, encourent des sanctions disciplinaires.

Ces sanctions sont prononcées par les fédérations sportives mentionnées à l'article L. 131-8.

À cet effet, les fédérations adoptent dans leur règlement des dispositions définies par décret en Conseil d'État et relatives aux contrôles organisés en application du présent titre, ainsi qu'aux procédures disciplinaires et aux sanctions applicables, dans le respect des droits de la défense.

Ce règlement dispose que l'organe disciplinaire de première instance de ces fédérations se prononce, après que l'intéressé a été mis en mesure de présenter ses observations, dans un délai de dix semaines à compter de la date à laquelle l'infraction a été constatée. Il prévoit également que, faute d'avoir statué dans ce délai, l'organe disciplinaire de première instance est dessaisi de l'ensemble du dossier. Le dossier est alors transmis à l'instance disciplinaire d'appel qui rend, dans tous les cas, sa décision dans un délai maximum de quatre mois à compter de la même date.

Les sanctions disciplinaires prises par les fédérations sportives peuvent aller jusqu'à l'interdiction définitive de participer aux compétitions et manifestations sportives prévues à l'article L.232-9.

Ces sanctions ne donnent pas lieu à la procédure de conciliation prévue par l'article L.141-4.

Article L.232-22

En cas d'infraction aux dispositions des articles L.232-9, L.232-10 et L.232-17, l'Agence française de lutte contre le dopage exerce un pouvoir de sanction disciplinaire dans les conditions suivantes :

1. elle est compétente pour infliger des sanctions disciplinaires aux personnes non licenciées participant à des entraînements, des compétitions ou des manifestations mentionnés au 2. du 1 de l'article L.232-5 ;

2. elle est compétente pour infliger des sanctions disciplinaires aux personnes relevant du pouvoir disciplinaire d'une fédération sportive lorsque celle-ci n'a pas statué dans les délais prévus à l'article L.232-21. Dans ce cas, elle est saisie d'office dès l'expiration de ces délais ;

3. elle peut réformer les décisions prises en application de l'article L.232-21. Dans ce cas, l'agence se saisit dans un délai d'un mois suivant la date à laquelle elle a été informée de ces décisions en application du III de l'article L.232-5 ;

4. elle peut décider l'extension d'une sanction disciplinaire prononcée par une fédération aux activités de l'intéressé relevant des autres fédérations, de sa propre initiative ou à la demande de la fédération ayant prononcé la sanction.

La saisine de l'agence n'est pas suspensive, sauf décision contraire de celle-ci.

Article L.232-23

L'Agence française de lutte contre le dopage, dans l'exercice de son pouvoir de sanction, conformément à l'article L.232-22, peut prononcer :

1. à l'encontre des sportifs reconnus coupables des faits interdits par les articles L.232-9 et L.232-17, une interdiction temporaire ou définitive de participer aux compétitions et manifestations mentionnées à l'article L.232-9 ;

2. à l'encontre des licenciés participant à l'organisation et au déroulement de ces compétitions et manifestations ou aux entraînements y préparant reconnus coupables des faits interdits par l'article L.232-10, une interdiction temporaire ou définitive de participer, directement ou indirectement, à l'organisation et au déroulement des compétitions et manifestations sportives mentionnées à l'article L.232-9, et aux entraînements y préparant, ainsi qu'une interdiction temporaire ou définitive d'exercer les fonctions définies au premier alinéa de l'article L.212-1.

Ces sanctions sont prononcées dans le respect des droits de la défense.

À la demande d'un sportif susceptible d'être sanctionné ou de sa propre initiative, l'agence peut, si elle ne s'estime pas suffisamment éclairée au vu des pièces du dossier, proposer à l'intéressé de se soumettre à une expertise en vue de déterminer s'il a respecté les dispositions de l'article L.232-9.

L'expertise est réalisée par un expert choisi par le sportif intéressé sur une liste établie par l'agence. Les résultats de l'expertise sont communiqués à l'agence et à l'intéressé, qui peut présenter des observations. Les frais de l'expertise sont à la charge de l'agence.

Lorsque, à la suite d'un contrôle effectué au cours d'une compétition ou manifestation sportive organisée ou autorisée par une fédération, un sportif non licencié en France a fait l'objet d'une sanction administrative prévue au présent article, la fédération annule, à la demande de l'Agence française de lutte contre le dopage les résultats individuels du sportif sanctionné avec toutes les conséquences en résultant, y compris le retrait de médailles, points et prix.

Article L.232-24

Les parties intéressées peuvent former un recours de pleine juridiction contre les décisions de l'Agence française de lutte contre le dopage prises en application des articles L.232-22 et L. 232-23.

Section 5

Dispositions pénales (Articles L.232-25 à L.232-31)

Article L.232-25

Le fait de s'opposer à l'exercice des fonctions dont sont chargés les agents et personnes habilités en vertu de l'article L.232-11 est puni de six mois d'emprisonnement et d'une amende de 7 500 euros.

Le fait de ne pas respecter les décisions d'interdiction prononcées en application des articles L.232-21 et L.232-23 est puni des mêmes peines.

Article L.232-26

I - La violation du 1. de l'article L. 232-9 est punie d'un an d'emprisonnement et de 3 750 euros d'amende.

II – La violation des 1. et 2. de l'article L. 232-10 est punie de cinq ans d'emprisonnement et de 7500 euros d'amende.

Les peines prévues au premier alinéa du présent II sont portées à sept ans d'emprisonnement et à 15 000 euros d'amende lorsque les faits sont commis en bande organisée, au sens de l'article L. 132-71 du code pénal, ou lorsqu'ils sont commis à l'égard d'un mineur ou par une personne ayant autorité sur un ou des sportifs.

Article L.232-27

Les personnes physiques coupables des infractions prévues à l'article L.232-26 du présent code encourent également les peines complémentaires suivantes :

1. la confiscation des substances ou procédés et des objets ou documents qui ont servi à commettre l'infraction ou à en faciliter la commission ;

2. l'affichage ou la diffusion de la décision prononcée, dans les conditions prévues par l'article 131-35 du code pénal ;

3. la fermeture, pour une durée d'un an au plus, de l'un, de plusieurs ou de l'ensemble des établissements de l'entreprise ayant servi à commettre l'infraction et appartenant à la personne condamnée ;

4. l'interdiction, dans les conditions prévues à l'article 13-127 du code pénal, d'exercer l'activité professionnelle ou sociale dans l'exercice ou à l'occasion de laquelle l'infraction a été commise ;

5. l'interdiction, dans les conditions prévues à l'article 13-127 du code pénal, d'exercer une fonction publique.

Article L.232-28

Les personnes morales reconnues pénalement responsables, dans les conditions prévues à l'article 121-2 du code pénal, des infractions définies aux articles L.232-25 et L.232-26 du présent code encourent les peines suivantes :

1. l'amende, suivant les modalités prévues à l'article 131-38 du code pénal ;

2. pour les infractions définies à l'article L.232-26 du présent code :

a) les peines complémentaires prévues par les 2., 8. et 9. de l'article 131-39 du code pénal,

b) la fermeture, pour une durée d'un an au plus, des établissements ou de l'un ou plusieurs des établissements de l'entreprise ayant servi à commettre l'infraction et appartenant à la personne morale condamnée.

Article L.232-29

La tentative des délits prévus à la présente section est punie des mêmes peines que l'infraction elle-même.

Article L.232-30

Peuvent exercer les droits reconnus à la partie civile, en ce qui concerne les infractions mentionnées à la présente section :

1. le Comité national olympique et sportif français pour les faits commis à l'occasion des compétitions dont il a la charge ;

2. les fédérations sportives agréées par le ministre chargé des Sports, chacune pour ce qui la concerne, sauf lorsque l'auteur de l'infraction relève de son pouvoir disciplinaire.

Lorsque des poursuites sont engagées en application des dispositions de la présente section, l'Agence française de lutte contre le dopage peut exercer les droits de la partie civile. Toutefois, elle ne peut à l'égard d'une même personne et s'agissant des mêmes faits, concurremment exercer les pouvoirs de sanction qu'elle tient du présent code et les droits de la partie civile.

Article L.232-31

Sauf disposition contraire, les modalités d'application du présent titre sont fixées par décret en Conseil d'État.

Sont notamment précisés :

1. les conditions dans lesquelles les fédérations sportives assurent l'organisation de la surveillance médicale particulière prévue à l'article L.231-6 ;

2. les examens et prélèvements autorisés ainsi que leurs modalités.

Titre IV

LUTTE CONTRE LE DOPAGE ANIMAL

Chapitre unique (Articles L.241-1 à L.241-9)

Article L.241-1

I. L'Agence française de lutte contre le dopage définit et met en œuvre les actions énoncées à l'article L.232-5 pour lutter contre le dopage animal.

II. Elle exerce les missions qui lui sont confiées par le présent titre dans les conditions suivantes :

1. une personnalité ayant compétence en médecine vétérinaire participe aux délibérations du collège relatives à la lutte contre le dopage animal ;

2. pour l'application des dispositions des articles L.241-6 et L.241-7, le collège de l'agence délibère en formation disciplinaire composée d'au moins quatre de ses membres, dont la personnalité mentionnée au 1. du présent article, et sous la présidence de l'un des membres désignés au 1. de l'article L.232-6 ;

3. cette personnalité est désignée par le président de l'Académie vétérinaire de France, dans les conditions prévues à l'article L.232-6 pour la désignation et le renouvellement des membres du collège ;

4. le renouvellement du mandat de cette personnalité intervient en même temps que celui du membre du collège désigné par le président de l'Académie nationale de médecine.

Article L.241-2

Il est interdit d'administrer ou d'appliquer aux animaux, au cours des compétitions et manifestations sportives organisées ou autorisées par les fédérations intéressées ou par une commission spécialisée instituée en application de l'article L.131-19, ou en vue d'y participer, des substances ou procédés de nature à modifier artificiellement leurs capacités ou à masquer l'emploi de substances ou procédés ayant cette propriété.

La liste des substances ou procédés mentionnés au présent article est fixée par arrêté conjoint des ministres chargés des sports, de la santé et de l'agriculture.

Article L.241-3

I. Il est interdit à toute personne de :

1. faciliter l'administration des substances mentionnées à l'article L.241-2 ou d'inciter à leur administration, ainsi que de faciliter l'application des procédés mentionnés au même article ou d'inciter à leur application ;

2. prescrire, céder, offrir un ou plusieurs procédés ou substances mentionnés à l'article L.241-2 ;

3. produire, fabriquer, importer, exporter, transporter, détenir ou acquérir les procédés ou substances mentionnés à l'article L. 241-2.

Article L.241-4

Les dispositions de la section 3 du chapitre II du titre III du présent livre, à l'exception des articles L.232-9 et L.232-10, s'appliquent aux contrôles et constats des infractions en matière de dopage animal dans les conditions prévues par le décret en Conseil d'État mentionné à l'article L.241-9.

Pour l'application du premier alinéa, les prélèvements sur tout animal destinés à mettre en évidence l'utilisation de substances et procédés prohibés ou à déceler la présence dans l'organisme de substances interdites sont réalisés sous la responsabilité des personnes mentionnées à l'article L. 232-11, ayant la qualité de vétérinaire ; les examens cliniques et biologiques doivent être réalisés directement par un vétérinaire.

Article L.241-5

I. – Les dispositions de l'article L.232-30 sont applicables aux infractions prévues au présent titre.

II 1. Les infractions aux dispositions de l'article L.241-2 et du I de l'article L.241-3 sont punies de cinq ans d'emprisonnement et d'une amende de 75 000 euros.
2. L'infraction aux dispositions du II de l'article L. 241-3 est punie de dix mois d'emprisonnement et d'une amende de 7 500 euros.

III. La tentative des délits prévus au présent titre est punie des mêmes peines.

IV. Les personnes physiques reconnues coupables des délits prévus à l'article L.241-2 et au I de l'article L.241-3 encourent également les peines complémentaires prévues à l'article L.232-27.

V. Les personnes morales reconnues pénalement responsables des délits prévus au présent titre encourent les peines prévues à l'article L.232-28.

Article L.241-6

Une fédération sportive agréée ou l'Agence française de lutte contre le dopage peut interdire provisoirement, temporairement ou définitivement selon les modalités prévues à la section 4 du chapitre II du titre III du présent livre au propriétaire ou à l'entraîneur d'un animal auquel a été administré une substance prohibée ou appliqué un procédé interdit de faire participer son animal aux compétitions et manifestations mentionnées à l'article L.241-2.

Le propriétaire ou l'entraîneur de cet animal présente ses observations dans le cadre de la procédure disciplinaire prévue par la section 4 du chapitre II du titre III du présent livre. Il peut également demander une nouvelle expertise.

Article L.241-7

Le propriétaire, l'entraîneur et le cas échéant le sportif qui ont enfreint ou tenté d'enfreindre les dispositions du présent titre encourent les sanctions administratives suivantes :
1. une interdiction temporaire ou définitive de participer aux compétitions et manifestations mentionnées à l'article L.241-2 ;
2. une interdiction temporaire ou définitive de participer directement ou indirectement à l'organisation et au déroulement des compétitions ou manifestations sportives mentionnées à l'article L.241-2 et aux entraînements y préparant ;
3. lorsqu'ils sont licenciés d'une fédération sportive agréée, une interdiction temporaire ou définitive d'exercer les fonctions définies à l'article L.212-1.

Ces sanctions sont prononcées dans les conditions prévues à la section 4 du chapitre II du titre III du présent livre par une fédération sportive agréée ou par l'Agence française de lutte contre le dopage.

Article L.241-8

Les parties intéressées peuvent former un recours de pleine juridiction contre les décisions de l'Agence française de lutte contre le dopage prises en application des articles L.241-6 et L.241-7.

Article L.241-9

Sauf disposition contraire, les modalités d'application du présent chapitre sont fixées par décret en Conseil d'État.

Article L. 241-10

Le présent titre s'applique aux épreuves organisées en vue de la sélection et de l'amélioration génétique des équidés âgés de six ans et moins.

Toutefois à l'occasion de ces épreuves, les compétences confiées aux fédérations sportives en vertu du présent titre sont exercées par les organismes agréés en application de l'article L. 653-3 du code rural.

Livre III

PRATIQUE SPORTIVE

Titre I

LIEUX DE PRATIQUES SPORTIVES

Chapitre I

Sports de nature (Articles L.311-1 à L.311-6)

Article L.311-1

Les sports de nature s'exercent dans des espaces ou sur des sites et itinéraires qui peuvent comprendre des voies, des terrains et des souterrains du domaine public ou privé des collectivités publiques ou appartenant à des propriétaires privés, ainsi que des cours d'eau domaniaux ou non domaniaux.

Article L.311-2

Les fédérations sportives délégataires ou, à défaut, les fédérations sportives agréées peuvent définir, chacune pour leur discipline, les normes de classement technique, de sécurité et d'équipement des espaces, sites et itinéraires relatifs aux sports de nature.

Article L.311-3

Le département favorise le développement maîtrisé des sports de nature. À cette fin, il élabore un plan départemental des espaces, sites et itinéraires relatifs aux sports de nature. Ce plan inclut le plan départemental des itinéraires de promenade et de randonnée prévu à l'article L. 361-1 du code de l'environnement. Il est mis en œuvre dans les conditions prévues à l'article L.130-5 du code de l'urbanisme.

Article L.311-4

Le département établit un plan départemental des itinéraires de randonnée motorisée dans les conditions prévues à l'article L.361-2 du code de l'environnement.

Article L.311-5

Le Comité national olympique et sportif français conclut avec les organismes gestionnaires d'espaces naturels, sous réserve du respect de la réglementation propre à chaque espace, des conventions ayant pour objet de fixer les conditions et modalités d'accès à ces sites pour les pratiques sportives en pleine nature compatibles avec les schémas de services collectifs des espaces naturels et ruraux, d'une part et du sport, d'autre part.

Article L.311-6

Lorsque des travaux sont susceptibles de porter atteinte, en raison de leur localisation ou de leur nature, aux espaces, sites et itinéraires inscrits au plan mentionné à l'article L.311-3 ainsi qu'à l'exercice des sports de nature qui sont susceptibles de s'y pratiquer, l'autorité administrative compétente pour l'autorisation des travaux prescrit, s'il y a lieu, les mesures d'accompagnement, compensatoires ou correctrices, nécessaires.

Les conditions d'application du présent article sont fixées par décret en Conseil d'État.

Chapitre II

Équipements sportifs

Section I

Dispositions communes (Articles L.312-1 à L.312-4)

Article L.312-1

Après consultation des fédérations intéressées et des collectivités territoriales, il est établi un schéma directeur d'équipements sportifs d'intérêt national dans le cadre du schéma de services collectifs du sport mentionné à l'article L.111-2.

Article L.312-2

Tout propriétaire d'un équipement sportif est tenu d'en faire la déclaration à l'administration en vue de l'établissement d'un recensement des équipements.

Les dispositions de l'alinéa précédent ne sont pas applicables aux équipements sportifs à usage exclusivement familial ni à ceux relevant du ministre chargé de la Défense. Un décret en Conseil d'État détermine les conditions d'application du présent article.

Article L.312-3

La suppression totale ou partielle d'un équipement sportif privé dont le financement a été assuré par une ou des personnes morales de droit public pour une partie au moins égale à un pourcentage fixé par décret en Conseil d'État ainsi que la modification de son affectation sont soumises à l'autorisation de la personne morale de droit public ayant participé seule ou ayant participé pour la plus grande part à ce

financement. L'avis du maire de la commune où est implanté l'équipement est joint à la demande d'autorisation.
Cette autorisation est subordonnée à la condition que cet équipement soit remplacé par un équipement sportif équivalent.
Toute modification d'affectation en l'absence d'autorisation entraîne de droit le reversement à la personne ou aux personnes morales de droit public mentionnées au premier alinéa de l'ensemble des subventions perçues. Un décret fixe les conditions d'application du présent alinéa.

Article L.312-4

Lorsqu'une association sportive ou une société sportive accueille, à l'occasion d'une compétition exceptionnelle, une équipe de catégorie supérieure, elle n'est pas tenue de mettre ses équipements aux normes techniques applicables pour les compétitions auxquelles participent des équipes de cette catégorie.

Cette dispense ne s'applique pas aux normes de sécurité.

Section 2

Installations fixes (Articles L.312-5 à L.312-11)

Article L.312-5

Sans préjudice des dispositions du code de l'urbanisme et du code de la construction et de l'habitation applicables aux établissements recevant du public et sous réserve des dispositions de l'article L.312-7 du présent code, les enceintes destinées à recevoir des manifestations sportives ouvertes au public font l'objet d'une homologation.

Article L.312-6

Toute modification permanente de l'enceinte, de son aménagement ou de son environnement nécessite la délivrance d'une nouvelle homologation.

Article L.312-7

Les établissements sportifs de plein air dont la capacité d'accueil n'excède pas 3 000 spectateurs et les établissements sportifs couverts dont la capacité d'accueil n'excède pas 500 spectateurs ne sont pas soumis à homologation.

Article L.312-8

L'autorisation d'ouverture au public ne peut intervenir avant l'expiration d'un délai fixé par voie réglementaire.

Article L.312-9

Le retrait de l'homologation vaut retrait de l'autorisation d'ouverture au public.

Article L.312-10

Un décret en Conseil d'État fixe les conditions d'application des articles L.312-5 à L.312-9. Il précise les conditions de délivrance et de retrait de l'homologation prévue à l'article L.312-5.

Article L.312-11

La conception, la réalisation et la mise en exploitation des remontées mécaniques, ainsi que l'aménagement des pistes de ski alpin sont régies par les articles L.445-1 à L 445-4 du code de l'urbanisme et les articles L.342-7 à L.342-26 du code du tourisme.

Section 3

Installations provisoires (Articles L.312-12 à L.312-13)

Article L.312-12

L'autorisation d'ouverture au public des installations provisoires aménagées dans une enceinte sportive soumise aux dispositions de l'article L.312-5 est accordée par le maire dans les conditions prévues par les dispositions du code de la construction et de l'habitation et par l'arrêté d'homologation. Ces installations provisoires doivent faire l'objet, après achèvement des travaux, d'un avis délivré, à l'issue d'une visite sur le site, par la commission de sécurité compétente. Cet avis est notifié à l'autorité titulaire du pouvoir d'autoriser l'ouverture au public. La commission émet un avis défavorable si tout ou partie des conditions d'aménagement de ces installations fixées par l'homologation prévue à l'article L.312-5 ne sont pas respectées.

Article L.312-13

Un décret en Conseil d'État fixe les conditions d'application de l'article L.312-12. Ce décret précise les délais dont doivent disposer la commission de sécurité pour rendre ses avis et le maire pour prendre sa décision.

Section 4

Dispositions pénales (Articles L.312-14 à L.312-17)

Article L.312-14

Le fait d'organiser une manifestation sportive publique dans une enceinte non homologuée ou en violation des prescriptions imposées par l'homologation est puni de deux ans d'emprisonnement et de 75 000 euros d'amende. La récidive est punie de cinq ans d'emprisonnement et de 150 000 euros d'amende.

Article L.312-15

Les peines prévues à l'article L.312-14 s'appliquent au fait d'émettre ou de céder, à titre gratuit ou onéreux, des titres d'accès à une manifestation sportive en nombre supérieur à l'effectif de spectateurs fixé par l'arrêté d'homologation.

Article L.312-16

Les peines prévues à l'article L.312-14 sont portées au double si l'auteur de l'infraction est également reconnu coupable d'homicide involontaire ou de blessures et coups involontaires.

Article L.312-17

En cas de condamnation pour l'une des infractions mentionnées aux articles L.312-14 à L.312-16, le tribunal peut interdire l'organisation de manifestations sportives publiques dans l'enceinte. L'exécution provisoire de l'interdiction peut être ordonnée.

Titre II

OBLIGATIONS LIÉES AUX OBLIGATIONS SPORTIVES

Chapitre I

Obligation d'assurance (Articles L.321-1 à L.321-9)

Article L.321-1

Les associations, les sociétés et les fédérations sportives souscrivent pour l'exercice de leur activité des garanties d'assurance couvrant leur responsabilité civile, celle de leurs préposés salariés ou bénévoles et celle des pratiquants du sport. Les licenciés et les pratiquants sont considérés comme des tiers entre eux.

Ces garanties couvrent également les arbitres et juges, dans l'exercice de leurs activités.

Article L.321-2

Le fait, pour le responsable d'une association sportive, de ne pas souscrire les garanties d'assurance dans les conditions prévues à l'article L.321-1 est puni de six mois d'emprisonnement et d'une amende de 7 500 euros.

Article L.321-3

La souscription d'un contrat d'assurance en responsabilité civile pour la pratique de la pêche sous-marine de loisirs est obligatoire. L'attestation d'assurance doit être présentée à toute demande des autorités chargées de la police de cette activité.

Article L.321-4

Les associations et les fédérations sportives sont tenues d'informer leurs adhérents de l'intérêt que présente la souscription d'un contrat d'assurance de personnes couvrant les dommages corporels auxquels leur pratique sportive peut les exposer.

Article L.321-5

Les fédérations sportives agréées peuvent conclure des contrats collectifs d'assurance visant à garantir les associations affiliées et leurs licenciés dans les conditions prévues aux articles L. 321-1, L.321-4, L.321-6 et L.331-10.

Ces contrats ne peuvent être conclus qu'après appel à la concurrence.

Article L.321-6

Lorsque la fédération agréée à laquelle est affiliée l'association sportive propose aux membres de celle-ci, qui sollicitent la délivrance d'une licence, d'adhérer simultanément au contrat collectif d'assurance de personnes qu'elle a souscrit, elle est tenue :

1. de formuler cette proposition dans un document, distinct ou non de la demande de licence, qui mentionne le prix de l'adhésion, précise qu'elle n'est pas obligatoire et indique que l'adhérent au contrat collectif peut en outre souscrire des garanties individuelles complémentaires ;

2. de joindre à ce document une notice établie par l'assureur conformément au deuxième alinéa de l'article L.141-4 du code des assurances.

Article L.321-7

Sans préjudice des autres dispositions du présent chapitre, l'exploitation d'un établissement mentionné à l'article L.322-2 est subordonnée à la souscription par l'exploitant d'un contrat d'assurance couvrant sa responsabilité civile, celle des enseignants mentionnés à l'article L. 212-1 et de tout préposé de l'exploitant, ainsi que des personnes habituellement ou occasionnellement admises dans l'établissement pour y exercer les activités qui y sont enseignées.

Article L.321-8

Le fait d'exploiter un établissement mentionné à l'article L.322-2 sans souscrire les garanties d'assurance prévues à l'article L.321-7 est puni de six mois d'emprisonnement et 7 500 euros d'amende.

Article L.321-9

Un décret fixe les modalités d'application du présent chapitre et notamment les modalités de contrôle.

Chapitre II

Garanties d'hygiène et de sécurité

Section 1

Dispositions générales (Articles L.322-1 à L.322-6)

Article L.322-1

Nul ne peut exploiter soit directement, soit par l'intermédiaire d'un tiers, un établissement dans lequel sont pratiquées des activités physiques ou sportives s'il a fait l'objet d'une condamnation prévue à l'article L.212-8.

Article L.322-2

Les établissements où sont pratiquées une ou des activités physiques ou sportives doivent présenter pour chaque type d'activité et d'établissement des garanties d'hygiène et de sécurité définies par voie réglementaire.

Article L.322-3

Un décret en Conseil d'État fixe les conditions dans lesquelles les responsables des établissements où sont pratiquées une ou plusieurs de ces activités déclarent leur activité à l'autorité administrative.

Article L.322-4

Est puni d'un an d'emprisonnement et de 15 000 euros d'amende le fait pour toute personne :

1. d'exploiter un établissement où sont pratiquées des activités physiques et sportives sans avoir procédé à la déclaration prévue à l'article L.322-3 ;
2. de maintenir en activité un établissement où sont pratiquées une ou plusieurs activités physiques ou sportives en méconnaissance d'une mesure prise en application de l'article L. 322-5.

Article L.322-5

L'autorité administrative peut s'opposer à l'ouverture ou prononcer la fermeture temporaire ou définitive d'un établissement qui ne présenterait pas les garanties prévues aux articles L.322-1 et L.322-2 et ne remplirait pas les obligations d'assurance mentionnées à l'article L.321-7.
L'autorité administrative peut également prononcer la fermeture temporaire ou définitive d'un établissement employant une personne qui enseigne, anime ou encadre une ou plusieurs activités physiques ou sportives mentionnées à l'article L.212-1 sans posséder les qualifications requises.
L'autorité administrative peut prononcer également la fermeture temporaire ou définitive d'un établissement lorsque son maintien en activité présenterait des risques

pour la santé et la sécurité physique ou morale des pratiquants ou exposerait ceux-ci à l'utilisation de substances ou de procédés interdits par l'article L.232-9.

Article L.322-6

Le régime de la vente et de la distribution des boissons dans les stades, dans les salles d'éducation physique, les gymnases et, d'une manière générale, dans tous les établissements d'activités physiques et sportives est prévu à l'article L.3335-4 du code de la santé publique

Section 2

Dispositions relatives aux baignades et piscines ouvertes au public (Articles L.322-7 à L.322-9)

Article L.322-7

Toute baignade et piscine d'accès payant doit, pendant les heures d'ouverture au public, être surveillée d'une façon constante par du personnel qualifié titulaire d'un diplôme délivré par l'État et défini par voie réglementaire.

Article L.322-8

Les infractions aux dispositions de l'article L.322-7 sont punies de l'amende prévue pour les contraventions de 5e classe. Le tribunal peut, en outre, prononcer la fermeture de la piscine ou de la baignade. La récidive est punie d'une peine d'un mois d'emprisonnement et d'une amende de 3 750 euros. L'usurpation du titre prévu à l'article L.322-7 sera punie des peines prévues à l'article 433-17 du code pénal.

Article L.322-9

Les règles d'hygiène et de sécurité relatives à l'installation, l'aménagement et l'exploitation des baignades et piscines sont définies aux articles L.1332-1 à L.1332-4 et L.1337-1 du code de la santé publique.

Titre III

MANIFESTATIONS SPORTIVES

Chapitre I

Organisation des manifestations sportives

Section 1

Rôle des fédérations (Articles L.331-1 à L.331-4)

Article L.331-1

Les fédérations délégataires édictent des règlements relatifs à l'organisation de toutes les manifestations dont elles ont la charge dans le respect notamment des règles définies en application de l'article L.123-2 du code de la construction et de l'habitation.

Article L.331-2

Toute compétition, rencontre, démonstration ou manifestation publique de quelque nature que ce soit, dans une discipline sportive, qui n'est pas organisée ou autorisée par une fédération sportive agréée fait l'objet d'une déclaration à l'autorité administrative un mois au moins avant la date de la manifestation prévue.

L'autorité administrative peut, par arrêté motivé, interdire la tenue de cette manifestation lorsqu'elle présente des risques d'atteinte à la dignité, à l'intégrité physique ou à la santé des participants.

Article L.331-3

Le fait d'organiser une des manifestations définies au premier alinéa de l'article L.331-2 sans avoir procédé à la déclaration prévue au même alinéa, ou en violation d'une décision d'interdiction prononcée en application du deuxième alinéa du même article, est puni d'un an d'emprisonnement et de 15 000 euros d'amende.

Article L.331-4

Les fédérations délégataires ne peuvent pas déléguer leurs compétences pour l'organisation de manifestations sportives nécessitant des conditions particulières de sécurité.

Elles signalent la tenue de ces manifestations aux autorités détentrices des pouvoirs de police. Les catégories de manifestations concernées par les dispositions du premier alinéa sont précisées par décret.

Article L.331-4-1

Les fédérations mentionnées à l'article L.131-14 peuvent être assistées, dans le cadre de leurs actions de prévention des violences à l'occasion des manifestations sportives à caractère amateur, par des membres de la réserve de la police nationale mentionnée à l'article 4 de la loi n° 2003-239 du 18 mars 2003 pour la sécurité intérieure.

Section 2

Autorisations préalables (Articles L.331-5 à L.331-8)

Article L.331-5

Toute personne physique ou morale de droit privé, autre que les fédérations sportives, qui organise une manifestation ouverte aux licenciés d'une discipline qui a fait l'objet d'une délégation de pouvoir conformément à l'article L.131-14 et donnant lieu à remise de prix en argent ou en nature dont la valeur excède un montant fixé par arrêté du ministre chargé des Sports, doit obtenir l'autorisation de la fédération délégataire concernée. Cette autorisation est subordonnée au respect des règlements et règles techniques mentionnés à l'article L.131-16 et à la conclusion entre l'organisateur et la fédération délégataire d'un contrat comprenant des dispositions obligatoires fixées par décret.

Article L.331-6

Le fait d'organiser une manifestation sportive dans les conditions prévues à l'article L.331-5 sans l'autorisation de la fédération délégataire est puni de 15 000 euros d'amende.

Article L.331-7

Tout licencié qui participe à une manifestation n'ayant pas reçu l'autorisation de la fédération dont il est membre s'expose aux sanctions disciplinaires prévues par le règlement de cette fédération.

Article L.331-8

L'organisation de courses de véhicules à moteur sur les voies ouvertes à la circulation publique est soumise à l'autorisation prévue à l'article L.411-7 du code de la route.

Section 3

Obligation d'assurance des organisateurs de manifestations sportives (Articles L.331-9 à L.331-12)

Article L.331-9

L'organisation par toute personne autre que l'État et les organismes mentionnés à l'article L. 321-1 de manifestations sportives ouvertes aux licenciés des fédérations est subordonnée à la souscription par l'organisateur des garanties d'assurance définies au même article L. 321-1.

Article L.331-10

L'organisation par toute personne autre que l'État de manifestations sportives comportant la participation de véhicules terrestres à moteur est subordonnée à la souscription par l'organisateur de garanties d'assurance.

Ces garanties d'assurance couvrent la responsabilité civile de l'organisateur, de toute personne qui prête son concours à l'organisation avec l'accord de l'organisateur et des participants.

Les assurés sont tiers entre eux.

Article L.331-11

Un décret fixe les modalités d'application des articles L.331-9 et L.331-10, et notamment les modalités de contrôle.

Article L.331-12

Le fait pour une personne organisant une manifestation sportive définie à l'article L.331-9 de ne pas souscrire les garanties d'assurance prévues à cet article est puni de six mois d'emprisonnement et de 7 500 euros d'amende.

Chapitre II

Sécurité des manifestations sportives (Articles L.332-1 à L.332-21)

Article L.332-1

Les organisateurs de manifestations sportives à but lucratif peuvent être tenus d'y assurer un service d'ordre dans les conditions prévues à l'article 23 de la loi n° 95-73 du 21 janvier 1995 d'orientation et de programmation relative à la sécurité.

Article L.332-2

Les sociétés visées par l'article 1er de la loi n° 83-629 du 12 juillet 1983 réglementant les activités privées de sécurité assurent la surveillance de l'accès aux enceintes dans lesquelles est organisée une manifestation sportive rassemblant plus de 1 500 spectateurs dans les conditions prévues à l'article 3-2 de cette loi.

Article L.332-2-1

Lorsqu'un système de vidéosurveillance est installé dans une enceinte où une manifestation se déroule, les personnes chargées de son exploitation, conformément à l'autorisation préfectorale délivrée en application de l'article 10 de la loi n° 95-73 du 21 janvier 1995 d'orientation et de programmation relative à la sécurité, et l'organisateur de la manifestation sportive s'assurent, préalablement au déroulement de ladite manifestation, du bon fonctionnement du système de vidéosurveillance.

Est puni de 15 000 euros d'amende le fait de méconnaître l'obligation fixée au premier alinéa.

Article L.332-3

Le fait d'introduire ou de tenter d'introduire par force ou par fraude dans une enceinte sportive, lors du déroulement ou de la retransmission en public d'une manifestation sportive, des boissons alcooliques au sens de l'article L.3321-1 du code de la santé publique est puni d'un an d'emprisonnement et de 7 500 euros d'amende.

Les dispositions du premier alinéa ne sont pas applicables aux personnes autorisées à vendre ou à distribuer de telles boissons en application des troisième au sixième alinéas de l'article L.3335-4 du même code.

Article L.332-4

Le fait d'accéder en état d'ivresse à une enceinte sportive lors du déroulement ou de la retransmission en public d'une manifestation sportive est puni de 7 500 euros. Le fait, pour l'auteur de cette infraction, de se rendre coupable de violences ayant entraîné une incapacité totale de travail d'une durée inférieure ou égale à huit jours est puni d'un an d'emprisonnement et de 15 000 euros d'amende.

Article L.332-5

Le fait d'avoir, en état d'ivresse, pénétré ou tenté de pénétrer par force ou par fraude dans une enceinte sportive lors du déroulement ou de la retransmission en public d'une manifestation sportive est puni d'un an d'emprisonnement et de 15 000 euros d'amende.

Article L.332-6

Lors d'une manifestation sportive ou de la retransmission en public d'une telle manifestation dans une enceinte sportive, le fait de provoquer, par quelque moyen que ce soit, des spectateurs à la haine ou à la violence à l'égard de l'arbitre, d'un juge sportif, d'un joueur ou de toute autre personne ou groupe de personnes est puni d'un an d'emprisonnement et de 15 000 euros d'amende.

Article L.332-7

Le fait d'introduire, de porter ou d'exhiber dans une enceinte sportive, lors du déroulement ou de la retransmission en public d'une manifestation sportive, des insignes, signes ou symboles rappelant une idéologie raciste ou xénophobe est puni d'un an d'emprisonnement et de 15 000 euros d'amende.

La tentative du délit prévu au premier alinéa est punie des mêmes peines.

Article L.332-8

Le fait d'introduire des fusées ou artifices de toute nature ou d'introduire sans motif légitime tous objets susceptibles de constituer une arme au sens de l'article 132-75 du code pénal dans une enceinte sportive lors du déroulement ou de la retransmission en public d'une manifestation sportive est puni de trois ans d'emprisonnement et de 15 000 euros d'amende.

La tentative du délit prévu au premier alinéa est punie des mêmes peines.

Le tribunal peut également prononcer la confiscation de l'objet qui a servi ou était destiné à commettre l'infraction.

Article L.332-9

Le fait de jeter un projectile présentant un danger pour la sécurité des personnes dans une enceinte sportive lors du déroulement ou de la retransmission en public d'une manifestation sportive est puni de trois ans d'emprisonnement et de 15 000 euros d'amende.

Le fait d'utiliser ou de tenter d'utiliser les installations mobilières ou immobilières de l'enceinte sportive comme projectile est puni des mêmes peines.

Article L.332-10

Le fait de troubler le déroulement d'une compétition ou de porter atteinte à la sécurité des personnes ou des biens, en pénétrant sur l'aire de compétition d'une enceinte sportive, est puni d'un an d'emprisonnement et de 15 000 euros d'amende.

Article L.332-11

Les personnes coupables de l'une des infractions définies aux articles L.332-3 à L. 332-10 et L.332-19 du présent code encourent également la peine complémentaire d'interdiction de pénétrer ou de se rendre aux abords d'une enceinte où se déroule une manifestation sportive, pour une durée qui ne peut excéder cinq ans. La personne condamnée à cette peine est astreinte par le tribunal à répondre, au moment des manifestations sportives, aux convocations de toute autorité ou de toute personne qualifiée désignée par la juridiction. Dès le prononcé de la condamnation, la juridiction de jugement précise les obligations découlant pour le condamné de cette astreinte.

Cette peine complémentaire est également applicable aux personnes coupables de l'une des infractions définies aux articles 222-11 à 222-13, 322-1 à 322-4, 322-6, 322-11 et 433-6 du code pénal lorsque cette infraction a été commise dans une enceinte où se déroule une manifestation sportive ou, à l'extérieur de l'enceinte, en relation directe avec une manifestation sportive.

Article L.332-12

Lorsqu'une personne est condamnée en état de récidive légale pour l'une des infractions mentionnées à l'article L.332-11, la peine complémentaire prévue à cet article peut également être prononcée.

Article L.332-13

Toute personne qui pénètre ou se rend, en violation de la peine d'interdiction prévue aux articles L.332-11 et L.332-12, dans ou aux abords d'une enceinte où se déroule une manifestation sportive ou qui, sans motif légitime, se soustrait à l'obligation de répondre aux convocations qui lui ont été adressées au moment des manifestations sportives est punie de deux ans d'emprisonnement et de 30 000 euros d'amende.

Article L.332-14

Lorsque la personne condamnée est de nationalité étrangère et a son domicile hors de France, le tribunal peut, si la gravité des faits commis le justifie, prononcer au lieu de la peine complémentaire définie au premier alinéa de l'article L.332-11 celle de l'interdiction du territoire français pour une durée au plus égale à deux ans.

Article L.332-15

Dans des conditions précisées par décret en Conseil d'État, le préfet du département ou, à Paris, le préfet de police peut communiquer aux fédérations sportives agréées et aux associations de supporters mentionnées à l'article L.332-17 l'identité des personnes ayant été condamnées à la peine complémentaire en application des articles L.332-11 à L.332-13.

Article L.332-16

Lorsque, par son comportement d'ensemble à l'occasion de manifestations sportives, une personne constitue une menace pour l'ordre public, le représentant de l'État dans le département et, à Paris, le préfet de police peuvent, par arrêté motivé, prononcer à son encontre une mesure d'interdiction de pénétrer ou de se rendre aux abords des enceintes où de telles manifestations se déroulent ou sont retransmises en public.

L'arrêté, valable sur le territoire national, fixe le type de manifestations sportives concernées. Il ne peut excéder une durée de trois mois.

Le représentant de l'État dans le département et, à Paris, le préfet de police peuvent également imposer, par le même arrêté, à la personne faisant l'objet de cette mesure l'obligation de répondre, au moment des manifestations sportives objet de l'interdiction, aux convocations de toute autorité ou de toute personne qualifiée qu'il désigne.

Le fait, pour la personne, de ne pas se conformer à l'un ou à l'autre des arrêtés pris en application des alinéas précédents est puni de 3 750 euros d'amende.

Le préfet du département et, à Paris, le préfet de police peut communiquer aux fédérations sportives agréées en application de l'article L.131-8 et aux associations de supporters mentionnées à l'article L.332-17 l'identité des personnes faisant l'objet de la mesure d'interdiction mentionnée au premier alinéa.

Un décret en Conseil d'État fixe les modalités d'application du présent article.

Article L.332-17

Les fédérations sportives agréées, les associations de supporters et les associations ayant pour objet la prévention de la violence à l'occasion de manifestations sportives agréées par le ministre chargé des Sports et toute autre association ayant pour objet social la lutte contre le racisme, la xénophobie et l'antisémitisme et ayant été déclarées depuis au moins trois ans au moment des faits peuvent exercer les droits reconnus à la partie civile en ce qui concerne les infractions mentionnées aux articles L.312-14 à L.312-17 et L.332-3 à L.332-10.

Article L.332-18

Peut être dissous par décret, après avis de la commission nationale consultative de prévention des violences lors des manifestations sportives, toute association ou groupement de fait ayant pour objet le soutien à une association sportive mentionnée à l'article L.122-1, dont les membres ont commis en réunion, en relation ou à l'occasion d'une manifestation sportive, des actes répétés constitutifs de dégradation de biens, de violences sur des personnes ou d'incitation à la haine ou à la discrimination contre des personnes en raison de leur origine, de leur orientation sexuelle, de leur sexe ou de leur appartenance, vraie ou supposée, à une ethnie, une nation, une race ou une religion déterminée.

Les représentants des associations ou groupements de fait et les dirigeants de clubs concernés peuvent présenter leurs observations à la commission.

Cette commission comprend :

1. deux membres du Conseil d'État, dont le président de la commission, désignés par le vice-président du Conseil d'État ;

2. deux magistrats de l'ordre judiciaire, désignés par le premier président de la Cour de cassation ;

3. un représentant du Comité national olympique et sportif français, un représentant des fédérations sportives et un représentant des ligues professionnelles, nommés par le ministre chargé des Sports ;

4. une personnalité choisie en raison de sa compétence en matière de violences lors des manifestations sportives, nommée par le ministre chargé des Sports.

Les conditions de fonctionnement de la commission sont fixées par décret en Conseil d'État.

Article L.332-19

Le fait de participer au maintien ou à la reconstitution, ouverte ou déguisée, d'une association ou d'un groupement dissous en application de l'article L.332-18 est puni d'un an d'emprisonnement et de 15 000 euros d'amende.

Le fait d'organiser le maintien ou à la reconstitution, ouverte ou déguisée, d'une association ou d'un groupement dissous en application de l'article L.332-18 est puni de deux ans d'emprisonnement et de 30 000 euros d'amende.

Les peines prévues au premier et deuxième alinéas sont portées respectivement à trois ans d'emprisonnement et 45 000 euros d'amende et à cinq ans d'emprisonnement et 75 000 euros d'amende si les infractions à l'origine de la dissolution de l'association ou du groupement ont été commises en raison de l'origine de la victime, de son orientation sexuelle, de son sexe ou de son appartenance, vraie ou supposée, à une ethnie, une nation, une race ou une religion déterminée.

Article L.332-20

Les personnes morales reconnues pénalement responsables, dans les conditions prévues à l'article L.121-2 du code pénal, des infractions définies par le présent chapitre encourent les peines suivantes :

1. l'amende dans les conditions prévues à l'article 131-38 du code pénal ;

2. dans les cas prévus par les articles L.312-14, L.312-15, L.312-16, L.332-8, L.332-9, L.332-10, L.332-11 (deuxième alinéa) et L.332-19 du présent code, les peines mentionnées à l'article 131-19 du code pénal.

L'interdiction mentionnée au 2. de l'article 131-39 du code pénal porte sur l'activité dans l'exercice ou à l'occasion de l'exercice de laquelle l'infraction a été commise.

Article L.332-21

Les personnes physiques ou morales coupables des infractions prévues par l'article L.332-19 encourent également les peines suivantes :

1. la confiscation des biens mobiliers et immobiliers appartenant ou utilisés par l'association ou le groupement maintenu ou reconstitué ;

2. la confiscation des uniformes, insignes, emblèmes, armes et tous matériels utilisés ou destinés à être utilisés par l'association ou le groupement maintenu ou reconstitué.

Chapitre III

Retransmission des manifestations sportives

Section 1

Droit d'exploitation (Articles L.333-1 à L.333-5)

Article L.333-1

Les fédérations sportives, ainsi que les organisateurs de manifestations sportives mentionnés. à l'article L.331-5, sont propriétaires du droit d'exploitation des manifestations ou compétitions sportives qu'ils organisent.

Toute fédération sportive peut céder aux sociétés sportives, à titre gratuit, la propriété de tout ou partie des droits d'exploitation audiovisuelle des compétitions ou manifestations sportives organisées chaque saison sportive par la ligue professionnelle qu'elle a créée, dès lors que ces sociétés participent à ces compétitions ou manifestations sportives. La cession bénéficie alors à chacune de ces sociétés.

Article L.333-2

Les droits d'exploitation audiovisuelle cédés aux sociétés sportives sont commercialisés par la ligue professionnelle dans des conditions et limites précisées par décret en Conseil d'État.

Cette commercialisation est effectuée avec constitution de lots, pour une durée limitée et dans le respect des règles de concurrence.

Article L.333-3

Afin de garantir l'intérêt général et les principes d'unité et de solidarité entre les activités à caractère professionnel et les activités à caractère amateur, les produits de la commercialisation par la ligue des droits d'exploitation des sociétés sont répartis entre la fédération, la ligue et les sociétés.

La part de ces produits destinée à la fédération et celle destinée à la ligue sont fixées par la convention passée entre la fédération et la ligue professionnelle correspondante.

Les produits revenant aux sociétés leur sont redistribués selon un principe de mutualisation, en tenant compte de critères arrêtés par la ligue et fondés notamment sur la solidarité existant entre les sociétés, ainsi que sur leurs performances sportives et leur notoriété.

Article L.333-4

Les fédérations sportives, les sociétés sportives et les organisateurs de manifestations sportives ne peuvent, en leur qualité de détenteur des droits d'exploitation, imposer aux sportifs participant à une manifestation ou à une compétition aucune obligation portant atteinte à leur liberté d'expression.

Article L.333-5

L'accroissement d'actif résultant, pour les sociétés sportives bénéficiaires, de la cession des droits d'exploitation audiovisuelle prévue à l'article L.333-1 n'est pas pris en compte pour la détermination de leurs résultats imposables au titre de l'exercice où cette cession intervient. Les charges afférentes à l'accroissement d'actif de ces sociétés ne peuvent venir en déduction de leurs résultats imposables.

La cession par les fédérations sportives de leurs droits d'exploitation audiovisuelle prévue au deuxième alinéa du même article est également sans incidence sur les résultats qu'elles dégagent au titre de l'exercice au cours duquel intervient l'opération.

Section 2

Liberté de diffusion (Articles L.333-6 à L.333-9)

Article L.333-6

L'accès des journalistes et des personnels des entreprises d'information écrite ou audiovisuelle aux enceintes sportives est libre sous réserve des contraintes directement liées à la sécurité du public et des sportifs, et aux capacités d'accueil.

Toutefois, sauf autorisation de l'organisateur, les services de communication au public par voie électronique non-cessionnaires du droit d'exploitation ne peuvent capter que les images distinctes de celles de la manifestation ou de la compétition sportive proprement dites.

Les fédérations sportives ayant reçu délégation pour organiser les compétitions mentionnées à l'article L.131-15 peuvent, dans le respect du droit à l'information, proposer un règlement approuvé par l'autorité administrative après avis du Conseil supérieur de l'audiovisuel. Ce règlement définit les contraintes propres à la discipline considérée et au type de manifestation ou de compétition, ainsi que les lieux mis à disposition des personnes mentionnées au premier alinéa.

Article L.333-7

La cession du droit d'exploitation d'une manifestation ou d'une compétition sportive à un service de communication au public par voie électronique ne peut faire obstacle à l'information du public par les autres services de communication au public par voie électronique.

Le vendeur ou l'acquéreur de ce droit ne peut s'opposer à la diffusion, par d'autres services de communication au public par voie électronique, de brefs extraits prélevés à titre gratuit parmi les images du ou des services cessionnaires et librement choisis par le service non-cessionnaire du droit d'exploitation qui les diffuse.

Ces extraits sont diffusés gratuitement au cours des émissions d'information.

Leur diffusion s'accompagne dans tous les cas d'une identification suffisante du service de communication au public par voie électronique cessionnaire du droit d'exploitation de la manifestation ou de la compétition.

La cession du droit d'exploitation d'une manifestation ou d'une compétition sportive à un service de communication au public par voie électronique ne fait pas obstacle à la réalisation et à la diffusion gratuite par tout service de radiodiffusion sonore, sur tout ou partie du territoire, en direct ou en différé, du commentaire oral de cette manifestation ou de cette compétition.

Un décret en Conseil d'État, pris après avis du Conseil supérieur de l'audiovisuel fixe, en tant que de besoin, les conditions d'application du présent article.

Article L.333-8

La cession du droit d'exploitation d'une manifestation ou d'une compétition sportive à un service de communication au public par voie électronique ne fait pas obstacle à la diffusion partielle ou intégrale de cette manifestation ou de cette compétition par un autre service de communication au public par voie électronique lorsque le service cessionnaire du droit d'exploitation n'assure pas la diffusion en direct d'extraits significatifs de la manifestation ou de la compétition sportive.

Un décret au Conseil d'État, pris après avis du Conseil supérieur de l'audiovisuel, fixe, en tant que de besoin, les conditions d'application du présent article, compte tenu notamment de la nature et de la durée de la manifestation ou de la compétition. Ce décret précise également les conditions dans lesquelles est assimilée à la diffusion en direct une diffusion à une heure de grande écoute ou retardée en raison de motifs sérieux.

Article L.333-9

Les événements sportifs d'importance majeure sont retransmis dans les conditions définies par les articles 20-2 et 20-3 de la loi n° 86-1067 du 30 septembre 1986 relative à la liberté de communication.

Livre IV

DISPOSITIONS DIVERSES

Titre 1

FINANCEMENT DU SPORT

Chapitre unique

Section unique

Financements affectés à l'établissement public chargé du développement du sport (Articles L.411-1 à L.411-2)

Article L.411-1

Ainsi qu'il est dit à l'article 53 de la loi n° 2005-1719 du 30 décembre 2005 de finances pour 2006, un prélèvement effectué chaque année dans les conditions déterminées par la loi de finances sur les sommes misées sur les jeux exploités en France et dans les départements d'outre-mer par La Française des Jeux est affecté à l'établissement public chargé du développement du sport.

Article L.411-2

Ainsi qu'il est dit à l'article 53 de la loi n° 2005-1719 du 30 décembre 2005 de finances pour 2006, une contribution sur la cession à tout service de télévision des droits de diffusion de manifestations ou compétitions sportives perçue dans les conditions prévues à l'article 302 bis ZE du code général des impôts est affectée à l'établissement public chargé du développement du sport. Le produit de cette contribution est destiné à financer le développement des associations sportives locales et la formation de leurs animateurs.

Titre II

DISPOSITIONS APPLICABLES À L'OUTRE-MER

Chapitre I

Dispositions applicables à Mayotte (Articles L.421-1 à L.421-3)

Article L.421-1

Les dispositions du présent code sont applicables à Mayotte, à l'exception des articles L.111-2, L.112-1, L.112-2, L.221-13, L.222-2, L.222-3, L.222-4, L.311-3, L.311-6 et L.332-16.

Article L.421-2

Les références à des dispositions non applicables dans la collectivité sont remplacées par les références aux dispositions ayant le même objet qui y sont applicables.

Article L.421-3

Pour l'application du présent code à Mayotte, le mot : « département » est remplacé par le mot : « collectivité ».

Chapitre II

Dispositions particulières à Saint-Pierre-et-Miquelon (Articles L.422-1 à L.422-3)

Article L.422-1

Les articles L.112-1, L.112-2 et L.333-5 du présent code ne sont pas applicables à Saint-Pierre-et-Miquelon.

Article L.422-2

Les références à des dispositions non applicables dans la collectivité sont remplacées par les références aux dispositions ayant le même objet qui y sont applicables.

Article L.422-3

Pour l'application du présent code à Saint-Pierre-et-Miquelon, le mot « département » est remplacé par le mot : « collectivité ».

Chapitre III

Dispositions applicables à Wallis et Futuna (Article L.423-1)

Article L.423-1

Sont applicables dans les îles Wallis et Futuna les dispositions des articles L. 231-5 et L.333-9.

Chapitre IV

Dispositions applicables en Polynésie française (Article L.424-1)

Article L.424-1

Sont applicables en Polynésie française les dispositions de l'article L.333-9.

Chapitre V

Dispositions applicables en Nouvelle-Calédonie (Article L.425-1 à L.425-11)

Section 1

Dispositions générales (Article L.425-1)

Article L.425-1

Sont applicables en Nouvelle-Calédonie les dispositions de l'article L.333-9.

Section 2

Infractions en matière de lutte contre le dopage et de protection de la santé des sportifs

(Articles L.425-2 à L.425-12)

Sous-section 1

Contrôle et constat des infractions (Articles L.425-2 à L.425-8)

Article L.425-2

Outre les officiers et agents de police judiciaire agissant dans le cadre des dispositions du code de procédure pénale, sont habilités à procéder aux contrôles prévus par la délibération n° 202 du 22 août 2006 du congrès de la Nouvelle-Calédonie relative à la protection de la santé des sportifs et à la lutte contre le dopage, ainsi qu'à rechercher et constater les infractions à cette délibération pour les entraînements, manifestations et compétitions sportives mentionnés par la même réglementation, les agents de la Nouvelle-Calédonie chargés d'appliquer cette réglementation et assermentés dans des conditions fixées par décret en Conseil d'État.

Ces agents sont tenus au secret professionnel, dans les conditions prévues à l'article 226-13 du code pénal.

Article L.425-3

Les personnes mentionnées à l'article L.425-2 ayant la qualité de médecin peuvent procéder à des examens médicaux cliniques et à des prélèvements biologiques destinés à mettre en évidence l'utilisation de procédés prohibés ou à déceler la présence dans l'organisme de substances interdites.

Les personnes mentionnées à l'article L.425-2 qui n'ont pas la qualité de médecin peuvent également procéder à ces prélèvements biologiques. Seules celles des personnes mentionnées à l'article L.4.25-2 qui ont la qualité de médecin ou d'infirmier peuvent procéder à des prélèvements sanguins.

Les contrôles donnent lieu à l'établissement de procès-verbaux qui sont transmis au Gouvernement de la Nouvelle-Calédonie et à la ligue intéressée. Un double en est laissé aux parties intéressées.

Article L.425-4

Les contrôles sont réalisés dans les conditions suivantes :

a) dans tout lieu où se déroule un entraînement, une manifestation ou une compétition à l'issue de laquelle sont délivrés des titres provinciaux ou de Nouvelle-Calédonie ;

b) lorsque l'entraînement du sportif ne se déroule pas habituellement dans un des lieux mentionnés au a, dans tout autre lieu choisi avec l'accord du sportif permettant d'assurer son intimité ou, à sa demande, à son domicile. Le sportif est convoqué par la personne chargée de procéder au prélèvement. Lorsque le sportif ne s'entraîne pas dans un lieu fixe, la convocation peut être adressée par tout moyen de garantir son origine et sa réception, pendant les périodes d'entraînement.

Article L.425-5

Dans l'exercice de leur mission de contrôle, les personnes mentionnées à l'article L.425-2 ne peuvent accéder aux lieux mentionnés à l'article L.425-4 qu'entre 6 heures et 21 heures ou à tout moment dès lors que ces lieux sont ouverts au public ou qu'une compétition ou qu'une manifestation sportive ou un entraînement y préparant est en cours. Un contrôle réalisé au domicile d'un sportif ne peut avoir lieu qu'entre 6 heures et 21 heures.

Elles peuvent être assistées, à leur demande, par un membre délégué de la ligue sportive compétente.

Elles peuvent demander la communication de toute pièce ou de tout document utile, en prendre copie et recueillir les observations des intéressés.

Seuls des médecins peuvent recueillir les informations à caractère médical.

Dans les cas où les opérations de contrôle sont envisagées en vue de la recherche d'infractions, le procureur de la République en est préalablement informé et peut s'y opposer. Les procès-verbaux établis à la suite de ces opérations de police judiciaire lui sont remis dans les cinq jours suivant leur établissement. Une copie des procès-verbaux est également remise à l'intéressé.

Article L.425-6

Pour mettre en œuvre les contrôles individualisés, le Gouvernement de la Nouvelle-Calédonie désigne les personnes qui doivent lui transmettre les informations propres à permettre leur localisation pendant les périodes d'entraînement ainsi que le programme des compétitions ou manifestations mentionnées à l'article L.425-2 auxquelles elles participent. Ces informations peuvent faire l'objet d'un traitement automatisé créé par le Gouvernement de la Nouvelle-Calédonie, en vue d'organiser des contrôles conformément aux dispositions de loi du 6 janvier 1978 relative à l'informatique, aux fichiers et aux libertés.

Ces personnes sont choisies parmi, d'une part, celles qui sont inscrites sur les listes de sportifs de haut niveau et, d'autre part, les sportifs professionnels licenciés des ligues sportives agréées.

Article L.425-7

Dans l'ensemble des lieux mentionnés à l'article L.425-4 auxquels elles ont accès pour l'exercice des missions de police judiciaire, dans les conditions définies à l'article L.425-5, les personnes mentionnées à l'article L.425-2 ne peuvent saisir des objets et documents se rapportant aux infractions aux dispositions de la réglementation de la Nouvelle-Calédonie en matière de protection de la santé des sportifs et de lutte contre le dopage que sur autorisation judiciaire donnée par ordonnance du président du tribunal de première instance dans le ressort duquel sont situés ces objets et documents, ou d'un juge délégué par lui.

La demande doit comporter tous les éléments d'information de nature à justifier la saisie. Celle-ci s'effectue sous l'autorité et le contrôle du juge qui l'a autorisée.

L'ordonnance est notifiée sur place, au moment de la saisie, au responsable des lieux ou à son représentant, qui en reçoit copie. Elle n'est susceptible que d'un pourvoi en cassation. Ce pourvoi n'est pas suspensif.

Les objets ou documents saisis sont immédiatement inventoriés, en présence du responsable des lieux ou locaux, ou de son représentant.

L'inventaire est annexé au procès-verbal relatant le déroulement des opérations dressé sur place. Les originaux dudit procès-verbal et l'inventaire sont transmis au juge qui a autorisé la saisie. Une copie est remise à l'intéressé.

Le président du tribunal de première instance ou le juge délégué par lui peut à tout moment ordonner la mainlevée de la saisie.

Les personnes mentionnées à l'article L.425-2 constatent les infractions aux dispositions de la Nouvelle-Calédonie en matière de protection de la santé des sportifs et de lutte contre le dopage par des procès-verbaux qui font foi jusqu'à preuve contraire. Ces procès-verbaux sont transmis, sous peine de nullité, dans les cinq jours qui suivent leur clôture au procureur de la République. Une copie en est remise dans le même délai à l'intéressé.

Article L.425-8

Les agents des douanes, les agents de la Nouvelle-Calédonie chargés d'appliquer la réglementation en matière de lutte contre le dopage et de protection de la santé des sportifs et les officiers et agents de police judiciaire sont habilités à se communiquer entre eux tous renseignements obtenus dans l'accomplissement de leur mission respective et relatifs aux produits dopants, à leur emploi et à leur mise en circulation dans le respect des dispositions de la loi n° 78-17 du 6 janvier 1978 relative à l'informatique, aux fichiers et aux libertés.

Sous-section 2

Dispositions pénales (Articles L.425-9 à L.425-12)

Article L.425-9

Le fait de s'opposer ou de tenter de s'opposer à l'exercice des fonctions dont sont chargés les agents de contrôle habilités en vertu de l'article L.425-2 est puni de six mois d'emprisonnement et d'une amende de 7 500 dans sa contre-valeur en monnaie locale.

Article L.425-10

Peuvent exercer les droits reconnus à la partie civile, en ce qui concerne les infractions mentionnées par la réglementation édictée par la Nouvelle-Calédonie en matière de lutte contre le dopage :

a) le comité territorial olympique et sportif pour les faits commis à l'occasion des compétitions dont il a la charge ;

b) les ligues sportives agréées aux termes de la réglementation des activités sportives en Nouvelle-Calédonie, chacune pour ce qui la concerne.

Article L.425-11

Sont homologuées les peines d'emprisonnement prévues aux I, II et III de l'article 22 de la délibération du congrès de la Nouvelle-Calédonie n° 202 du 22 août 2006 relative à la protection de la santé des sportifs et à la lutte contre le dopage en Nouvelle-Calédonie.

Article L.425-12

Une personne, ayant fait l'objet, en application de la réglementation édictée par la Nouvelle-Calédonie en matière de lutte contre le dopage, d'une interdiction temporaire ou définitive de participer à une compétition ou à une manifestation sportive organisée ou agréée par les ligues, comités ou fédérations de la Nouvelle-Calédonie, ne peut participer, le temps de cette interdiction, à une compétition ou à une manifestation sportive organisée par d'autres ligues, comités ou fédérations de la République.

Annexe 2

loi du 1er juillet 1901
décret du 16 août 1901

Loi du 1er juillet 1901

Relative au contrat d'association (1) (Journal officiel du 2 juillet 1901)

Titre I

Article premier – L'association est la convention par laquelle deux ou plusieurs personnes mettent en commun, d'une façon permanente, leurs connaissances ou leur activité dans un but autre que de partager des bénéfices. Elle est régie, quant à sa validité, par les principes généraux du droit applicables aux contrats et obligations.

Article 2 – Les associations de personnes pourront se former librement sans autorisation ni déclaration préalable, mais elles ne jouiront de la capacité juridique que si elles se sont conformées aux dispositions de l'article 5.

Article 3 – Toute association fondée sur une cause ou en vue d'un objet illicite, contraire aux lois, aux bonne mœurs, ou qui aurait pour but de porter atteinte à l'intégrité du territoire national et à la forme républicaine du Gouvernement, est nulle et de nul effet.

Article 4 – Tout membre d'une association qui n'est pas fondée pour un temps déterminé peut s'en retirer en tout temps, après paiement des cotisations échues et de l'année courante, nonobstant toute clause contraire.

Article 5 – Toute association qui voudra obtenir la capacité juridique prévue par l'article 6 devra être rendue publique par les soins de ses fondateurs. La déclaration préalable en sera faite à la préfecture du département ou la sous-préfecture de l'arrondissement où l'association aura son siège social. Elle fera connaître le titre et l'objet de l'association, le siège de ses établissements et les noms, professions, domiciles et nationalités de ceux qui, à un titre quelconque, sont chargés de son administration. Un exemplaire des statuts est joint à la déclaration. Il sera donné récépissé de celle-ci dans le délai de cinq jours.

Lorsque l'association aura son siège social à l'étranger, la déclaration préalable prévue à l'alinéa précédent sera faite à la préfecture du département où est situé le siège de son principal établissement.

L'association n'est rendue publique que par une insertion au Journal officiel sur production de ce récépissé.

Les associations sont tenues de faire connaître, dans les trois mois, tous changements survenus dans leur administration, ainsi que toutes les modifications apportées à leurs statuts. Ces modifications et changements ne sont opposables aux tiers qu'à partir du jour où ils auront été déclarés.

Les modifications et changements seront, en outre, consignés sur un registre spécial qui devra être présenté aux autorités administratives ou judiciaires chaque fois qu'elles en feront la demande.

Article 6 – Toute association régulièrement déclarée peut, sans aucune autorisation spéciale, ester en justice, recevoir des dons manuels ainsi que des dons des établissements d'utilité publique, acquérir à titre onéreux, posséder et administrer, en dehors des subventions de l'État, des régions, des départements, des communes et de leurs établissements publics :

1) les cotisations de ses membres ou les sommes au moyen desquelles ces cotisations ont été rédimées, ces comptes ne pouvant être supérieurs à 16 euros ;

2) le local destiné à l'administration de l'association et à la réunion de ses membres ;

3) les immeubles strictement nécessaires à l'accomplissement du but qu'elle propose.

Les associations déclarées qui ont pour but exclusif l'assistance, la bienfaisance, la recherche scientifique ou médicale peuvent accepter les libéralités entre vifs ou testamentaires dans des conditions fixées en Conseil d'État.

Article 7 – En cas de nullité prévue par l'article 3, la dissolution de l'association est prononcée par le tribunal de grande instance, soit à la requête de tout intéressé, soit à la diligence du ministère public. Celui-ci peut assigner à jour fixe et le tribunal, sous les sanctions prévues à l'article 8, ordonner, par provision et nonobstant toute voie de recours, la fermeture des locaux et l'interdiction de toute réunion des membres de l'association.

En cas d'infraction aux dispositions de l'article 5, la dissolution peut être prononcée à la requête de tout intéressé ou du ministère public.

Article 8 – Seront punis de peines d'amende prévue par le 5e article 131-13 du code pénal, pour les contraventions de la Ve classe en première infraction et en cas de récidive ceux qui auront contrevenu aux dispositions de l'article 5.

Seront punis de trois ans d'emprisonnement et d'une amende de 45 000 euros, les fondateurs, directeurs ou administrateurs de l'association qui se serait maintenue ou reconstituée illégalement après le jugement de dissolution.

Seront punies de la même peine, toutes les personnes qui auront favorisé la réunion des membres de l'association dissoute en consentant l'usage d'un local dont elles disposent.

Article 9 – En cas de dissolution volontaire, statutaire ou prononcée par justice, les biens de l'association seront dévolus conformément aux statuts, ou, à défaut de disposition statutaire, suivant les règles déterminées en assemblée générale.

Titre II

Article 10 – Les associations peuvent être reconnues d'utilité publique par décret en Conseil d'État à l'issue d'une période probatoire de fonctionnement d'une durée au moins égale à trois ans.

La reconnaissance d'utilité publique peut être retirée dans les mêmes formes.

La période probatoire de fonctionnement n'est toutefois pas exigée si les ressources prévisibles sur un délai de trois ans de l'association demandant cette reconnaissance sont de nature à assurer son équilibre financier.

Article 11 – (modifié par la loi n° 87-571 du 23 juillet 1987 – JO du 24 juillet 1987 et ordonnance n° 2005-856). Ces associations peuvent faire tous les actes de la vie civile qui ne sont pas interdits par leurs statuts, mais elles ne peuvent posséder ou acquérir d'autres immeubles que ceux nécessaires au but qu'elles se proposent. Cependant, elles peuvent acquérir à titre onéreux ou à titre gratuit, des bois, forêts ou terrains à boiser. Toutes les valeurs mobilières d'une association doivent être placées en titres nominatifs, en titres pour lesquels est établi le bordereau de références nominatives prévu à l'article 55 de la loi n° 87-416 du 17 juin 1987 sur l'épargne ou en valeurs admises par la Banque de France en garanties d'avances.

Elles peuvent recevoir des dons et des legs dans les conditions prévues par l'article 910 du Code civil.

Titre II

Article 12

Abrogé par décret du 12 avril 1939 (JO du 16 avril 1939).

Titre III

Article 13 – Toute congrégation religieuse peut obtenir la reconnaissance légale par décret rendu sur avis conforme du Conseil d'État, les dispositions relatives aux congrégations antérieurement autorisées leur sont applicables.

La reconnaissance légale pourra être accordée à tout nouvel établissement congréganiste en vertu d'un décret en Conseil d'État.

La dissolution de la congrégation ou la suppression de tout établissement ne peut être prononcée que par décret sur avis conforme du Conseil d'État.

ANNEXE 2 (suite)

Décret du 16 août 1901 portant règlement d'administration publique pour l'exécution de la loi du 1er juillet 1901 relative au contrat d'association (Journal officiel du 17 août 1901)

Titre I

DES ASSOCIATIONS

Chapitre I

Associations déclarées

Article 1 – La déclaration prévue par l'article 5, § 2 de la loi du 1er juillet 1901 est faite par ceux qui, à un titre quelconque, sont chargés de l'administration ou de la direction de l'association.

Dans le délai d'un mois, elle est rendue publique par leurs soins au moyen de l'insertion au Journal officiel d'un extrait contenant la date de la déclaration, le titre et l'objet de l'association, ainsi que l'indication de son siège social.

Article 2 – Toute personne à droit de prendre communication sans déplacement, au secrétariat de la préfecture ou de la sous-préfecture, des statuts et déclarations ainsi que des pièces faisant connaître les modifications de statuts et les changements survenus dans l'administration ou la direction. Elle peut même s'en faire délivrer à ses frais expédition ou extrait.

Article 3 – Les déclarations relatives aux changements survenus dans l'administration ou la direction de l'association mentionnent :

1) les changements de personnes chargées de l'administration ou de la direction ;

2) les nouveaux établissements fondés ;

3) le changement d'adresse du siège social ;

4) les acquisitions ou aliénations du local et des immeubles spécifiés à l'article 6 de la loi du 1er juillet 1901 : un état descriptif, en cas d'acquisition, et l'indication des prix d'acquisition ou d'aliénation doivent être joints à la déclaration.

Article 4 – Pour les associations dont le siège est à Paris, les déclarations et les dépôts de pièces annexées sont faits à la préfecture de police.

Article 5 – Le récépissé de toute déclaration contient l'énumération des pièces annexées ; il est daté et signé par le préfet, le sous-préfet ou leur délégué.

Article 6 – Les modifications apportées aux statuts et les changements survenus dans l'administration ou la direction de l'association sont transcrits sur un registre tenu au siège de toute association déclarée : les dates des récépissés relatifs aux modifications et changements sont mentionnées au registre.

La présentation dudit registre aux autorités administratives ou judiciaires, sur leur demande, se fait sans déplacement au siège social.

Article 7 – Les unions d'associations ayant une administration ou une direction centrale sont soumises aux dispositions qui précèdent. Elles déclarent, en outre, le titre, l'objet et le siège des associations qui les composent. Elles font connaître dans les trois mois les nouvelles associations adhérentes.

Chapitre II

Associations reconnues d'utilité publique

Article 8 – Les associations qui sollicitent la reconnaissance d'utilité publique doivent avoir rempli au préalable les formalités imposées aux associations déclarées.

Article 9 – La demande en reconnaissance d'utilité publique est signée de toutes les personnes déléguées à cet effet par l'assemblée générale.

Article 10 – Il est joint à la demande :

1) un exemplaire du Journal officiel contenant l'extrait de la déclaration ;

2) un exposé indiquant l'origine, le développement, le but d'intérêt public de l'œuvre ;

3) les statuts de l'association en double exemplaire ;

4) la liste de ses établissements avec indication de leur siège ;

5) la liste des membres de l'association avec l'indication de leur âge, de leur nationalité, de leur profession et de leur domicile, ou, s'il s'agit d'une union, la liste des associations qui la composent avec l'indication de leur titre, de leur objet et de leur siège ;

6) le compte financier du dernier exercice ;

7) un état de l'actif mobilier et immobilier et du passif ;

8) un extrait de la délibération de l'assemblée générale autorisant la demande en reconnaissance d'utilité publique.

Ces pièces sont certifiées sincères et véritables par les signataires de la demande.

Article 11 – Les statuts contiennent :

1) l'indication du titre de l'association, de son objet, de sa durée et de son siège social ;

2) les conditions d'admission et de radiation de ses membres ;

3) les règles d'organisation et de fonctionnement de l'association et de ses établissements, ainsi que la détermination des pouvoirs conférés aux membres chargés de l'administration ou de la direction, les conditions de modification des statuts et de la dissolution de l'association ;

4) l'engagement de faire reconnaître dans les trois mois à la préfecture ou la sous-préfecture tous les changements survenus dans l'administration ou la direction et de présenter sans déplacement les registres et pièces de comptabilité sur toute réquisition du préfet, à lui-même ou à son délégué ;

5) les règles suivant lesquelles les biens seront dévolus en cas de dissolution volontaire, statutaire, prononcée en justice ou par décret ;

6) le prix maximum des rétributions qui seront perçues à titre quelconque dans les établissements de l'association où la gratuité n'est pas complète.

Article 12 – La demande est adressée au ministre de l'Intérieur ; il en est donné récépissé daté et signé avec indication des pièces jointes.

Le ministre fait procéder, s'il y a lieu, à l'instruction de la demande. Il peut provoquer l'avis du conseil municipal de la commune où l'association a son siège et demander un rapport au préfet.

Après avoir consulté les ministres intéressés, il transmet le dossier au Conseil d'État.

Article 13 – Une copie du décret de reconnaissance d'utilité publique est transmise au préfet ou au sous-préfet pour être jointe au dossier de la déclaration ; ampliation du décret est adressée par ses soins à l'association reconnue d'utilité publique.

Chapitre III

Dispositions communes aux associations déclarées et aux associations reconnues d'utilité publique

Article 14 – Si les statuts n'ont pas prévu les conditions de liquidation et de dévolution des biens d'une association en cas de dissolution, par quelque mode que ce soit, ou si l'assemblée qui prononce la dissolution volontaire n'a pas pris de décision à cet égard, le tribunal, à la requête du ministère public, nomme un curateur. Ce curateur provoque, dans le délai déterminé par le tribunal, la réunion d'une assemblée générale dont le mandat est uniquement de statuer sur la dévolution des biens ; il exerce les pouvoirs conférés par l'article 813 du Code civil aux curateurs des successions vacantes.

Article 15 – Lorsque l'assemblée générale est appelée à se prononcer sur la dévolution des biens, quel que soit le mode de dévolution, elle ne peut, conformément aux dispositions de l'article 1er de la loi du 1er juillet 1901, attribuer aux associés, en dehors de la reprise des apports, une part quelconque des biens de l'association.

Titre II

DES CONGRÉGATIONS RELIGIEUSES ET DE LEURS ÉTABLISSEMENTS

Chapitre I

Congrégations religieuses

Article 16 à article 26

Titre III

Dispositions générales

Article 27 – Chaque préfet consigne, par ordre de date sur un registre spécial, toutes les autorisations de tutelle ou autres qu'il est chargé de notifier et, quand ces autorisations sont données sous sa surveillance et son contrôle, il y mentionne expressément la suite qu'elles ont reçue.

Article 28 – Les actions en nullité ou en dissolution formées d'office par le ministère public en vertu de la loi du 1er juillet 1901 sont introduites au moyen d'une assignation donnée à ceux qui sont chargés de la direction ou de l'administration de l'association ou de la congrégation.

Tout intéressé, faisant ou non partie de l'association ou de la congrégation, peut intervenir dans l'instance.

Article 29 – Dans tout établissement d'enseignement privé, de quelque ordre qu'il soit, relevant ou non d'une association ou d'une congrégation, il doit être ouvert un registre spécial destiné à recevoir les noms, prénoms, nationalité, date et lieu de naissance des maîtres et employés, l'indication des emplois qu'ils occupaient précédemment et des lieux où ils ont résidé, ainsi que la nature et la date des diplômes dont ils sont pourvus.

Le registre est représenté sans déplacement aux autorités administratives, académiques ou judiciaires, sur toute réquisition de leur part.

Article 30 – Les dispositions des articles 2 à 6 du présent règlement sont applicables aux associations reconnues d'utilité publique et aux congrégations religieuses.

Article 31 - Les registres prévus aux articles 6 et 26 sont cotés par première et par dernière et paraphés sur chaque feuille par la personne habilitée à représenter l'association ou la congrégation et le registre prévu à l'article 29 par l'inspecteur d'académie ou son délégué. Les inscriptions sont faites de suite et sans aucun blanc.

Article 32 – Pour les associations déclarées depuis la promulgation de la loi du 1er juillet 1901, le délai d'un mois prévu à l'article 1er du précédent règlement ne court que du jour de la promulgation dudit règlement.

Article 33 – Les associations ayant déposé une demande en reconnaissance d'utilité publique antérieurement au 1er juillet 1901 devront compléter les dossiers conformément aux dispositions des articles 10 et 11.

Toutefois, les formalités de déclaration et de publicité au Journal officiel ne seront pas exigées d'elles.

Annexe 3

un modèle de règlement intérieur

EXEMPLE DE RÈGLEMENT INTÉRIEUR D'UNE ASSOCIATION AYANT PLUSIEURS SECTIONS

Article 1er :

Siège social de l'association

Article 1 des statuts

Le changement du lieu de siège social de l'association ne peut être décidé que par l'assemblée générale de l'association sur proposition du comité directeur.

Article 2

Membres actifs de l'association

Article 2 des statuts

Pour être reconnu membre actif de l'association et d'une section de ladite association, il faut :

- être inscrit sur le registre des effectifs de la section ;
- être à jour de sa cotisation ;
- ne pas avoir été exclu ou radié de la section ou de l'association pour un motif quelconque.

Article 3

Admission et démission des mineurs au sein de l'association

La demande d'admission ou de démission pour les mineurs (garçons et filles) doit être accompagnée d'une autorisation écrite de leur père ou de leur tuteur.

Article 4

Cotisations

Article 2 des statuts

La cotisation de l'association commune à toutes les sections est la quote-part dont le montant est fixé chaque année pour l'assemblée générale sur proposition du comité directeur et qui donne droit à une carte d'adhérent de l'association.

La cotisation au sein des sections de l'association est fixée par l'assemblée générale de la section sur proposition du comité directeur ou des responsables de la section. Son montant peut être variable suivant les besoins à satisfaire.

Article 5

Démissions et radiations

Article 3 des statuts

Toute démission d'un membre actif inscrit à une section de l'association doit être confirmée par écrit au responsable de la section.

Toute radiation d'un membre actif inscrit dans une section de l'association est prononcée par le comité directeur ou les responsables de la section.

Elle doit être confirmée à l'intéressé par écrit avec précision du motif (non-paiement de la cotisation, non-observation des statuts ou règlements intérieurs, etc.).

Le membre actif concerné est appelé à fournir au préalable à la radiation ses explications.

Il peut avoir recours à l'assemblée générale de la section, voire dans un cas exceptionnel, recours au comité directeur ou assemblée générale de l'association.

Article 6

Élection au comité directeur de l'association

Article 4 des statuts

Pour être candidat à l'élection au comité directeur de l'association, il faut :

- être membre de l'association (article 2 du présent règlement intérieur) ;
- être désigné ou élu par l'assemblée générale des sections.

L'assemblée générale de l'association est seule habilitée à élire les membres du comité directeur. Ceux-ci sont élus pour trois ans et l'assemblée générale de l'association procède chaque année au renouvellement par tiers du comité directeur.

Article 7

Constitution du comité directeur de l'association

Article 4 des statuts

La représentation des sections est proportionnelle au nombre des membres actifs dans chaque section :

- de 1 à 20 membres actifs	1 membre
- de 51 à 150 membres actifs	2 membres
- de plus de 150 membres actifs	3 membres

Article 8

Élection des représentants des sections

Article 7 des statuts

Les représentants des sections présentés par celles-ci à l'assemblée générale de l'association auront au préalable été élus ou désignés par leur assemblée générale respective. Pour cela, il est impératif que les assemblées générales des sections se déroulent avant l'assemblée générale de l'association.

Article 9

Dissolution des sections

Article 10 des statuts

Elle est décidée par l'assemblée générale extraordinaire de l'association sur proposition du comité directeur ou de l'assemblée générale extraordinaire de la section.

En cas de dissolution d'une section de l'association, ses biens seront confiés à l'association jusqu'à ce que soit reconstituée une nouvelle section ayant les mêmes buts que la section ci-dessus.

Article 11

Règlement intérieur des sections

Article 12 des statuts

Les sections sont incitées à établir un règlement intérieur qui détermine dans ce cas le fonctionnement du comité directeur ou du bureau de la section et leurs rapports avec le comité directeur de l'association.

Ce règlement intérieur devra :

- être approuvé par l'assemblée générale de la section ;
- être entériné par le comité directeur de l'association ;
- en cas de refus par le comité directeur de l'association, le règlement intérieur retourne devant l'assemblée générale de la section pour remise en conformité avec les statuts et règlement intérieur de l'association.

Article 12

Création d'une nouvelle section

Une nouvelle section ne peut être créée qu'après accord du comité directeur de l'association.

Article 13

Organisations de manifestations

Les sections ne peuvent organiser que les manifestations correspondant à leur activité, sauf dérogation du bureau de l'association.

Article 14

Coordination du calendrier

Les sections doivent informer le bureau de toute manifestation exceptionnelle (ex. tournois, manifestations extrasportives, etc.).

Article 15

Autonomie des sections

Pour permettre un fonctionnement plus efficace des sections, celles-ci disposent de leur autonomie dans les domaines administratifs et financiers.

Néanmoins, cette mesure ne doit pas entamer l'esprit de cohésion et de solidarité qui a présidé à la création de l'association. Cet esprit doit subsister, c'est la condition essentielle pour la bonne marche de l'ensemble des sections. Chacun des responsables en est le meilleur garant.

Article 16

Comptabilité

Des vérificateurs aux comptes élus chaque année par l'assemblée générale de l'association devront vérifier la trésorerie générale de l'association et présenter un rapport à ladite assemblée.

Le trésorier et le trésorier adjoint seront chargés de vérifier la trésorerie des sections annuellement.

Le président et les vice-présidents de l'association de par leurs fonctions ont un droit de regard sur la trésorerie des sections.

La comptabilité sera tenue par chaque trésorier de section sur des registres comptables identiques et présentés de façon uniforme. Toutes les opérations seront accompagnées de pièces justificatives.

Article 17

Présence aux réunions

Chaque membre du comité directeur est tenu d'assister aux réunions auxquelles il est convoqué. En cas d'impossibilité motivée, il sera tenu de donner un pouvoir écrit à des membres titulaires de la section. Trois absences non motivées entraînent la démission d'office.

Article 18

Modification du règlement intérieur de l'association

Le présent règlement intérieur de l'association n'est pas limitatif. De nouveaux articles pourront être ajoutés de même que ceux existants pourront être modifiés supprimés au cours d'une assemblée générale sur proposition du comité directeur conformément aux statuts de l'association.

Le secrétaire général,

le président.